1960-2020

交科院印迹60年

交通运输部科学研究院 ● 主编

人民交通出版社股份有限公司

北京

图书在版编目（CIP）数据

交科院印迹60年 / 交通运输部科学研究院主编．—北京：人民交通出版社股份有限公司，2020.10
ISBN 978-7-114-16853-6

Ⅰ.①交… Ⅱ.①交… Ⅲ.①交通运输—研究院—概况—中国 Ⅳ.①U-242

中国版本图书馆CIP数据核字（2020）第178837号

Jiaokeyuan Yinji 60 Nian
书　　名：交科院印迹60年
著 作 者：交通运输部科学研究院
责任编辑：周　宇　牛家鸣　石　遥
责任校对：刘　芹
责任印制：刘高彤
出版发行：人民交通出版社股份有限公司
地　　址：（100011）北京市朝阳区安定门外外馆斜街3号
网　　址：http://www.ccpcl.com.cn
销售电话：（010）59757973
总 经 销：人民交通出版社股份有限公司发行部
经　　销：各地新华书店
印　　刷：北京雅昌艺术印刷有限公司
开　　本：710×1000　1/16
印　　张：27.75
字　　数：396千
版　　次：2020年10月　第1版
印　　次：2020年10月　第1次印刷
书　　号：ISBN 978-7-114-16853-6
定　　价：66.00元

序
Preface

60 年，一个甲子，不过历史长河中的短暂一瞬，恰如电光石火、沧海一粟。但对于交通运输部科学研究院来说，这 60 年，却是砥砺前行、开拓奋进的 60 年，是风雨兼程、饱含记忆的 60 年，是矢志不渝、坚守阵地为部服务、为行业服务的 60 年。

60 年风雨磨砺，60 年春华秋实，60 年播撒辛劳，60 年收获成长。

60 年来，伴随着共和国交通发展的矫健步伐，仰仗于部党组的正确领导与亲切关怀，受益于部各司局与各地交通运输主管部门、社会各界的大力支持和倾力帮助，交科院致力于履行职能、服务大局，努力提升创新能力，各项研究和服务结出了累累硕果，散发着阵阵馨香。

60 年来，一代又一代的交科院人风雨兼程，书写了一部属于时代、属于行业，也属于自己的历史华章。交科院人以特有的责任担当、专业能力、协作精神、卓越追求，使交科院的面貌发生了根本性的变化。这段历程充满着开拓与奋斗，也充满着光荣和梦想。

述往事，思来者。为追忆过往，牢记足迹，激励后来，院相关部门组织新老同志话当年、写回忆、聊掌故、谈成果，记录一路走来的心路历程。此文集虽然会有疏漏、会有瑕疵，但敝帚虽微，亦自珍惜，这些都是大家心血的凝集、智慧的结晶。

这里借文集一角，代表交通运输部科学研究院，向长期以来给予我院关心与指导、帮助与支持的部领导、各兄弟单位、企事业单位和社会团体表示衷心感谢！向曾经和正在为交科院发展呕心沥血、献计献策的老领导、老同志致以崇高的敬意！向长期以来奋战在工作一线的全体干部职工表示亲切的慰问！

星移斗转，时序变迁。岁月无言，前行有声。

在我国现代化发展大潮中、在交通强国建设的征程中，交科院人将继承优良传统、弘扬爱国精神，谨记“科技强交、奉献社会”的发展使命，致力“高端专业智库、一流创新基地、重要服务平台”建设，为加快交通强国建设贡献更大力量！

是为序。

石宝林 周晓航

2020年8月

目录
Contents

开篇

第一部分 名家印象

第二部分 院史掌故

第三部分 往事追溯

第四部分 学科发展

第五部分

成果回望

第六部分

当代风采

开篇

黄山倩　摄影

薪火永相传　甲子正芳华

——交科院建院 60 周年纪略

◉ 熊燕舞

时间是生命的尺度，生日是奋进的路标。

1960—2020 年，物换星移，恍如隔世。交通运输部科学研究院经历了一个甲子的岁月。

其间风风雨雨，分分合合，起起落落，曲曲折折，从无到有，从弱到强，带着鲜明的历史烙印，迎来一个又一个波澜壮阔的大时代，写就担当作为、笃定实干、助推行业升级的精彩华章。

风雨磨砺，沧桑巨变。从肇始、拓荒、停滞、回暖，到峥嵘初现、开拓创新、兼收并蓄、日渐繁荣，60 年栉风沐雨、薪火相传，写满筚路蓝缕、砥砺前行的艰辛与曲折，写满自强不息、玉汝于成的拼搏与奋进。

耕耘与开拓，光荣和梦想。她从单一到多元，经过跨世纪的厚重积累，由传统的公益性科研单位，壮大为软科学与硬技术并重，集科研与产业于一体，拥有八大核心业务的行业科研“国家队”。

她引领一代代胸怀科技报国之心的交科院人，焚膏继晷、日夜兼程，在交通科技发展史上留下浓墨重彩的一笔，为交通现代化做出了引以为傲的贡献。

蓬勃进取、充满活力、满载希冀、欣欣向荣，她兢兢业业、勤勤恳恳的 60 年，究竟走过怎样的一番历程……

上部 曲折前行（1960—1999 年）

在 1960 年“大跃进”结束之后的精简机构运动中成立，不久遭遇“文化大革命”，并面对部委改革带来的调整冲击，艰难走过合并分设、虚置恢复的长路，最后逐步靠拢市场经济体制，进行了一次划时代的整合。

在颠沛流离中自立，在静水深流中蛰伏，在体制更替中坚持，交科院走过 40 年难忘的曲折历程。

一、前身：进军科学，蓄势待发

不仅仅是对交通科技事业，即便对于整个中国现代科技发展来讲，1956 年都是个不平凡的年份。

不平凡的是，“科学”两字被奉为圭臬，成为最神圣的字眼。交科院的“组成单位”就在那一年浮现出特有的身姿。

1956 年，春天来得特别早，按照旧历传统，如果立春早于春节，这一年就是早春年，1956 年就是这样特别：2 月 5 日立春，2 月 12 日春节。

但是，这一年科技工作者的春天没有滞留，他们热情高涨，在全国各行各业掀起了“向科学进军”的热潮。

热潮源于一次会议，它的召开让许多人将 1956 年称为“知识分子的春天”。那就是中共中央 1956 年 1 月 14—20 日在京召开的全国知识分子问题会议，除了谈论知识分子政策和改造外，会议还有一个重要议题——关于科学的发展和利用。会议之前，周恩来总理组织人员做了大量功课，对当时中外科技水平展开了深入的对比。会上，周总理代表中共中央提出了“向科学进军”的口号。

是当年复杂的国际形势让中共中央做出这样的决策。

第二次世界大战之后，世界新技术革命进入开创期，而我国人民曾梦想多年的电气化、机械化，甚至“楼上楼下、电灯电话”的目标都很渺茫，新中国第一次感受到新技术革命带来的严峻挑战和巨大冲击。

1945 年，世界第一颗原子弹在美国沙漠深处爆炸成功；1955 年，世界首座商用核电站在英国北部建成，人类开始走向核时代；1946 年，美国制成世界上第一台通用数字电子计算机；1947年，半导体晶体管的出现为人类走向信息时代奠基；1954年，苏联建成了世界第一座原子能发电站……

出于建设强大国家与战备的考虑，党中央提出“上天、入地、下海”的科研战略，筹建海（潜艇）、陆（导弹）、空（巡航）战备体系。

“追赶”无疑是第一关键词。继1955年党中央明确提出中国也要搞原子弹之后，“向科学进军”的号角吹响，科技工作者被寄予厚望。

在新的科学技术和工业革命到来的前夕，交通部根据党中央精神做出快速部署。1956年，位于北京市东四北兵马司1号的交通部成立技术局，主管交通科研工作，归口领导部属科研单位。

技术局成立后的首要工作是组建专业交通科研机构、制订交通科技发展规划、开展亟待解决的技术研究，并积极参与到国务院科学规划委员会组织编写《1956—1967年科学技术发展规划》交通运输组的工作之中。

1956年6月，交通部在公路总局材料试验所的基础上成立公路总局公路科学研究院筹备处。7月，成立交通部水运科学研究院筹备处。

8月，交通部发布《关于机构改组的通知》，其中明确：设立水运科学研究院、公路科学研究院、水运设计院、公路设计院等事业机构。

9月29日，交通部部长章伯钧向国务院呈报“公路科学研究院筹备情况并请准予组织成立”请示。10月10日，国务院全体会议第38次会议审议通过交通部干部职务任免事项，任命马奔同志为交通部公路科学研究院院长，曾威和王能何两位同志为副院长，交通部公路科学研究院正式成立。

马奔，是一位1937年参加八路军的“老革命”，一位战争年代的“老交通”，他毕业于中国近代第一所现代大学——北洋大学（天津大学的前身），曾任八路军第三支队教导员、晋察冀边区公路局科长、华北公路运输总局副处长。新中国成立后，先后任交通部公路总局设计处处长、技术处处长和副局长兼总工程师等职。他于1960年12月任交通部交通科学研究院院长，直至1982年5月卸任，曾兼任中国科协第一、二、三届全国委员会委员，中国土木工程学会第三届秘书长，中国公路学会第一、二届副理事长。

1956 年 10 月，位于北京新街口豁口外学院路（后改名为学院东路 5 号，现名西土城路 8 号）新建公路院试验大楼（现在的 8 号院北楼）正式动工，1957 年 10 月一期完工后公路院迁入。1958 年，全国精兵简政、精简机构，部决定两个研究院筹备处均更名为“研究所筹备处”。

也就是说，在 1956 年这个对交通科技事业具有里程碑意义的年份，诞生了我国有史以来第一个公路专业科研机构、第一个水运专业科研机构。与此同时，部分高等院校和地方省市也相继组建了公路交通科研机构和一些基础实验室。同年，已成立 7 年的铁道部铁道研究所扩编为铁道部科学研究院，时任院长茅以升。

二、诞生：精简机构，拓荒耕耘

1960 年 10 月 29 日，中央组织部发出《关于贯彻压缩职工加强农业生产的指示的通知》等文件，要求各地、各部门提出精简职工的计划指标。

精简机构，减少由国家支付工资的职工队伍，以支援和加强农业生产，成为当年中央调整国民经济的重要措施之一。

原来，1958 年，全国以大炼钢铁为中心的“大跃进”运动，打乱了正常的经济秩序，国民经济各项比例关系严重失调，基建战线拉得太长，全国职工人数从 2400 多万人增加到 4500 多万人。

受“大跃进”影响，国内科研机构数量急剧膨胀。截至 1958 年底，全国县级以上地方科研机构共 1743 家。

1959 年的继续“跃进”进一步加剧了经济领域的矛盾。1960 年，国家财政出现巨额赤字，农副产品产量大幅下降，国家面临大范围饥荒，交通领域的“水陆空运大跃进”任务也无法完成。

贯彻指示，刻不容缓。精简机构、压缩职工人数遂成为交通部当时的重要工作。

交通部于 1960 年 7 月 15 日提出紧缩机构和精简人员的初步意见，并于 10 月 4 日正式向上级提交《关于紧缩机构精简人员的报告》，计划将交通部及在京直属单位原有人数从 3805 人精简到 2454 人。

部属在京单位的机构精简方案具体是：水运规划设计院、船舶设计院、水运科学研究所、公路设计院、公路科学研究所 5 个单位调整合并为 3 个单位，即：交通工程设计院、交通工业设计院、交通科学研究院。

1960 年 11 月 17 日，交通部以交厅秘（60）彭字第 60 号文通知，决定将公路科学研究所、水运科学研究所合并为交通部交通科学研究院，业务由交通部技术局代部具体领导。

1960 年 4—10 月，经部批准，院分别与同济大学、吉林工业大学、西安公路学院和湖南大学四所高等院校合作建立四家科研分支机构，分别是交通部交通科学研究院上海公路工程研究所、交通部交通科学研究院长春汽车运输研究所、交通部交通科学研究院西安公路科学研究所、交通部交通科学研究院长沙公路工程研究所。

据 1961 年的一份统计显示，铁道部铁道科学院编制 1100 人，邮电部邮电科学院（1956 年成立）1200 人，水电部水电研究院 1000 人，建工部在京三大研究院（建筑、水泥、陶瓷）共 3000 人，相比来看，交通系统的科研院所编制规模仍有很大发展空间。

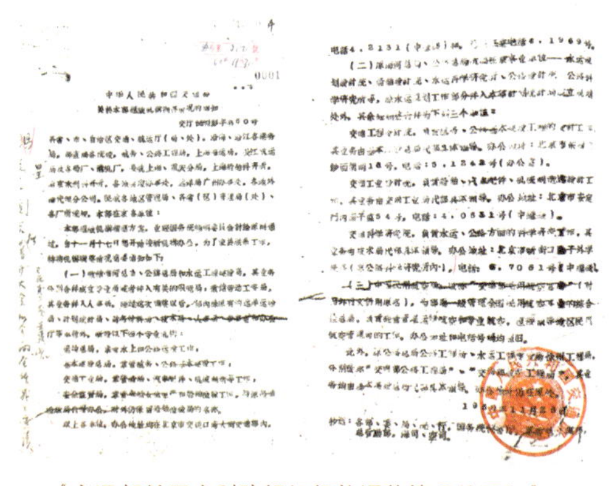

▲《交通部关于交科院组织机构调整情况的通知》[交厅秘（60）彭字第 60 号]

1961 年，交通部下发交厅秘（61）彭字第 60 号文“关于精简人员的意见”方案。院按照部指示成立了精简办，截至 1961 年底，职工由合并前的 402 人精简至 180 人。

也正是因为精简机构，当时的交科院采用了院、室两级制管理，而其他行业的铁科院、机科院、林科院等均为院、所、室三级架构。

而在同时期的苏联，已经组建了很多全国性的交通科研单位，其中最为知名的道路、汽车、水运经济管理科学、中央河运、海运五大研究机构，各有近 500 人。

基于此，交科院领导也在精简浪潮中努力留住骨干，甚至增加招收优秀的技术人才。

起初，交科院先后在北兵马司、东四前炒面胡同和国子监办公。首任院长马奔，也是迄今为止任职时间最长的院长，于 1956 年着手在学院东路 5 号（今西土城路 8 号）建设办公基地，1960 年基本完成，直至 1999 年该地址都属于交通部科学研究院的“领地”。

那时，交科院大门朝北，占地约六亩[1]，四层灰色综合办公楼坐北朝南，是六栋办公楼中最“豪华”的一个，内设院办、学术办、情报资料室、行政办、道桥、汽运及油料、土壤试验室。东面建有红色外墙的二层小楼，内设经济、机械化研究室，材料、机械加工厂及单身宿舍。院内有操场，周边栽有绿化黄杨树和杨树，南边两栋是汽车保修楼、汽车运用试验室办公楼，还有工棚改装的职工食堂，东南角建有两栋家属楼。

为适应业务发展，先后组建科技情报研究室、标准化研究室和交通工程研究室，初步建成了较为完整的交通科研体系。

专业科研机构的建立，对公路路面、路基、桥梁及桥梁基础的专题研究和实践，加快了公路现代化进程，缩短了与国际先进水平的差距。

1961 年，院主持开发的渣油铺路技术，长期用于铺设黑色路面。到 1965 年，交科院在国家科委登记的成果达 120 多项。

1965 年，交科院和上海、河南等地的科研、交通部门协作建造第一座 T 形刚构悬臂拼装试验桥，大跨径悬臂浇注施工技术逐步推广，跨径也从刚开始的 50 米达到了 174 米。

【业务钩沉】情报业闪耀智慧光芒

“情报”，并非仅仅是我国 20 世纪 50 年代的历史产物。《孙子兵法》中就有“情报”的影子，其强调“用间”，“间”的狭义理解是间谍，广义理解就是情报。

当年，交科院情报所的成立即源于国家对于科技情报的重视。

1956 年，郭沫若在全国先进生产者代表会议上的对比式发言振聋发

---

[1] 1 亩 = 666.6 平方米。

瞶，“苏联科学院的国际科学情报研究所1953年前建立，拥有9000多种国外杂志和所有苏联期刊，一共有10000多人。”

就在这一年，在苏联专家的建议下，我国制订《二十年科学技术发展远景规划》。根据周总理的指示，这一规划把建立专门的科技情报工作作为发展科技不可缺少的一项任务和紧急措施，列入第五十七项。

同年，我国的专职情报研究机构诞生，中国科学院率先成立科学情报研究所。这个标志性的事件，带动了一种新的技术性服务行业——情报研究的出现。

1958年11月，国家召开第一次全国科技情报工作会议。《人民日报》就此发表《做好科技情报工作》的社论，号召科技情报部门“要及时传递、推广和交流国内外重要的科学技术、新的发明创造和科学研究成果，迅速形成一个脉络相通、分工协作的全国范围的科技情报网。”

这一时期，部属的主要科研单位如公路科学研究所、水运科学研究所、水运工程设计院（水规院前身）、南京水利科学研究所（由水利电力部和交通部双重领导）等，先后建立了情报室（资料室、技术室），配备了情报工作人员，开始进行国内外科技文献的搜集、整理、编译、报道和检索服务，探索发展道路。部技术局也成立了技术情报室，负责协调部属科研、设计单位的情报业务，归口管理技术保密工作。

看似寻常最奇崛，成如容易却艰辛。

在艰苦条件下，交科院及时搜集苏联、英国、匈牙利、波兰、捷克斯洛伐克等国有关科研机构的资料，开展公路、水运方面的情报收集分析，完成了部下达的许多研究课题和工作项目，翻译汇编了大量国外交通情况的分析报告和专题情报资料，为新中国公路、水运交通科技发展奠定了基础。

1960年，交通部技术局情报室撤销，部属两大科研单位公路科学研究所、水运科学研究所合并，两所的情报室也随之整合为交科院情报室。

这一时期，交通科技情报工作的服务方式不断改进，开始由过去以被动服务为主转变为以主动服务为主。如针对生产和研究课题，主动提供专题情报资料，甚至“背篓”下基层，送资料到现场，并配合重点研究课题，选派情报人员跟题服务，取得了很好的效果。

1963 年 12 月 25 日，国家科委函复交通部，同意建立“交通运输科学技术情报研究所”，交通部开始筹划扩建院情报室。

半年筹备，开花结果。1964 年 7 月 17 日，交通部以交技科（64）葛字第 274 号通知，成立“交通部交通运输科学技术情报研究所”，并于 8 月 1 日起正式办公，下设情报研究室、编译出版室、档案图书资料室。该所对内受院领导，对外是部直属单位，当时的愿景是“10 年内成为交通运输科学技术情报方面的综合、检索中心”。

情报所成立后，科技情报队伍不断充实，由建所时的 43 人发展到“文化大革命”开始时的 95 人，初步配齐各专业科技人员和五大文种的翻译人员，大家边干边学，以老带新，生机勃勃。

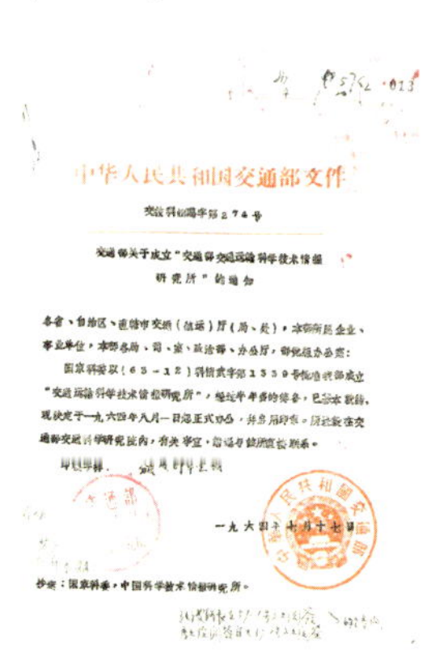

中华人民共和国交通部文件

一九六四年七月十七日

▲交通部 1964 年 7 月发文明确：交通部交通运输科学技术情报研究所成立，下设情报研究室、编译出版室、档案图书资料室

▲ 1965 年的院大门（门牌号学院东路 5 号）

在如今的交科院档案室里，一本外表朴素于 1972 年 11 月编写的《国外交通科技水平动向》吸引着人们的目光，里面竟然提到不少先进论点：发展综合运输是国外的共同趋向，电力与内燃牵引的发展相辅相成，发展甩挂、集装箱和驮背运输，大力发展高速公路，研制如电动汽车的新型动力等。即便在 50 年后的今天，这些决策建议依然闪烁着智慧的光芒。

类似的例子俯拾皆是。1970 年，交通部根据国家计委要求，委托情报所完成“国外交通运输发展概况”调研任务，情报所在交通部科学研究院重庆分院（1965 年成立）等单位的协助下，组织交通系统情报人员 30 多人，广泛了解世界各国交通发展水平、动向，编写出《国外公路运输发展概况》和《国外水运发展概况》两个专题报告。

1991 年，全国交通科技情报工作会议召开，制定了《交通科技情报工作管理规定》和《“八五”交通科技情报工作规划》。

根据会议精神，1992 年起，交通部科技情报研究所不再行使交通科技情报工作的管理职能（转由交通部科技局负责）。1993 年初，“科技情报工作”改称“科技信息工作”，“交通部科技情报研究所”也更名为“交通部科技信息研究所”。

【业务钩沉】期刊方阵的变革求索

不管年代如何更迭，机构如何变革，交科院一直是期刊、音像、内部资料的生产重镇，这种传统的优势资源也紧随形势逐步走向时尚与灵动。

20 世纪 60 年代初，部属单位先后创办了 7 份面向全国公开发行的国外科技情报刊物，其中 5 份就来自交科院，包括《公路运输快报》《船舶运输快报》（与上海船研所合作）《公路运输文摘》《水路运输文摘（第二分册）》（与水规院合作）和《国外科技文献索引（期刊部分）——公路运输》，这些刊物的创办，使交通科技情报工作步入可检索、可查阅的阶段。

▲ 1981—1999 年，交科院共创办、承办、公开（内部）发行各类刊物十余种，内容涵盖公路、水路运输科技动态，行业标准化及交通涉外工作等。《公路运输文摘》获得 1986 年第二届全国科技情报检索刊物评比一等奖、1992 年第四届全国科技情报检索刊物评比一等奖等

20 世纪 70 年代，交科院还编译出版有《公路科技情报》《公路运输科学技术》《水运科技情报》《水运科学技术》《交通标准化》《公路运输科技动态》刊物，1994 年创办了《交通世界》杂志。

另有大量的情报综述和情报资料汇编，如《全国渣油路面会议选编》《国外交通参考资料》《国外水运概况》《国外公路概况》《交通技术革新成果》《国外交通科技水平动向》《国外交通安全》《国外港机》《国外海港建设动向》《国外沥青材料和沥青路面》《世界港口》《国外高速公路》《英国公路运输》《日本公路运输》等，基本上形成了检索、报道、研究三大类交通科技情报刊物体系。

在影像制作方面，交科院曾在全行业首次拍摄并制作出《交通运输与标准计量》《海底油管施工》《钟山号水泥浮船坞》，以及反映汽车保养维修机工具革新的科技影片。

1999 年交科院重组以来，在进一步明晰定位的基础上，通过合作与更名，经过无数次变革顽强生存的四本杂志，形成了各自相对独立的办刊理念和发展方向，面对着不同的读者群体和目标客户网络，院的刊物资源得到进一步的优化。

目前，《交通运输研究》（原名《交通标准化》）、《交通建设与管理》（原名《水路运输文摘》）、《运输经理世界》（原名《公路运输文摘》）、《交通世界》四本期刊已成为行业政策宣传、成果交流、技术推广、论点展示的重要平台。

自 1973 年创刊以来，院学术期刊《交通运输研究》（原名《交通标准化》）已历经 47 年的发展历程。2019 年被列入《2019 年版中国科技期刊引证报告（核心版）自然科学卷》核心期刊，持续位列中国学术文献国际评价研究中心《中国学术期刊影响因子年报（自然科学与工程技术）》期刊影响力指数 CI 值 Q1 区。

《交通建设与管理》在数百家期刊中脱颖而出，被国家新闻出版广电总局评选为全国“百强报刊”。《运输经理世界》自 2004 年底更名后迈向市场，成为中国唯一以运输企业家和经理人为核心读者的财经杂志。

2013 年 12 月，交通运输科技传媒（北京）有限公司正式成立，实现了从科技期刊创办到交通运输传媒平台的转型，所有杂志开始从“产品”向“服务”转型，走向一条全新的媒体融合的变革求索之路。

三、徘徊：低迷零落，渐次恢复

历史进入持续 10 年之久的“文化大革命”时期，全国交通科研工作一度停顿。

▲ 交通部安定“五七”干校交科院人员合影（左三为我院陈一昌）

交科院内知识分子非常集中，地理位置又比邻赫赫有名的“八大学院”（地质学院、矿业学院、钢铁工业学院、航空学院、石油学院、农业机械化学院、林学院、医学院），不可避免地参与到在京交通系统“文革”中。

1968 年 12 月，交通部军事管制委员会以（68）交军字第 84 号文，批准交科院成立革命委员会。1969 年 10 月，交通部军管会决定将 537 位职工全部下放湖北阳新等“五七”干校劳动锻炼、接受工农兵再教育。

按照“文革”期间的惯例，凡中央国家机关人员都要去“五七”干校劳动锻炼。干校实行组织军事化、行动战斗化、生活集体化的模式，白天到田间劳动，或从事基建、修路、养鸡喂猪等工作，晚间则以班组为单位办学习班、开讲用会，联系劳动和思想实际剖析自我……

灰暗年代也闪烁着亮光。

1970 年，为重振经济，国家将新的经济发展规划提上日程。中央在制订经济规划和五年计划时需参照国外发达国家的各种经济和交通运输有关数据。

另外，随着我国经贸的恢复，沿海港口压船、压货问题越来越突出，重庆、黄埔等 9 个港口瘫痪，大连、天津等 6 个港口与长江航运半瘫痪，这些不仅严重影响国家声誉，也极大限制了国内生产以及经贸发展，于是，周总理提出了“三年改变港口面貌”的要求。

部领导责成院情报所组织人力，迅速收集国外相关的数据，协助解决压船、压货难题。为完成任务，1970 年 5 月 20 日，交通部军管会下令将情报所的 11 人从干校调回北京，由原情报室主任王天富带队，承担此项工作。8 月 26 日，交通部军管会再次下令从干校调回 11 名技术人员和翻译；9 月，交通部又抽调部分人员回京，开始编制科技规划，交科院的科研工作陆续恢复。

通过短时间突击，情报所收集了一些国外港口设施和吞吐量的相关资料，发现 1970 年我国海港吞吐量仅 9885 万吨，尚不及荷兰一个港口的 1/3，这个数据对中央下定更大决心改变港口面貌起到推动作用。

1971 年 2 月，交通部阳新“五七”干校与漯河“五七”干校合并，部又从干校调回 190 人。1971 年“九一三事件”之后，风靡一时的“五七”干校悄然降温。至 1973 年 6 月，交通部漯河“五七”干校撤销，全部人员回京。

动乱期间，交科院干部职工在艰难困苦中自觉开展工作，依然取得了一些来之不易的成果。同时，他们还坚持完成了对“文革”前取得的一些重大科研成果的持续跟踪任务。

1976 年唐山大地震发生后，交通部立即派出交通部科学研究院和公路规划设计院组成的课题组奔赴现场，在抢修公路桥涵的同时搜集震害资料，研究抗震加固措施，为公路桥梁的防震、抗震加固研究提供了第一手资料。

1976 年 10 月，粉碎“四人帮”以后，在十年动乱中遭受严重破坏的科研机构和科技队伍得以恢复。经过一年多的筹备，1978 年 3 月，全国科学大会在京举行，邓小平在会上指出，知识分子是工人阶级的一部分，重申了“科学技术是生产力”基本观点，明确了广大科研人员的政治地位。知识分子政策的落实和科研机构的恢复，标志着我国又一个科学研究高潮的到来，中科院院长郭沫若在闭幕式上用诗人的语言宣告：“这是革命的春天，这是人民的春天，这是科学的春天！”

两部合并，四年艰辛

1971 年，发生了一件部委合并的行业大事件。

▲ 1971 年 1 月，铁道部科学研究院、交通部科学研究院因部委体制改革而合并

1971 年 1 月，交通部、铁道部和邮电部合署办公，6 月 22 日，三部正式合并，定名为交通部。

1972 年 1 月 6 日，交通部下发《关于铁道、交通科学研究院合并的通知》，按照铁道部科学研究院的机构设置，交通部交通科学研究院与铁道部科学研究院合并，定名为“交通部科学研究院”，分别成立了公路科学研究所、水运科学研究所和情报科学研究所，原交科院职工到铁科院上班，原交科院办公地点交付铁道部电信总局使用。

▲ 情报所在铁科院内的图书馆正门

1973 年 3 月，经中共中央批准，恢复邮电部。

1974 年，徐州、南京、南昌等铁路局的运输长期堵塞，阻碍津浦、京广、陇海、浙赣 4 条铁路和其他干线的畅通，铁路成了薄弱环节，严重影响国民经济计划的完成，水路运输的压港、压船现象也十分严重。

为了整顿、加强运输工作，1975 年 1 月 17 日，四届人大第一次会议决定将铁道部和交通部分开设置。

四年间，原交通部交通运输科学技术情报研究所和原铁道部铁道科学技术情报研究所也进行了合并，定名为“交通部科学技术情报研究所”，隶属交通部科学研究院，在铁道部科学研究院情报所内办公。

1975 年 1 月 29 日，铁道部科学研究院和交通部交通科学研究院以（75）交研核字第 2 号发布联合通知，交通部科学研究院自 1975 年 2 月 1 日起分为铁道部铁道科学研究院和交通部交通科学研究院。交通科学研究院迁回学院东路 5 号院之前，两院院址同在西直门外青塔院原址，与交通部科技委一个机构两块牌子。

1975 年 11 月 1 日，交通部发文批复交科院，院部机构被设置为：政工组及办事、科研、物资、财务 4 个组，院内设公路、水运、科技情报、标准计量研究所和实验工厂，编制人数 800 人（不包括重庆分院）。

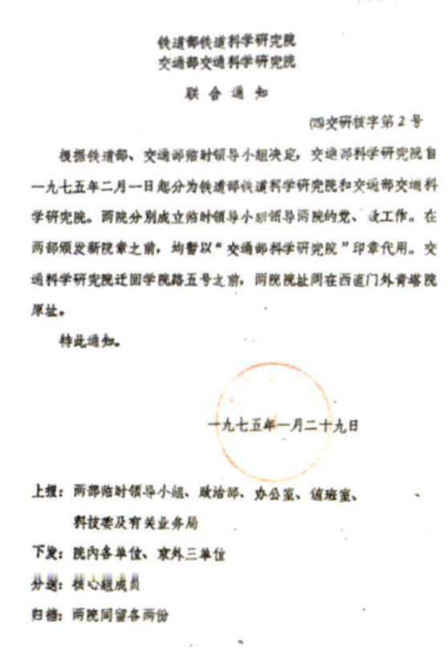
铁道部铁道科学研究院
交通部交通科学研究院
联 合 通 知

(75)交研核字第 2 号

根据铁道部、交通部临时领导小组决定，交通部科学研究院自一九七五年二月一日起分为铁道部铁道科学研究院和交通部交通科学研究院。两院分别成立临时领导小组领导两院的党、政工作。在两部颁发新院章之前，均暂以“交通部科学研究院”印章代用。交通科学研究院迁回学院路五号之前，两院院址同在西直门外青塔院原址。

特此通知。

一九七五年一月二十九日

上报：两部临时领导小组、政治部、办公室、值班室、科技委及有关业务局
下发：院内各单位、京外三单位
分送：核心组成员
归档：两院间留各两份

▲ 1975 年 2 月 1 日，交科院和铁科院随部委分设而分开

合并期间，铁道部科学研究院情报所只能腾出几间办公用房，这对有 130 余人的情报所来讲杯水车薪，大家的办公空间拥挤逼仄。当时的一个主要研究室，大约有 20 余人挤在一个约 30 平方米的房间办公。

此外，还有几十万册科技图书资料无处安放，只能堆塞在潮湿的食堂附近，经受鼠咬、虫蛀的考验。另将一个大厅用木板和纤维板隔出期刊阅览室、文献检索室和办公用房，通风和采光很差，冬冷夏热，全所只有一台空调。

一次，北京市海淀区公安局检查安全后，得出令人瞠目结舌的结论：“图书馆（原食堂）是海淀区鲜见的不安全死角，房屋大梁由于承载图书过重和地震出现裂缝，各室的隔板如遇照明电线走火，极易发生火灾。”

当时的情报所领导多次到交通部机关反映情况，并邀请部长、主管副部长、局长等亲临视察，到 20 世纪 80 年代中期，部终于批下科技情报所基建项目，情报所告别“寄人篱下”的现状，于 1992 年搬进了现在的惠新里 240 号。

两部分开之后，交通部交通科学研究院定名为“交通部科学研究院”，院情报所定名为“交通部科学技术情报研究所”，由交科院归口管理。

【业务钩沉】“守门人”的辗转腾挪

古有求学成才的“三迁”，今有标准所辗转腾挪的“六迁”，也算是标准所发展史上的一个小插曲。

1971年，两部合并后，其前身标准室从学院东路5号院搬到铁道部科学研究院（大柳树北站）。1975年，两部分开，新成立的标准所安置在五号院西北角。1980年，技术人员逐步增多，增租了明光村的两排平房。后来又增加了礼士胡同161号的一栋小楼。1990年，标准所再迁黄寺13号楼。1999年末，标准所跟随重组的步调搬入惠新里240号。

标准、计量职能堪称“守门人”，事关应用于行业的技术是否过硬、产品质量是否可靠，是国家、行业的技术水平是否进步的重要标志之一。

交通系统标准工作起始于1950年1月，交通部公路总局技术处设置有标准规范科，主要负责主管公路方面的标准规范。直到1956年，标准化工作越来越重，交通部成立技术局，并在局里设置技术科，专门负责交通部标准化的归口管理。

要追溯部标准所的发展历程，日历要翻到1974年。

为了加强标准化工作的组织和管理，交通部于1974年11月20日发出通知，公布了部标准化专业归口单位及其归口范围，其中交通部标准计量研究所负责有关国标、两个专业以上的通用标准和基础标准的相关工作，船舶、公路工程、港口机械、航标类标准则归属水运所、部公路规划设计院等单位。

1975年1月，铁道部、交通部恢复原建制，2月，交通部重新组建了交通部标准计量研究所，其业务工作由部科技委直接领导，行政事务委托交科院代管，是交科院标准化工作的最初起源。

改革开放以来，标准化工作较为重要的进展突显在组织建设方面。

1977年之后，交通标准化进入全面发展时期，得到应用的标准取得了良好的经济和社会效益，有的还荣获部级乃至国家级科技进步奖。其发展的社会背景是，党和国家极为重视标准化，颁布了“标准化法”以及有关配套的法规、办法等，并在行政上设立了国家标准局。

1983 年 1 月，交通部标准计量委员会成立，这个委员制职能机构是交通部几十年来标准化工作在组织建设上取得的重要成果，它的成立将标准所的管理和职权提升了高度。

这样，作为部直属从事交通标准计量管理和研究的公益性科研事业单位，作为部标准计量委员会的办事机构，标准所从事交通标准化、专业计量技术研究以及制修订交通行业国标和部标，并对外提供标准计量情报服务，逐步确立了自己的地位。

对 20 世纪 80 年代的标准发展速度和成果，时任交通部标准计量研究所所长的肖秉衡给予了肯定："尤其是改革开放以来，交通标准化工作的比较大的进展主要表现在几个方面：一是组织建设，成立了交通部标准计量委员会，它是一个专业比较齐全、具有一定权威性的委员制职能机构；二是制定管理法规指导标准化工作的开展；三是标准化领域不断扩大，交通标准的制定从原来的十来个专业，扩张到 20 多个专业，开展了一系列课题研究；四是参加交通类国际标准化活动，扩大了影响力；五是坚持办好《交通标准化》，积极开展标准化情报资料工作，做好技术服务。"

1988 年，标准所与中央台合作，联合摄制了三集科技视频《交通运输标准计量》，得到了钱永昌部长的大力支持，他在视频中讲话并亲笔题字，加速了标准计量知识在行业内的宣传与贯彻。

四、扬帆：静水深流，蓄势待发

1980 年以后，随着改革的不断深入，科研机构的纵深配置逐步合理，研究的覆盖面逐渐拓宽，格局也发生了很大变化。

当时，调整部对企业、事业管理工作和直属企事业单位管理体制，逐步理顺政府部门与企事业的关系，是政府机构改革的重要内容。

到了 20 世纪 90 年代前后，随着社会主义市场经济体制的不断完善，科研院所的改革跃跃欲试、蓄势待发。

缩减层次，调整体制

1978年3月18日，邓小平同志在全国科学大会上重申：“科学技术是生产力，这是马克思主义历来的观点”。根据这一思想，党和政府开始扭转对待知识分子政策上的偏差，使教育科技和文化工作走上正轨。大会之后，交通系统一批科研机构重新恢复。

在这种时代背景之下，1978年5月3日，部以（78）交人字648号文下发通知，企事业单位不再设立革命委员会，应分别实行党委领导下的院长、所长、厂长、经理等分工负责制，并通知交科院正式命名为“交通部科学研究院”，为部属一级事业单位。

为适应交通战线向科技进军的需要，加强科技情报、标准计量研究和电子计算工作，1978年8月，交通部决定将由交通部科学研究院代管的交通部科学技术情报研究所、交通部标准计量研究所和交通部电子计算所改由部直接领导，为局级单位。同时，交通部将公路交通系统在“文革”中被撤销的一批科研院所予以重新恢复。

1980年以后，交通系统改革的基本思考是，交通部直接管理着100多个企事业单位，牵制了大量精力，影响了宏观管理；本次改革，将机关内的企业、事业编制和工作，一律分离出去；对直接管理的企事业单位，则区别不同情况，或者下放或者归并，或者按内在的经济技术联系，组建在国内外市场上有竞争能力的企业集团。

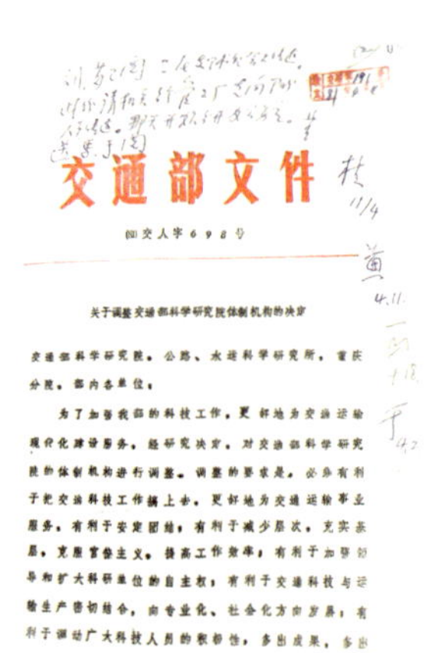

交通部文件

(81)交人字698号

关于调整交通部科学研究院体制机构的决定

交通部科学研究院，公路、水运科学研究所，重庆分院，部内各单位：

为了加强我部的科技工作，更好地为交通运输现代化建设服务，经研究决定，对交通部科学研究院的体制机构进行调整。调整的要求是：必须有利于把交通科技工作搞上去，更好地为交通运输事业服务，有利于安定团结，有利于减少层次，充实基层，克服官僚主义，提高工作效率，有利于加强领导和扩大科研单位的自主权，有利于交通科技与运输生产密切结合，向专业化、社会化方向发展，有利于调动广大科技人员的积极性，多出成果，多出

▲ 1981年4月，水运所、公路所、重庆分院相继分离，改由交通部领导。交科院保留交通部科学研究院名称，与部科技局一个机构，两块牌子

1981年3月，交通部对交科院的体制机构进一步调整，将院属的水运、公路两所独立出去，定名为交通部水运科学研究所和交通部公路科学研究所，重庆分院改名为交通部重庆公路科学研究所。这三个研究所均改由部直属领导，以扩大科研单位的自主权。交科院院名称保留，部科技局与院一个机构两块牌子，科

技局（交科院）为部归口管理科技工作及京内外科研单位的职能机构。

当时，部相关文件给出了“四个有利于”的改革说明：有利于减少层次，充实基层，克服官僚主义，提高工作效率；有利于加强领导和扩大科研单位的自主权；有利于交通科技与运输生产密切结合，向专业化、社会化方向发展；有利于调动广大科技人员的积极性，多出成果，多出人才。

1983 年 1 月 24 日，交通部以（83）交办字 149 号文决定：保留科学技术情报研究所、标准计量研究所等 10 家局级事业单位。

恢复运转，摸索前进

1989 年 9 月，交通部本着有利于部机关职能转变、精简效能的原则，决定恢复交通部科学研究院的运转。

10 月，交通部以（90）交人劳字 79 号文提出“交通部科学研究院‘三定’方案”——“交科院是部属一级事业单位，是在部的领导下，对直属科研所（院）进行归口管理的机构。交科院恢复运转以后，各直属科研所（院）仍按原定职责继续独立开展科研业务；各直属科研所（院）的名称与级别不变。”

“交科院领导的单位共 14 个，其中部直属科研所（院）为 10 个；主要职能是归口管理所属单位的精神文明建设，组织各所（院）发挥行业科技发展中心的作用。”

交科院恢复运转，是部机关体制改革的一个组成部分。根据国家体改委对国家机关体制改革的要求，当时的指导思想是：部机关要下放一部分权限，把日常工作从对直属单位具体事务的管理中解脱出来，腾出精力，面向全行业，加强宏观管理。

依据这个思想，从 1986 年下半年起，交通部就着手酝酿科技管理体制的改革问题。1987 年春，部领导在全国交通工作会议上明确：要恢复交科院。

恢复运行的交科院业务范围复杂，管理工作共涉及 14 个单位。其中，部直属科研单位 9 个：公路所、水运所、情报所、标准所、计算所、天津水科所、上海船研所、广州信息所、重庆公路所；部委共同领导的直属科研单位2个：上海海洋水下工程科研院、南京水利科研院；原由部科技局、公路局共同领导，划归交科院领导的1个：筑机测试中心；原由吉林工大与部公路所共同领导，改为吉林工大与交科院共同领导的1个：长春汽车运输工程科研所；新建且由院领导的1个：西安公路仪器设备开发中心。

1990年10月18日，钱永昌部长视察交科院，提出“一定要把交科院建设成为交通最高的科研单位、研究中心，把直属科研建设成为我们交通系统科学研究的骨干，一定要把它加强起来。”“在振兴交通事业中发挥‘先行’的‘先行’和‘骨干’中的‘骨干’作用，做出新成绩，做出新贡献。”这次讲话让新恢复的交科院受到极大鼓舞。

在部领导支持下，标准所和情报所的工作环境也得到改善。1990年，标准所迁到黄寺13号楼，改善了办公环境。1992年，情报所搬到新建的6层业务楼（惠新里240号），配备有电梯、分体式空调，终于有了梦寐以求的分设的机房、图书馆、阅览室、录音棚、办公室、会议室。1998年，又通过联建方式建成了“通联大厦”，增加了科研用房。

20世纪90年代，情报所和标准所均在改革中摸索，从“等米下锅”向“找米下锅”转变。

那时的情报所和标准所，均靠事业经费拨款维持，单位积累少、职工收入低，情报所被戏称为“穷报所”，而标准所20世纪90年代初的年任务目标仅为突破百万。交科院恢复的前几年，140人左右的标准所仅有两部电话。

拿情报所来说，1993—1998年，是坚决贯彻“以市场为导向，以服务为宗旨，以效益为中心”改革方针的关键时期，业务与财务都上了台阶。1993年创收204万元，1998年达到751万元，固定资产从729万元增加到5006万元，职工收入也有了增长，平均翻了一番。

拿标准所来说，在经费不足、人员不足、工作条件差的情况下，全所职工克服困难、勇于开拓，完成了“亦管亦研”的纵向双重任务，管理方面主要抓好每年的交通标准化规划，组建专业委员会，组织宣传贯彻；同时，积极开展横向开发，承担了不少课题。

统一思想，矢志改革

1989年“三定”方案提出之后，1990年3月，交科院恢复运转，本着“做好部各司局助手”的思想，院机关推动了科技体制改革，针对直属院所、在京单位、机关大院三大板块，主抓了班子建设、人事管理、党务、纪检监察、基建管理、后勤保障、综合治理等工作。

科技体制改革是个“硬骨头”，院机关坚持推动，取得成效。从1994年起，院机关还全力协助科技司直接抓好三大科研中心的组建，均得到上级领导的交口赞誉。

根据国家政策和部署，1990年，交科院正式组建第一届院务委员会和院党委会，至再次重组前，召开了三次院务扩大会议和五次思想政治工作研究会议，统一思想，锐意改革。

十年间，院机关取得了不少改革成果——推动了院、所负责制的实施；拨款方式改事业费为有偿合同制；科研管理实行合同管理和课题核算制；人事管理实行干部聘任制；奖金分配改平均主义为按劳取酬制，兼顾国家、院所、个人三者利益，增强了院所活力。

在基建项目管理方面，院机关负责编制交通部直属科研系统基建规划，完成部下达的基建计划管理任务，协助部计划司对院属科研单位基建项目进行立项审查或审批。据统计，院机关在“八五”期组织投入基本建设资金2.75亿元，“九五”期前两年投入建设资金2.5亿元。

在班子建设方面，院机关积极配合部人劳司对院属科研单位的党政领导班子进行考核，完成各所党委换届。加强对技术干部的管理，评选享受国务院政府津贴人员和国务院有突出贡献的中青年专家等。同时，院机关加强对院属科研单位专业技术干部继续教育工作的直接管理，根据需要与可能核拨教育经费。

在综合治理与后勤保障方面，院机关重视机关大院及京内院属科研单位的综合治理，保证了科研、生产正常秩序，改善了职工工作、生活条件，完成大院保障数千名职工及其家属正常工作和生活的“热力交换站工程”；相继组建“综合治理领导小组”“爱国卫生委员会”“消防委员会”“节水用水委员会”等机构。

1990 年，交科院恢复运转之后，一直瞄准管理下功夫，事务工作纷繁芜杂。但是，管理事务大多是“二传手”，地位略显尴尬，成为“半个政治部加后勤部”，地位不定、职责不明、作用不清，经费严重不足，基础弱、家底薄，缺口巨大。

自主发展，化茧成蝶

1990 年交科院院务委员会成立之后，1991—1993 年组织过三次院务会。但是，由于关系不顺、职责不清，院务会务虚多，难以集中议题，难以形成决议，后几年甚至再未召开。

院恢复运转后，部每年核定事业费 40 万元，至 1994 年增加到 68 万元。从 1991 年起，部科技司以课题申报方式每年划拨 20 万元。而院在缺编 35%（实编 52 人 / 编制 80 人）的情况下，1997 年事业费支出共 195 万元，缺额部分必须依靠创收弥补。

在这种情况下，1990—1999 年，院机关探索出“三条腿走路”的策略——对上当好助手，对下搞好服务，同时加强自身建设。这种策略，让院机关在方向不明的情况下，开拓了工作领域；在经费严重不足的情况下，增强了自立能力。这也是院机关在特殊条件下能够存在并且有所发展、职工能够稳定并且积极工作的基本经验。

起初，院机关根据职能处室试运转的实际需要，选调干部，健全机构。经严格考查和院党政领导集体审议决定，陆续从直属单位选调了 43 名同志到院机关工作。

在酝酿恢复交科院未来职能的时候，交通部相关领导就提出让交科院来承担行业软科学的研究任务，这一点在交科院“三定”方案上予以明确。

那时，交通系统科研机构中没有一家能够总揽行业软科学研究的单位。

据科研人员回忆，当年所做的课题主要包括：国家自然科学基金项目、国家科委软科学研究计划项目、交通部科研计划项目以及地方交通部门、港航企业委托项目，研究内容涉及发展战略、政策、运量预测、新技术推广、航线论证、投资机会分析等。

除软科学团队之外，院机关还培育了行业赫赫有名的统计信息团队。其所承担的“公路、水路运输全行业统计信息系统”项目被列为国家级“九五”推广示范项目，参加推广工作的省市自治区有27个。该团队后来成为交科院交通信息中心的前身之一，交科院行业统计业务亦是就此发轫。

10年里，交科院机关从主要履行管理职能，逐步演变为服务交通全行业；从课题靠上级下达，经费靠上级划拨，成果靠上级推广，逐步演变为到生产实际中寻找课题，积极开展横向联合，强调成果推广应用；从科研管理型逐步演变为科研经营型，形成自己的科研产品和技术优势；从产生社会效益逐步演变为社会效益与科研自身经济收益双丰收，最终实现了经费自立。

1997年，按照《交通部直属科研院所体制改革总体方案》提出的“分流七个所、组建三中心、放开一大片、稳住近千人”的基本思路，相关院所陆续进行改革，“分批实施、逐步到位”。

1998年8月12日，部党组成员、副部长张春贤同志莅临交科院视察工作，传达了部党组关于“加强交科院”的指示，提出了就如何加强交科院问题开展调研、形成工作建议的要求。

1999年，国务院决定对国家部委所属的242个科研院所进行管理体制改革，将它们转制成为科技型企业或者科技中介服务机构，或者将它们并入企业，借此真正打通科技创造与产业应用之间的壁垒，启动国家新一轮科技体制改革。

1999年，党中央、国务院专门出台《关于加强技术创新、发展高科技、实现产业化的决定》，明确提出深入实施“科教兴国”战略，科技体制改革要与经济体制改革同步发展。

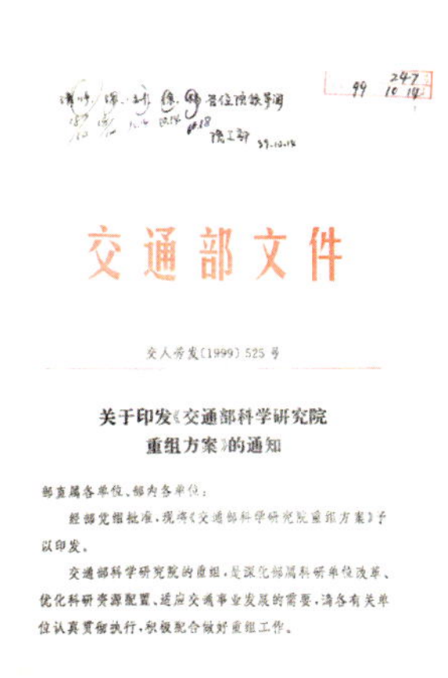

交通部文件

交人劳发〔1999〕525号

关于印发《交通部科学研究院重组方案》的通知

部直属各单位、部内各单位：

经部党组批准，现将《交通部科学研究院重组方案》予以印发。

交通部科学研究院的重组，是深化部属科研单位改革、优化科研资源配置、适应交通事业发展的需要，请各有关单位认真贯彻执行，积极配合做好重组工作。

▲ 1999年交通部印发《交通部科学研究院重组方案》

作为国家科技体制改革4个试点部门之一，交通部分别于1997年3月、7月和10月组织公路、水运、船舶三个中心的有关院所召开了改革进展协调会，各中心按照总体规划要求制定了“实施方案”。

1999年6月23日，黄镇东部长在部直属科研院所书记、院所长座谈会上做了重要讲话，他认为，“目前的科研体制已不适应建立社会主义市场经济体制的要求，严重制约了科研人员的积极性。”

“明者因时而变，知者随事而制。”9月30日，经部党组批准，交通部以交人劳发〔1999〕525号文，印发《交通部科学研究院重组方案》。重组后的交通部科学研究院为部直属一级事业单位（正局级），由原交通部科学研究院（含长江口深水航道科学试验中心）、交通部科技信息研究所、交通部标准计量研究所、交通部广州信息技术研究所组成。

12月28日，交通部科学研究院挂牌仪式在办公楼105会议室正式举行，副部长张春贤和院长毛文碧为“交通部科学研究院”铜牌揭彩，交科院的又一次崭新征程即将扬帆起航。

【业务钩沉】促对标，创奇效

20世纪90年代，根据《标准化法》精神，交通部组织对1990年前已发布的交通行业的国标、部标进行了梳理，又制定了一批急需的新标准，覆盖了公路和水路运输、交通工业产品、交通信息通信、交通安全、环保、劳卫等专业，大大缓解了交通企业无标生产的矛盾，提高了交通企业素质和质量。

从1991年开始，交通部标准计量研究所和天津、大连、青岛、连云港、上海、南京、广州、福州、厦门等9个港口的10个集装箱公司，对与港口集装箱作业密切相关的《集装箱港站检查口检查交接标准》《集装箱港口装卸作业安全规程》《机械式冷藏集装箱堆场管理技术要求》等10项集装箱标准进行了宣贯，并组织实施和推广应用。

这些公司1/3以上的职工参加了标准宣贯培训班，中层以上领导考试合格率达100%，班组考试合格率超过95%，标准条款执行率达95%以上，促进了我国集装箱运输跨入国际集装箱运输大循环的行列。

通过标准宣贯与实施，广州港黄埔集装箱公司增加箱体堆存标准箱位 680 个，堆存费较上年同期增加 125.5%，原上海港张华浜集装箱公司检查集装箱的设备交接单签单率从宣贯前的 85% 提升到 99%。福州港集装箱公司在宣贯标准前几个月内发生交通事故 9 起，违章 10 起，宣贯实施标准采取多种措施后，仅发生交通事故 1 起，违章为零。

1996 年，交通部提出在全国交通系统开展个人学习包起帆、集体学习“华铜海”轮、单位学习青岛港的“三学”活动，决定把青岛港先进的管理和技术经验，结合大连、秦皇岛、天津、南京、广州、汕头及全国交通行业各港口的经验，通过总结提高制定出《港口企业管理》标准。

任组长单位的标准所，组织多家单位共同完成这项任务。新标准极为重视港口企业物质文明和精神文明，突出“以人为本”“苦练内功”的港口企业管理思想；注重与国际接轨，采用了诸多 ISO 9000、ISO 14000 系列标准中的有关规定，引发热烈反响。

其他比较有名气的，还有标准所成绩优异高工郝喜兰制定过交通部第一个服务性标准《水路客运服务质量要求》（GB/T 16890—1997），交通部水运司还牵头组织了全国性宣贯，编写了教材，影响较大。

1993—1996 年，标准所开展了《交通标准化体系研究和体系表制定》。该课题对交通标准化现状、交通运输业发展迫切需要的标准、需要尽快采用的国际标准和国外先进国家标准、急需与交通运输法规配套的标准、必要的超前技术和管理标准进行了调研，并提出了相关内容的研究报告。

交通标准体系表共编制过 5 个版本，平均每 5 年一次。交通标准体系表由简到繁，不断充实，提出了一批公路水运基础性、通用性、专业性、门类性及相关性标准规范，作为五年规划和年度计划标准项目的参照依据；它不仅给部提供集中安排重点项目，而且逐步走向市场化、开放性的标准研制之路，让地方政府、行业协会学会和企业合作投资，与标准所联合开展工作，促进了交通标准化对行业的支撑。

【业务钩沉】科技情报工作逐步恢复

1978 年开始，交通系统逐步开始让“文革”中遭受严重破坏的科技体制“恢复元气”。8月，部决定将由交通部科学研究院代管的情报所改由部直接领导，寄希望其成为“全国交通系统的科技情报中心”，成为“管理和协调交通系统科技情报工作的职能机构”。

一番审时度势之后，相关负责人将有计划、有组织地组建科技情报网作为工作的重中之重。

可以这样说，建立情报网是交通科技情报工作发展史上的重要里程碑，它改变了过去渠道不通、信息不灵，仅靠少数专职人员办情报的冷清局面。改变了“耳目闭塞”和“一墙之隔看不见，千里之外找经验”的状况，呈现出“上下连成线，左右连成片，一处有经验，各地都传遍”的生动局面。

据从事情报管理和研究工作30多年，曾任交通部情报所情报研究室主任、副所长等职的王天富介绍，1981—1991年，部情报所作为主管科技情报的职能管理机构，在全国交通系统内组建了32个专业情报网和30个各省市交通情报站，先后组织筹备召开了3次全国交通科技情报工作会议和5次全国交通科技情报网站工作会议，促进了产、学、研单位的密切结合。

例如，内河港口情报网在长沙组织了一次装卸技术和设备先进经验交流会，会后一些简单实用的设备和技术迅速在全国推广开来，如小船的挂机、挂桨技术的迅速推行，长江及支流的小船迅速由人工划船改为机械化，既减轻了劳动强度，又提高运输效率；如水泥船的推广解决造船木料的不足问题；如用成组运输技术提高海港装卸效率等。

王天富总结说，“早期的科技情报工作形式主要有：新闻、综述、评述、专题报告、手册、汇编、年鉴、统计资料、数据库、调研报告等，这些是科技工作和经济建设的尖兵和耳目，是科技成果进入社会应用的中介和桥梁，是科学决策的智囊和参谋。”

1975年12月，为建立全国统一的情报检索体系，情报所先后组织了由交通系统科研、设计、教学等9个单位24人参加，由中国科学技术情报研究所主持的“748工程”——情报检索分系统汉语主题词表，编制工作于1979年结束，共选定交通专业主题词2000多条，成为国家词表的组成部分。

▲ 1985 年交通行业汉语主题词表培训班合影

这项工作也为后来的一项重要研究打下基础。1983 年 9 月 20 日，情报所张承炯研究员领衔的研究团队首创《交通专业汉语主题词表》，它以独立性主题词和辅助性主题词为基础，创造性地提出连标法，以扩大主题词和提高标引深度（获 1985 年国家科学技术进步奖二等奖、1986 年交通部科技情报成果二等奖）。

1991 年，全国交通科技情报工作会议召开，制定了《交通科技情报工作管理规定》和《“八五”交通科技情报工作规划》。

根据会议精神，1992 年起，交通部科技情报研究所不再行使交通科技情报工作的管理职能（转由交通部科技局负责）。1993 年初，“科技情报工作”改称“科技信息工作”，“交通部科技情报研究所”也更名为“交通部科技信息研究所”。

【业务钩沉】软科学研究向纵深推进

软科学是第二次世界大战后逐步兴起的，各国科技界极为重视，其最活跃的三大领域是管理、决策和战略。多年来，交科院特别注重加强软科学研究，为政府交通部门优化决策提供依据。

1983 年 12 月，国家有关部门要求交通部尽快提供有关多瑙河、密西西比河同长江的对比资料。部将此任务下达交科院，情报所组织人力，快捷高效地完成了任务。

追溯交科院软科学的最初源头，还要从 1956 年说起。

那一年，部公路院和水运院在开展工程技术项目的同时，开始了经济管理、运输方式、运输组织等方面的研究，均成立有经济与管理研究室（组）。1960 年两院合并后，成立了公水合一的经济研究室，集中了一批老的航运、公路运输管理的专家和一些从苏联归来的学子以及国内大学毕业生，按公路、水运、港口、船舶等专业分组，开展研究。

1978 年和 1983 年，原交通部在编制“六五”计划、“七五”计划和 2000 年发展规划时，情报部门研究提出了“国外公路运输现代化与发展趋势”“国外水运发展水平与动向”“国外 70—80 年代初公路运输发展水平和先进技术”“国外水运科技发展水平兼论我国的差距”等综述性研究报告（均获交通部科技情报成果二等奖）。

1980 年后，情报部门组织开展学术讨论，提出了改革我国港口管理体制的建议（获国家科技情报成果二等奖）。1983 年起，提出的“船舶动力技术政策”和“海洋船舶以发展低速柴油机为主，内河船舶以发展中、高速柴油机为主,尽快淘汰蒸汽机船”的建议(获交通部科技进步二等奖)，被国家采纳。1980 年，在制订石臼港码头建设方案时，提出了采用外海开敞式码头的建议，至少使工程节约 1 亿元投资。

1981 年，国家科委、国家计委、国家经委、国家建委组织开展了“交通运输技术政策”的研究。交通部组织 128 个单位的 145 名科技人员参加“交通运输技术政策”研究（获国家科学技术进步一等奖），共写出了 170 篇研究报告和论文。1986 年，国务院以国办发 40 号文，正式颁布 12 个领域技术政策，交科院的“交通运输技术政策”研究就是其中一个领域。

该研究根据国内现状分析及国外的经验，提出建设收费高速公路是国家一项长远的重大方针政策，是交通发展的必然趋势，是公路交通现代化的重要标志，每100公里高速公路可比一级公路减少用地6000亩。这些论断均在交通发展长河中逐一得到验证。

另外，1999年完成的部重点课题《2001—2010年公路水路交通运输行业政策》，由十几个部属科研院校参与，分为17个子课题，是交科院软科学领域的标志性研究项目。

【业务钩沉】科技情报的信息化

长期的情报研究历史告诉我们，一个新产品或一项新技术，约有90%的内容可以通过信息资源获得，独创的内容占到10%，而科技文献占整个信息资源的70%以上，科技情报工作的发展程度被认为是国家、行业科技发展水平的重要标志之一。

多年来，情报所是交通系统科技情报的领头雁。交科院信息资源业务的前身可以追溯到1960年12月成立的交通部交通科学研究院情报室；1964年扩大为交通部科学技术情报研究所的文献室、情报室和编译室等3个业务室，以及后成立的专利室；1999年9月交通部科学研究院重组后，成立信息资源研究室，开始了交通运输科技情报服务新的篇章。

在60年的发展过程中，科技情报服务业务可分为传统基础性服务和现代化服务两个部分。

传统基础性服务中，决策咨询服务由国外情报分析演变形成，继承了报告编译等传统情报研究，发展壮大为国外交通政策、体制、立法、科技、标准等情报跟踪研究，情报刊物、研究报告和专题情报资料的出版发行，为行业及主管部门提供决策咨询。

多年来，该服务形成600余期《世界交通快讯》和20余份编译报告、文章等情报产品，多份成果获得领导批示。

第二项传统基础性服务由科技文献服务发展而来，包括文献资料的借阅、复制、印刷、检索、翻译、专利业务，目前拥有一个书库、一个中文期刊阅览室和一个外文期刊阅览室。

随着电子信息技术的发展，科技情报工作的服务手段逐步从手工方式向机械化、信息化的现代化服务手段过渡。

20世纪80年代中期，以微机应用为中心的小型多功能科技信息处理系统在科技信息资源开发和服务领域取得突破。情报所最早在全国科技情报系统开展计算机应用的研发，早在1978年就了解到国外刚出现的16位微机，率先进行“微机系统在情报处理方面的应用研究”，改变了长期依赖手工通过分类卡片、主题词卡片、图书资料名称卡片检索的落后手段。

1983年，国家科委指示要把信息当成一个大问题来抓，而且要采用信息技术建设我国最薄弱环节之一的信息系统。同年，国务院将全国科技情报检索系统列入“电子计算机应用发展规划”和“软件产业规划”。

1984年，国家科委成立“全国科技情报检索系统领导小组”，随后把“建成一个由国家级情报中心、专业情报中心和地区情报中心组成的联机检索网络”列入全国科技情报“七五”规划。

随后，情报所在我国首次建成全国第一个情报微机检索系统，获得国家科委有关领导和情报界专家一致肯定。1986年，这一成果荣获交通部优秀科技情报成果二等奖和全国科技信息优秀成果二等奖。交通科技情报工作的水平，也因此而位居当时全国科技情报界的最前端。

这个系统由一位没有上过大学的人才研发——原交通部科学技术信息研究所副所长、研究员徐如镜，他凭着几十年如一日坚韧不拔的毅力，克服了无数困难，取得了不少成绩。

干一行爱一行，干一行钻一行。他参过军，担任过编辑，“文革”期间还下放当过工人，当编辑时展露文采，当工人时琢磨了不少小发明。

▲ 情报所所长汤文杰和副所长徐如镜在办公室

在铁道出版社印刷厂下放劳动期间，他白天劳动，业余时间身兼数、理、化的多科教员，并且还挤时间研制了铁路运输急需的火车票自动印票机，此项发明荣获1987年度全国科学大会奖、全国铁路科学大会优秀成果奖。

党的十一届三中全会以后，徐如镜重返科技信息研究岗位，并开始潜心研究微机的应用。他以微机情报检索为突破口，经过反复的论证、比较，提出“情报完全可以采用微机检索”的论点，在当时的情报界引起了很大反响。

1990 年，徐如镜主持承担国家“七五”攻关项目“微机——光盘建库及其检索软件的研制”，该项目成果开创了我国自建光盘情报数据库的成功先例，将微机情报检索系统的能力扩大了近一个量级。

【业务钩沉】总书记题词的展览会

1992 年 10 月 22—25 日，《国际公路、水运交通技术和设备展览会》在北京展览馆首发。这是新中国成立以来交通部首次主办的综合性国际展览会，由院情报所科学技术交易中心与中国贸促会北京市分会合办。江泽民总书记、李鹏总理亲自为展会题词。

说起交科院的展会工作，交通行业基本无人不晓“交通展”“国际交通工程展”和“道路运输车辆展”三个响当当的优势品牌。

“交通展”即“国际交通技术与设备展览会（China Transpo）”，历经 28 年风雨，目前已经发展成为国内交通运输业影响最广、规模最大、唯一由交通运输部主办的展事。

“中国国际交通工程技术与设施展览会（Intertraffic China）”和“国际道路运输、城市公交车辆及零部件展览会（Bus & Truck）”两个专业展也同样业绩骄人，一个移植了国际著名展览品牌“INTERTRAFFIC”，一个与中国公路学会客车分会合作重磅拓展商用客车领域。

以交通展为核心、以国际交通工程展和道路运输车辆展为重要组成部分的交通会展产业发展新格局，算起来已经走过 35 年的光辉历程。

1985 年 5 月，院情报所科学技术交易中心受部科技局委托组建交通部技术交易团，筹备并参加了在北京举办的“首届全国技术成果交易会”，交通部共有 19 个单位 401 项技术成果参加了交易，系统内上百项科技成果与用户成交，总交易额达 1156.1 万元，荣获国家科委颁发的“部院技术交易三等奖”。

1986 年，国家科学技术委员会主任方毅在全国技术市场工作会议上讲话，提出“技术市场不是搞得过头，而是远远不够”，对待技术市场的方针应该是“放开、搞活、扶植、引导”。

为贯彻落实《中共中央关于科学技术体制改革的决定》，1985年7月26日，交通部以（85）交函科字第40号文，责成情报所试办交通科学技术交易中心（科技交流中心的前身），推动交通科学技术交易活动的开展。

1987年5月28日—6月3日，交通科学技术交易中心在北京展览馆举办了“国际内河航运与柴油机技术交流会与展览会”（WATER TRANSPORT 87），共有13个国家和地区约300多名学者、专家和70多家厂商参加，参观展览的人数达1万人次。这是交通部首次举办的大型国际性技术交流交易活动。

随后，又于1989年5月举办了“国际公路运输技术与设备暨技术研讨会”。

参加此会活动的有24个国家、地区，联合国技术发展促进部、欧共体、国际道路联合会和经济合作与发展组织均派要员参加了交流活动；参观展览会的人数超过5万人；留购国外展品30多项，成交额近100万美元，国内展品成交额达600余万元人民币。

这两届展会在交科院的会展业务发展中具有开创性意义，也是当年情报所在仅有翻译、培训、专利咨询和代理、声像等传统业务情况下开拓出的一片蓝海。

【业务钩沉】点燃环保事业星星之火

院环保业务开创可以追溯到20世纪80年代前后。

20世纪80年代后期，我国逐渐进入高等级公路大发展时期，建设中挖山填沟，毁林改地，破坏了地形地貌，形成了大量裸露边坡，并引发边坡失稳、水土流失、动植物栖息环境影响、噪声污染等问题。

彼时，环境保护已成为基本国策，被提到各级政府重要议事日程。

1984年，国家在建设部之下成立国家环境保护局，同时成立了国务院环境保护委员会。

1987年，以聂嘉宣研究员为代表的科研工作者着手研究公路建设运营对环境的影响。

在做《贵黄公路贵阳至清镇段公路工程环境影响评价》项目时，她偶然发现贵州工学院的新图书馆离贵黄公路只有300多米距离，受过往车辆影响，噪声很大。她借鉴国外公路声屏障的工程研究成果，经贵州省交通厅同意，开始了全新的研究与尝试。

历时两年多，通过上万次交通噪声数据测试分析，课题组开创性地提出了适合我国高速公路交通流特点的噪声扩散模型，设计建成了被誉为“中国公路防噪第一墙”的贵黄公路声屏障，取得了降噪12分贝的优异成绩。

她于1989年完成的《公路建设造成的环境污染及防治对策》研究，作为交科院首个环保科研项目获得了1992年交通部科技进步二等奖。她也被推荐在国家科委等单位举办的“妇女在环境与持续发展中的作用国际研讨会”发言，受到万里委员长亲切接见。

此后，聂嘉宣等还参编了我国首个公路环境影响评价技术规范，这些交通环保成就鼓舞了情报所科研士气，点燃了交科院环保事业的星星之火。

【业务钩沉】改变“穷报所”面貌的关键一战

人很难自主创造机遇，但是可以抓住偶尔露峥嵘的时机。

1995年，时任情报所所长毛文碧在与云南省交通厅交流中了解到，公路建设形成的大量高陡边坡缺乏适用的绿化技术，他敏锐地洞察到公路生态恢复的发展契机，遂与环保室陈济丁同志（现任交科院副院长）促膝长谈，研判谋划生态修复产业发展思路，没想到，这个思路一举改善了“穷报所”的命运！

当年，陈济丁只身一人赴瑞士引进湿法喷播技术及设备，并率先在云南昆曲高速公路示范应用，进行试验、调整、优化、总结，完成了技术本土化要解决的诸多问题。

作为国内最早引进的机械化绿化施工技术，湿法喷播可高效、快速地进行多种边坡喷播绿化。这项技术虽然先进，但要实现完全本土化，还须解决诸如基材合理配比、种子选择与持续效果等大量问题。

功夫不负有心人。湿法喷播技术得到云南省交通厅高度认可，并在全省推广应用。随后，环保室一鼓作气在昆明组织召开了全国湿法喷播技术交流会，使得这项技术逐渐覆盖全国。2000年，交科院又针对岩石边坡的绿化难题，引进了日本的客土喷播技术，实现了技术升级。

其后，为解决早期大量应用进口草坪草种导致的植被退化问题，边坡绿化团队又在云南、湖北、江西、广东等13个省份先后开展乡土植物筛选试验，实现了乡土植被群落的恢复重建。

通过不断努力，高速公路路域建成了郁郁葱葱的植被、沁人心脾的花卉、婀娜多姿的树丛，公路景观变靓了，坡面更稳了，带来了畅快舒适的出行体验，实现了绿色公路与秀美山川的有机结合，同时也让交科院环保事业这棵树苗在岁月洗礼中茁壮成长，日益枝繁叶茂，开花结果。

边坡绿化作为情报所环保起家之业，其年产值在20世纪末就超过千万元，成为所里最大的支柱产业项目。

可以说，正是因为毛文碧等所领导与饶黄裳、高洁、陈济丁等一批科研工作者穷则思变、高瞻远瞩、敢想敢干、脚踏实地的工作态度与作风，才使情报所在浴火重生中打好了科研事业根基，成就了一份事业。而发展过程的艰辛曲折，其个中滋味也只有经历过的人才能真正懂得吧。

【业务钩沉】用权威计量维护公正

如果说质量是核心，那么标准就是质量的依据，计量就是质量的保证，日常工作必须"以质量为中心，以标准化、计量为基础"。

交通计量作为一项专业工作，是从20世纪70年代后期开始的。当时，主要是解决港口货运计量器具的配备和管理问题。

在石油及石油产品运输、销售和节能工作中，计量起着重要作用。船舶液货舱是石油及石油产品交接、贸易交接和能源计量的主要计量工具之一，油价的高企使贸易各方极为重视石油计量的准确性。

此后，在我国大中型企业中，又掀起了一个计量定级升级活动，这一活动首先从港口开始。逐渐地，这项业务从"六五""七五"期间的港口货运计量、能源消耗计量、工业产品计量逐步向汽车检测计量、公路水运检测计量、船舶通信导航检测计量等方面扩展，初步形成了交通专业计量技术和管理体系。

全面的计量定级升级活动结束以后，计量行政管理逐步向法制管理转化，企业计量工作按计量法、其他计量法规实现自主管理，并根据企业需要和能力配备与生产经营管理相适应的计量器具，改变了沿海港口货运计量的落后面貌。

院国家船舶舱容积计量站于1993年验收通过后正式成立，在业务上受国家质检总局的领导，在行业上受交通运输部领导，独立对外开展计量检定、校准及计量技术知识的培训工作。

该站前身是1985年设立的“交通部船舶燃油舱计量检定站”，是我国最早开展船舶液货舱容积计量检定的技术机构，主要用于解决港口货运计量器具的配备和管理问题，保证燃油贸易结算的数据准确。舱容站年检定船舶约500条，客户覆盖各大油运公司、造船厂以及中石油、中石化等。

下部　拼搏进取（2000—2020年）

追溯交科院成立以来40年历史，几乎每10年就会或分或合一次。而自1999年交科院重组之后的20年，则是稳扎稳打的20年，是以周伟与李作敏、李作敏与王晓曼、石宝林与周晓航为代表的领导班子率领全体员工开疆拓土的20年，是逆风飞扬、迎难而上，进行全新的建章立制变革的20年，是夯实基础、强化激励，由快速扩张规模到注重质量效能，追求高质量发展的20年。

短绠难汲深井水，浅水难负载重舟。经历重重考验后浴火重生的交科院，从“量的扩张”坚定走向“质的提升”，正在成为交通运输系统科研队伍中“骨干中的骨干，先进中的先进。”

五、重组：建章立规，本固枝荣

万事开头难。交科院刚刚重组完毕之时，基础薄弱，人才老化，冗员严重，虽有“暂由交通部管理，保留事业单位性质”的政策和地位，但全院300多名员工一年新签科研合同额只有数百万元，迫切需要转观念、求生存、谋发展。

据时任院长周伟回忆，重组初期的交科院存在着“六个不适应”——思想观念、创新能力、业务结构、运行机制、人才结构、资产结构不适应，均远远没有跟上时代的节拍。

多年传统事业机制之下，大家习惯于依据行政指令和计划调控，干部职工思维固化，工作方式被动，缺乏创新动力。院的主体业务绝大部分依赖政府部门下达，与交通生产建设主战场缺少接轨；指令性业务比例偏高，经营开发业务偏低；业务“纵多横少”“软多硬少”，面向市场发展的能力积弱。

审时度势，运筹帷幄。2000年，周伟院长提出：“重组不是改革的结束，而是为进一步改革创造了条件。我们必须调整结构、转换机制、创新制度、开拓市场，通过改革求得更大的发展。”

从1999年开始的国家新一轮科技体制改革，其核心要求就是转制转型。对交科院来讲，则是从传统事业机制向现代科研院所机制转化，探索在内部实施企业化管理方式。

立足于调整结构和优化方式，从根本上转换内部运行机制，遂成为“十五”期间交科院改革的首要任务。

艰难险阻，功不唐捐。经过不懈奋斗，交科院“十五”期间的规划与设想取得显著成效。

五年里，领导班子率全体员工啃下一个个硬骨头，实现了“一年起步过渡、二年调整完善、三年初见成效、四年五年翻番”的目标。

“一年起步过渡”，完成内部运行机制从传统事业型向企业化管理转变；“二年调整完善”，完善管理制度、制定配套政策、调整业务结构和布局；“三年初见成效”，完成业务结构和布局的改组或重组，达到内部实施规范的企业化管理目标；“四年五年翻番”，实现主要经济目标的翻番，走产业化和规模化发展道路，在主体业务领域内形成优势领域或支柱产业。

“十五”初期，全院科研合同额仅700万元，产业产值2500万元。

2005 年，完成科研合同额 6500 万元，产业产值 8100 万元，分别提升 9 倍和 3 倍，经济总规模达到了 1.4 亿元。“十五”期间，职工人均收入每年增长 20%以上。

据统计，2006 年交科院承担的科研项目中，合同额在 100 万元以上的有 17 项，占全院新签合同额总数的 42%，充分说明交科院承揽重大项目的能力有了明显提高。

重组后的第一届领导班子通过以“整合业务、精简机构、建章立制”为内容的体制融合和以“理顺工资体系，统一津贴、奖金、医疗等福利待遇标准”为内容的政策融合，以市场为导向，以效益为中心，以服务为宗旨，走“科研立院、产业富院、人才强院”之路，实现了业务规模、人员数量、经济效益的快速提升。并全力完成了部党组提出的“人员思想不乱，科研队伍不散，业务工作不断”的要求。

六、驰骋：规模扩张，跬步千里

积跬步能至千里，积小流可成江海。经过多年持续奋战，在院新老领导班子交替的 2007 年，院新签科研合同额和产业合同额双双破亿，新签科研合同额 10293 万元，与 2000 年重组之初相比增长了近 15 倍。

在 2006 年院信息中心和发展中心两个部门年新签科研合同额突破千万的基础上，环安中心、咨询中心新签科研合同额也于 2007 年破千万大关。城市中心、物流中心、检测中心等新兴部门业务快速成长。

纵横驰骋，开疆拓土。交科院逐步走过了由重组之初的“求生存”走数量扩张型道路，开始向“求发展”走规模效益型道路转变。

据时任院长李作敏回忆：“当年‘走规模效益型发展之路’，就是通过业务集中、部门协作、领域拓展，做大做强核心业务与特色业务，实现经济规模的稳步增长和综合效益的显著提升。规模，既包括经济总量扩展，也包括业务结构的合理布局。效益，既包括经济效益，也包括品牌效益，更强调社会效益。”

“十一五”期间，按照部党组提出的“交科院要为部的重大战略服务、为部的重大战略提供支撑”的要求，院由业务结构单一的传统公益性科研单位，发展成以“为部服务”做基础，集科研与产业于一体，集决策支持、信息化、环保与安全、标准计量与检测认证、城市交通、工程技术、中介服务7大核心业务板块的综合性科研机构，确立了“智囊机构、创新基地、中介组织”三位一体的发展定位，朝着建设“开拓创新、和谐富裕、充满活力、可持续发展”新型科研院所的目标迈出了坚实一步。

2010年，是“十一五”规划的收尾年，更是交科院建院50周年的历史年。全年新签科研合同额1.83亿元，新签产业合同额2.18亿元，全院经济总规模突破了4亿元大关。

2011年，交科院进入“十二五”规划的开局之年，其开始以“质量品牌年”活动为抓手，有效促进规模效益型发展。2013年，交科院提出“由规模效益型向质量效能型转变”的口号，体现国家及行业更加注重发展质量与可持续发展要求，强化公益二类事业单位的属性定位。

李作敏院长认为：“质量是发展的硬道理，是对服务内涵的基本要求，是对科技创新的核心评价指标。对于交科院来讲，质量是核心竞争力的重要体现。”

2013年，交科院实现经济总规模5.3亿元，其中科研咨询项目额2.6亿元，产业开发项目额2.7亿元。

七、挑战：夯实质量，做优做强

承前启后，继往开来。2014年，新一届领导班子沿着“质量效能型发展”的道路披荆斩棘，并在快车道上不断丰富科学发展的内涵。以公益服务为先，以经济发展为基，以科技创新为本，以高效管理为要，以营造和谐为求，“把服务做优、把研究做深、把产业做强”，做“主干的软科学、精干的硬技术”。

2015年是“十二五”收官之年，全院实现合同额4.09亿元（其中：科研合同额2.72亿元、产业合同额1.37亿元）。

进入“十三五”期，交科院面临着更为迫切的改革。按照部党组的统一部署，院作为科研事业单位改革试点，于2016年全面启动深化改革试点工作。2017年中编办下文，正式将原情报所、标准所并入交科院一体化管理。改革的总体思路为“强化两头、优化中间”。

“两头”之一，是强化院公益性科研院所的公益服务、科技创新的主体功能。“两头”之二，是按照事企分开的改革要求，对院属产业实行集团化运行。“优化中间”是优化现有主体业务，按照“三定方案”调整业务布局和部门设置，构建更为科学高效的管理体系与运行机制。

2018 年，是交科院深化改革试点工作的收官之年，成效突出，值得铭记。

实施“公益服务计划”，制定政策保障措施；开展卓越创新工程和高端智库建设，全面推进创新团队建设；新组建基础研究创新中心，遴选了首席研究员；对院属企业进行重组、改组，组建院科技集团公司以及科技集团，由集团公司代院行使出资人权利，对成员企业进行管理；完成院内“一门两牌”部门所属公司的全部剥离，完成院内部门所属事业部调整；启动院“协同办公平台”建设，进一步完善绩效考核与薪酬分配制度，建立了科技成果转化制度体系和工作机制。

深化改革，激发活力，交科院的业绩逐年攀升。2019 年，交科院业务规模保持稳定增长，实现合同额 6.2 亿元（其中：科研合同额 2.7 亿元，产业合同额 3.5 亿元）。

这一时期，院的科研条件得到根本性改善。除国家财政资金外，院自筹资金 3000 余万元投入基础设施建设。顺义综合实验基地全面开工建设并将投运。2016 年租用并装修通联大厦的二楼办公区，2017 年恢复和平里办公楼报告厅功能，2018 年惠新里办公楼一楼大厅全面改造、新建机房和两个会议室等，2019 年实施通联大厦改造工程。

除了硬指标，交科院在“十三五”期间还实施了人人称道的“软措施”——“暖心工程”，为全院干部职工办了不少实事。为职工提供生日蛋糕、开设热水间、提供早餐午餐晚餐、大幅提高体检年检标准，为困难职工送温暖，为职工及家属送节日祝福，开设职工食品吧、书吧等等，着实增加了职工的凝聚力、向心力。

2020 年，站在新的起点上，面对新时代新形势，院领导班子提出了“抓机遇、打基础、谋长远，持之以恒推进院高质量发展”的新要求。

石宝林院长具体阐释："这些年，院一直都在倡导并推动'高质量发展'。根据中央和部党组的要求，结合发展实际，我们的理解和认识也在不断深化。总的来说，'高质量发展'就是要重点围绕建设一个'国家智库'、实施一个'攀登计划'（以硬技术攻关为主，提升事业与产业技术实力和水平）、打造一个'上市公司'的'三个一'目标，着力实现'三个转变'，开创事业新局面。"

展望未来，石宝林院长认为，在加快交通强国建设的伟大征程中，院要牢记"科技强交、造福社会"的使命，全力打造"高端专业智库、一流创新基地、重要服务平台"，建设交通运输领域国内著名、国际知名的一流综合性科研院所，为交通强国建设贡献更大力量。

【业务钩沉】城市交通基业初创

1997年春天，一位草原生态专业博士与信息所在人才市场的招聘"地摊"结缘。那时，信息所环保业务缺少植物专家，正好这位名叫江玉林的女同志满足条件。

在信息所的环保工作中，江玉林重视调查研究和国外经验学习。为解决高速公路生态破坏问题，她在国内首次提出了公路路域生态恢复理论和技术体系。该技术的广泛应用，结束了公路绿化只能用"洋草"的历史，成功选育了适合于公路边坡生态恢复的5种野生植物，使公路绿化工程成本下降20%以上。

2001年，在任继周院士推荐下，她作为草业专家参加了中国环境与发展国际合作委员会（简称"国合会"）"西部开发中的林草问题"国际合作项目，借助国合会向国务院提交了"将草原退牧还草纳入'国家退耕还林'政策范畴给予扶持"政策建议并被采纳。

江玉林回忆说，她是非常幸运的人。

2003年，在周伟院长的支持下，院成立了一个可持续交通发展项目组，给了她一个从事跨学科研究自由选择的舞台。

她敏锐地意识到，方兴未艾的城市化浪潮将是中国经济的主要动力，全球气候变化和城市交通是两个重要研究方向。

那一年，是城市交通团队的襁褓之年，“初生牛犊不怕虎”的他们承担了国合会支持项目“中国未来可持续交通发展战略与政策研究”，就此开启了交科院专业团队涉足城市交通研究的新篇章，院里成立了“交通可持续发展研究中心”。

关于江玉林是否可以承担中国可持续交通战略与政策研究国际合作项目，大家众说纷纭。有人认为她的专业是草原生态学，又没学过交通，有人质疑交通部又不管综合交通，城市交通还在建设部……

江玉林给时任院长周伟说起了这些担忧，周院长鼓励她要立志做个跨学科人才，还列举一位在哲学和数学方面均有造诣的专家，通过学习他可以遇到哲学家时谈数学，遇到数学家时谈哲学。同时，周伟院长还邀请到原交通部科技司副司长陈锁祥教授来指导团队。

周院长建议她尽量多学习交通，并组建了一个由周伟牵头、5 个国外知名专家和 5 个国内一流专家组成的团队，其中有来自美国、欧盟的国际专家，也有来自国家发改委综合所、同济大学、清华大学和台湾大学的知名学者参与项目研究。经过艰苦卓绝的耕耘开垦，项目组圆满完成了任务。

这一年，经中外方专家联合研究形成的中国交通可持续发展政策建议，向时任国务院副总理温家宝进行了汇报，其中提出城市交通行政管理体制改革、燃油税改革、公交优先等相关政策建议得到中央政府的采纳，同时也引起了时任国合会外方主席曼斯·劳伦斯先生的关注。正是在他推荐下，中心申请参与了沃尔沃教育与研究基金会城市交通项目，申报工作还得到时任交通部部长张春贤通过亲笔信件表达的推荐支持。

2004 年，江玉林到瑞典拜访沃尔沃基金会学术委员会主席，向他汇报了中国城市化发展所面临的挑战和机遇，并提出急需开展国际合作研究，学习国外经验和教训，借鉴国际优秀案例，寻找中国城市交通发展政策措施和技术，推动全国的城市交通健康可持续发展的想法。

有志者事竟成。2005 年，城市交通团队抓住瑞典沃尔沃研究与教育基金会在全球范围内招标建立“未来城市交通”高级研究中心的机遇，从 20 多家竞标单位中脱颖而出，最终成为基金会赞助的 8 个中心之一。

2006年，沃尔沃研究与教育基金会决定给予中心连续5年共3000万瑞典克朗的支持，开展中国城市交通可持续发展研究中心项目（CUSTReC），使得交科院CUSTReC的英文LOGO一度享誉国际。

如今，城市中心拥有的60人城市交通专业队伍赫赫有名，成为交通运输部批准的唯一一家从事城市交通研究的科研团队，包括城市交通拥堵、城市共享出行、城市智能交通、城市轨道交通四个创新方向，持续推动交通引领城市可持续发展。

【业务钩沉】发展中心的人才成长与品牌养成

软科学部门经历过两次名称调整，标志着交科院软科学研究不断朝着更契合时代的纵深推进。

1995年4月18日，交通部人劳司以人劳编调字〔1995〕323号文，同意交科院成立软科学研究室。

2005年3月14日，经交通部厅人劳字〔2005〕93号文批准，撤销“交通部科学研究院软科学研究室”，成立“交通部科学研究院交通发展研究中心”。这个名字由时任交通部副部长翁孟勇提议更改，目的是要对标国务院发展研究中心，致力于成为交通行业的核心智库。

交通发展研究中心的成立，使得交科院软科学研究有了新的使命，开始了新的征程。作为交科院“最老”的部门之一，他们和其他部门一起履行为部服务职责，紧紧围绕部党组高度关注、部机关决策管理需要、交通行业发展亟待解决的重大战略规划、政策法规问题，开展决策支持研究，研究成果经转化形成了百余份指导行业发展的重要指导性、规范性文件。

“出人才”。中心培养输送了大批人才。包括部机关10人，院领导3人，院内（职能部门、研究部门、院属企业）中层干部19人；特别是中心几位老主任全部享受国务院特贴、入选“交通青年科技英才”，这在行业中是十分罕见的。

郭廷结研究员就是一个典型例子。他连续三届被聘任为国务院参事，自1964年进入交科院情报所以来，至2014年在院办理退休整整历时半个世纪，先后荣获省部级三等奖以上奖励9项，其中，国家科技进步一等奖1项，省部级二等奖3项。就任参事16年，先后提出61项书面报告和建议，很多建议受到国家领导人的高度重视，批示付诸实施。

中心充分发挥了人才培育摇篮与业务孵化基地的作用，为交科院许多崭新领域的拓展、崭新部门的组建（如综合运输、现代物流、财政金融、交通信用等）奠定了坚实基础。

“出思想”。中心牵头开展了创新型交通行业、现代交通业、“两型交通”模式、国际对标、交通强国等一系列重大战略研究，支撑了一大批重大政策法规出台、重大改革实施、重要文稿起草，特别是连续13年主动为全国交通运输工作会议主报告提供思路建议；此外，中心还承担着部长政策咨询委员会、部专家委员会、部法律专家委员会、交通运输新型智库联盟、交通运输行业重点科研平台主任联席会议等机构的日常服务工作，充分发挥出贡献思想、支撑决策、引领发展的作用。

中心通过交通决策支持业务铸就起坚实品牌。2003 2004年所做的《公路水路交通科技发展战略研究》，曾获中国公路学会科学技术奖二等奖。研究提出了交通科技的使命、指导方针、战略目标；提出了交通科技发展具有牵动性、前瞻性、关键性的6个方面战略重点。项目研究成果被部党组采纳后，形成了《公路水路交通科技发展战略》，对推动“科教兴交”战略的全面实施具有重要作用。

2005年，为贯彻落实《国务院关于做好建设节约型社会近期重点工作的通知》，中心受部规划司委托开展了《节约型交通行业发展战略研究》，成果支撑出台了《建设节约型交通指导意见》，成为指导行业有关工作的纲领性文件（2007年中国公路学会科学技术一等奖、2006—2007年交通部机关党委创新成果奖理念创新二等奖）。

2006年，开展“交通行业文化建设研究”，中心系统解决了交通文化建设在理论层面上的问题，得到行业普遍认同，发掘、提炼的行业核心价值等成果，已被部采纳并用以指导行业工作。

中心通过全力支撑交通强国战略研究突显品牌。中心着力打造交通运输现代化等研究创新团队，全面完成了深化改革、科技创新、人力资源、政府治理、财务审计、交通文明等交通强国专题研究，为党中央、国务院印发《交通强国建设纲要》提供了有力支撑；承担开展了交通运输科技创新、人才发展、绿色交通等部中长期纲要及“十四五”专项规划，以及交通运输法治政府部门、信用体系建设中长期规划研究编制工作。

此外，还作为交通强国建设试点技术支撑单位，提供试点政策制度设计、评估管理服务和技术支撑，承担了山西、甘肃、湖南、厦门、宁波等多个省市试点单位的技术咨询工作。

【业务钩沉】老业务的新视角

1999 年底，信息所的很多情报研究职能浓缩在交科院下属业务部门信息资源研究室，2017 年重组到科技资源与技术交流研究中心。

信息技术的突飞猛进给信息资源建设、开发、利用和服务模式带来了全新的变化。2005 年 12 月，交通部发布的《关于加强交通信息资源开发利用指导意见》指出，“各级交通主管部门应当加大利用先进的信息技术进行信息采集的力度，加强业务系统和数据库系统的建设，保证信息采集与日常业务应用相衔接，提高信息采集的效率和准确性。”在交通部的大力支持下，交通科技信息建设向着数字化、网络化、信息化的方向迈进。

2001 年开始，信息资源研究室建成了部主站和各司局、直属机构、地方交通运输厅（局、委）等 56 个子站共同组成的交通运输政府网站群体系。在网站绩效评估中，部政府网站连续多年在 60 多个国务院部委及直属机构中名列前茅。

自 2001 年起，信息资源研究室相继承担了交通运输部信息化一期、二期基础建设项目，完成了交通运输部内网、行业专网和外网的基础设施改造，建成了与国务院、各部委、各省交通厅的网络连接。

团队以多年馆藏积累为中心，形成涵盖科技文献、统计资料等交通资源群，通过公共服务平台提供书刊借阅，数字资源移动阅读与下载，国家图书馆基藏图书和 NSTL 科技文献的馆际互借等一站式服务。数据总量达 40TB，日均访问量 3 万余人次。

在“国家图书馆交通运输部分馆”“国家科技图书文献中心交通运输服务站”的重磅称号下，院正在致力于打造全国交通行业最大的交通科技专业图书馆。

如今，在交科院，以专业图书馆为主体的传统科技信息资源体系和以数字图书馆为主体的新兴科技信息资源体系并存，新旧体系融合，持续发挥着重要作用。

2009年12月22日，部科技司组织召开“交通运输科技信息共享平台”开通仪式暨国家图书馆交通运输部分馆签字仪式。交通运输科技信息共享平台由交科院具体负责建设维护，是交通运输部“十一五”交通科技创新体系建设的三大重点任务之一。

平台面向行业及社会公众提供科技项目、科技成果、仪器设备、科技文献、科学数据等交通科技信息资源数字化、网络化服务。共享平台建设获得2013年中国航海学会科技三等奖。同时，依托公共服务平台及新兴技术，进一步拓展了文献查重、文献收录引用查证、定题跟踪等咨询业务。

共享平台于2009年12月26日开通以来，平均日访问量12000人次，日下载量5030次。截至2010年7月31日，累计下载原文88220篇，传递资源1134次。共享平台平均每年进行科技查新约200次，交通领域约有1/30的项目接受了此项服务。

如今，传统情报工作兼顾，新兴业务突起。一个既有公益性、服务性、基础性资源服务，又有做决策支持的科技情报咨询服务，还有交通运输信息化环境建设和以网络化、数字化、信息化服务为主的情报中心正在璀璨绽放。

【业务钩沉】应急研究勇夺“第一”

海上溢油防治是交通运输行业长期面临的热点和难点问题。交科院是最早开展船舶溢油应急政策与技术等相关研究的科研单位之一，在研究船舶防污染方面实力雄厚。

1983年，“东方大使”号油轮在青岛港搁浅，溢油3343吨。时隔10个月，在同一地点又发生了“加翠”号油轮搁浅，溢油757吨。1986年，一艘油轮空船爆炸沉没，溢油约 100 吨。

1995 年，广州港发生的“檀家号”溢油事故给国家造成巨额损失，不仅在国内引起震动，国际海事组织也表示高度关注。

无独有偶。1996 年 5 月 1 日，“浙普渔油 31 号”在老铁山水道碰撞沉没，溢出润滑油 476 吨，辽宁海事局花费 260 万元组织清污。因船东是个体户，发生事故后破产，无力赔付清污费用，260 万元巨额费用由交通部垫付后，最终无法得到偿还。

1996 年 9 月 15 日，黄镇东部长就部安监局针对“檀家号”油轮事故提交的签报，对“研究对策意见”作出了批示，决定由部安监局、外事司和科技司牵头，开展“建立我国船舶油污损害赔偿机制的对策研究”，刘红研究员牵头承担了具体的研究工作。

在她的带领下，课题组针对保险公司、油轮船东、油运公司、石油公司、管理部门各自的诉求，为我国建立与完善完整的船舶污染损害赔偿机制做出了突出贡献。

档案显示，交科院承担了船舶污染损害赔偿的系列研究，包括“我国加入《国际燃油赔偿公约》和建立国内燃油损害赔偿体系战略研究”“建立我国船舶油污损害赔偿机制实施办法研究”以及“船舶散装有毒液体物质污染损害赔偿对策研究”等项目，并为我国正在建立的油污损害赔偿基金提供技术支持与服务。

溢油应急研究团队的成绩最终体现在一个个重要文件之中，使污染损害赔偿终于得到了有效解决。

2010 年 3 月 1 日起实施的新修订的《中华人民共和国防治船舶污染海洋环境管理条例》，对“船舶强制油污保险”和“石油货主缴纳基金”作出了详细规定。2010 年，财政部会同交通运输部共同发布了《船舶油污损害赔偿基金征收管理办法》（财办综〔2010〕39 号），并于 2012 年 7 月 1 日起实施。

2000 年，耿红研究员参与编制的《中国海上船舶溢油应急计划》由交通部和国家环境保护总局联合发布，她至今仍记忆深刻。这是我国第一部应急预案，是我国应急工作的“鼻祖”作品。直到“非典”之后，国家高度重视应急工作，其他行业才开始陆续编制相关预案。

随着国家对应急的高度重视，2006年新中国成立以来的第一个《国家水上交通安全监管和救助系统布局规划》出台了。在刘红研究员带领下，交科院溢油应急研究团队负责溢油应急能力专题，规划了国家水上船舶溢油应急设备库的布局与规模，承担了多个设备库的工可与初步设计工作。目前这些设计均已化身为一座座国家溢油应急设备库，推动了溢油应急软硬能力的提升。

【业务钩沉】保障平安交通“主战场”

综合安全、工程安全、水上安全与应急，构成了交科院安全领域研究的主要内容。

交通运输具有开放性、全天候、全地域、全民参与等特征，且近年来参与主体呈现多元化、复杂化特点，特别是道路运输、内河水运“小散弱”的经营主体众多，安全水平参差不齐，安全风险防控难度大，事故规模总体处于相对高位，占全国安全生产事故总量的比例较高。

可以说，交通运输安全生产已经成为国家安全生产的“主战场”。

近20年，国家高度重视安全生产工作，“生命至上、安全第一”的安全发展理念深入各行各业。在交通运输领域，无论是在工程建设还是运输服务环节，安全问题都是各级政府以及交通运输主管部门工作的重中之重。

如何发挥科研在保障安全方面的重要作用？必须加强安全研究人员的配备，针对问题瞄准前沿开展研究。2005年3月，院成立“交通环保与安全研究中心”，标志着交通运输安全研究工作在经过近两年的储备后正式开启。

团队完成的第一个安全科研项目是部重点软科学项目“交通建设工程安全生产监管模式及措施研究”，为原部质监总站厘清业务职责、理顺管理思路、建立安全监管长效机制提供了技术支撑，获得中国公路学会科技进步二等奖，实现了开门红。

在这个成果中，院建议交通运输部成立综合安全监督机构，为交通运输部“三定方案”的出台提供了有力的决策支持。2009 年 3 月 19 日，部成立了安全监督司，这是部狠抓安全工作的一项重大决策。

2017 年，院为了进一步加大对部安全生产领域的支撑，将安全研究从原有交通环保与安全业务中独立出来，部批准成立了交通安全与应急中心。

2018 年 7 月，部办公厅发文成立院交通运输安全研究中心，赋予理论政策、技术、案例和国际合作交流研究四项职责。9 月 17 日，成立大会在部里召开，时任交通运输部副部长何建中主持会议，交通运输部党组书记杨传堂出席会议并发表重要讲话。至此，院交通运输安全研究工作迈入了新阶段。

【业务钩沉】深耕细作，根深叶茂

20 多年间，顺应时代要求，环保板块也历经分分合合，但不论风吹雨打，以科技研发引领行业热点、支撑产业是发展主调，稳扎稳打、开拓创新一直是环保工作的主旋律。

绿化门槛低，市场竞争激烈，技术创新难，淘汰率高。也正因为环保人有这样的危机意识，环保事业才得以不断开拓创新，深耕细作，探索新增长点，并成功发展了野生动物保护、污染防治、环评水保、绿色公路、景观规划、交旅融合等方方面面。“拼搏”“打磨”已成为环保人心中铭记的字眼，团队多任领导更是率先垂范，敢克天下艰难，敢争天下第一。

“青藏高原是一片净土，每次去心灵都得到净化。作为一名环保科研人员，我愿把全部知识奉献给它。”1999 年，环保室主任陈济丁就开始了青藏高原十年磨剑的历程，其间奔赴西藏考察十多次，行程数万里。

2008 年他负责的“多年冻土地区公路生态环境保护与评价技术”，支撑了“多年冻土青藏公路建设和养护技术”研究，获得了交科院第一个国家科技进步一等奖。

此外，其在该区域的系列研究还获得中国公路学会特等奖 2 项、一等奖 1 项、二等奖 1 项，初步解决了占我国领土面积 22% 的冻土地区公路生态环保恢复难题。成果满目，却鲜有人知每项成果取得的艰辛，甚至是差点付出生命的危险经历！

持续创新下，多个全国性精品示范工程相继“开花结果”。“车在路上走，人在画中游”，那是2008年由团队进行景观设计的湖南临湘至长沙高速公路通车时的感受，该项目获得我国环境保护建设项目的最高奖——首届“国家环境友好工程”奖。

2009年，由团队进行科技支撑的“路景相融、自然神宜”湖北省神宜科技示范路，在资源节约、景观优化方面又创造了交通行业学习的典型示范；同期完成的广东渝湛生态公路被新加坡《联合早报》等国外报刊高度评价，被认为是中国“五星级”生态建设项目。

2011年，团队用生态之笔书写的壮美长白画卷——环长白山旅游公路又吸引了全国各地建设者的学习观摩。

2015年，孔亚平研究员带领季节性冻土环境研究团队参与完成的全国鹤大高速公路科技示范工程，进一步解决了季节性冻土地区的生态环境保护问题，其建设成效列入“厉害了，我的国”专题宣传，得到中央台点赞，获得国家科技进步二等奖，为交科院科研成果又添一份殊荣。

野生动物保护团队的研究对象涉及吉林长白山东北虎、青藏高原藏羚羊、西双版纳亚洲象等多个明星物种，学科团队已成为活跃在国际道路生态学界年轻而又有影响力的力量。野生动物方向负责人王云博士也成了活跃在国际道路生态学界的中国学者代表，“让公路不再是野生动物穿越的梦魇”“让野生动物能够顺畅地迁徙”，成为他追求国际前沿研究的目标动力。

2012年，结合国务院发布的《关于推进海南国际旅游岛建设发展的若干意见》，环保团队迅速捕捉到交通旅游发展规划的契机，在海南完成了“海南省旅游公路发展规划”“海南国际旅游岛旅游风景道关键技术研究”等项目，编写了地方性指南《海南省旅游公路设计导则》，开创了旅游公路规划研究的先河，并将旅游交通规划扩展到贵州、山西、新疆、四川、湖南等10多个省、区、市。

2015年，在贵州遵义赤水河谷，交科院环保人又用先进的规划设计理念，打造了一条“路景产”三位一体的遵义“醉美”、中国“最红”

之旅游公路样板、国内第一条服务完善的旅游公路——遵义赤水河谷旅游公路，其完善的公路快慢系统与多元化服务设施如飘逸的彩带，穿珠引玉，让游客在起点悠闲品味千年美酒，途中感受红色文化、探秘古镇风情，终点观赏丹霞地貌和奇特桫椤景观，实现了交通与旅游的融合。

【业务钩沉】公益立所写“规矩”

没有规矩，不成方圆。标准的研究、制定、采用便是行业工程施工、产品应用的规与矩。

1999 年 9 月，交通部标准计量研究所纳入交科院。2005 年 4 月，院决定成立“交通部科学研究院标准计量研究所”，统辖标准计量工作。2014 年底，院决定将“标准计量研究所”更名为“标准计量研究中心”，依据部赋予的职责及公益服务的要求，以公益性服务部门的方式独立运行。

2004 年，项目“内河船型在内河上游应用研究及系列标准”结题，这是第一批启动的西部交通建设科技项目之一，包括交科院在内共 9 个单位近 100 名人员参与。最终形成报告类成果 3 项，标准类成果 90 项，《我国西部内河发展船型指导手册》一项。

项目从内河船型标准化的技术基础——内河船舶标准入手，首次全面清理修订了 1979—1995 年的 81 项内河船舶标准，解决了长期以来内河船舶标准制定年限长、技术落后的尴尬局面。

课题首次系统、全面地阐述了我国西部地区内河航运的发展现状，分水系提出了 2010 年前的主要发展船型，对西部内河航运的发展和船型标准化工作提出了建议。编制完成的“内河船舶标准体系表”分 13 个层类、1800 多体系表，填补了国内空白。2005 年，该项目获得中国航海学会三等奖。

2014 年 12 月 25 日，交通运输部召开专题会议，研讨关于加强交通运输标准化管理工作支撑机构建设工作的事项，12 月 31 日印发《研究加强交通运输标准化管理工作支撑机构建设等工作》会议纪要，明确交科院作为交通运输标准化管理工作支撑机构。

为落实会议纪要精神，交科院明确标准中心承担标准化管理支撑机构职责。2015 年 3 月，院组织召开标准中心全体会议，标志着其以公益服务属性正式独立运行。

进入“十三五”期，标准中心独立运行以来，组织编写了首个定位“大交通”的部长令——《交通运输标准化管理办法》。

之后，他们聚焦行业标准化管理工作重点，先后完成了《交通运输部标准化项目管理办法》《交通运输标准审查管理规定》《交通运输标准化项目经费定额管理办法》以及标准化统计制度等一系列行业急需的规范性政策制度文件，全面落实了部领导提出的“一年开好局、两年见成效、三年出丰硕成果”指示和要求。

作为标准化管理工作支撑机构，完善行业标准体系也是重要职责之一。2017 年，标准中心完成“交通运输标准化体系”，由交通运输部和国标委联合发布，作为行业标准化工作的顶层设计，系统梳理了交通运输领域标准 6489 项，实现了交通运输标准化工作全覆盖。

“十三五”期间，标准中心先后主持完成了十余项重要领域技术标准体系研制工作，完成“交通运输安全应急标准体系（2016 年）”“交通运输绿色标准体系（2016 年）”“交通运输物流标准体系（2018 年）”“危险货物运输安全标准体系”“交通运输强制性标准体系”“交通运输信用标准体系研究”等重要领域行业技术标准体系，有力推动了重点领域标准有效供给。

2019 年，标准中心承担了多项具有重大意义的行业重点工作，有力支撑了《交通强国纲要》编制，承担了“支撑雄安新区高质量发展标准体系研究”“交通运输标准化‘十四五’发展规划研究”“交通运输军民融合标准体系构建研究”“支撑交通强国建设的高质量标准体系研究”和《交通运输标准化技术委员会考核评价办法》等部标准化重点工作项目，承担着越来越重要的历史责任和使命。

【业务钩沉】“一号工程”闪耀信息化主舞台

数据采集千头万绪终有结果　点滴间井然有序

数据审核疑难杂症数不胜数　纷繁间明察秋毫

数据清洗异常缺失一网打尽　弹指间灰飞烟灭

数据分析审慎往复如履薄冰　涨跌间洞若观火

数据丛林山重水复疑似无路　顾盼间柳暗花明

交科院 IT 圈“上马能打仗，下马能作诗”，一首来自院信息中心技术团队具有带入感的现代诗，可以瞬间让大家置身大数据丛林之中。

井然有序、明察秋毫……看似轻松的交科院信息中心工作，如果真回到 2000 年重组前后，那感受真可以用“恍如隔世”来形容。

那时，限于硬件软件的能力，曾经出现过“一条审核公式写在纸上有十几米长”“用厚重显示器 486”“在 DOS 下敲着 Foxbase 代码”“管理系统单机版开发”“机不休，人不休，食无味，寝难安”的尴尬。

如今的交科院信息中心，有耐心聆听员工心声、与员工并肩作战、坚持以员工为中心的海豚（中心领导），有团结协作、勇往直前的狮子（系统开发人员），有灵动活跃、友好温和的鹿（研究咨询人员），有善于发现和解决问题的啄木鸟（信息服务人员），有火眼金睛、精益求精的猫头鹰（数据分析人员），有勤劳坚韧、任劳任怨的马（综合服务人员），大家在各个岗位上苦思奋战、在会议中沉着冷静、在生活中积极向上……

2001 年 5 月，经部研究，决定转由交科院承担统计数据处理、资料编辑、统计分析、统计理论研究，参与统计调查、协助制定统计报表制度、统计信息系统建设等职责，并于同年 6 月批复设立交通部科学研究院统计信息中心。

2004 年，根据业务发展需要，部批复成立交通部科学研究院交通信息中心，承担行业综合性信息的研究、开发，统计资料编辑，交通基础设施普查、统计分析及行业信息资源整合与数据交换等职责。

统计工作作为领导重大决策的幕后支持，责任巨大、压力山大。信息中心长期承担部 8 个司局的日常统计工作，涵盖基础设施、装备、投资、生产、能耗、环保、安全、科技、工资、审计等领域，同时长期牵头承担《交通运输经济运行分析报告》编写的技术支撑工作，形成了统计研究—

信息化支持—便捷精准统计—高频分析—决策支持的全链条、全流程为部服务体系，为交通运输行业高质量发展提供了决策基础。

国家综合交通运输信息平台是李小鹏部长在2016年提出的新概念，他将平台定位为推动交通运输信息化发展的基础，是部实施国家大数据战略的“一号工程”。

这是当时交通运输部为贯彻落实党中央、国务院关于信息化发展的决策部署，破解行业信息化统筹不足的突出问题而提出的，被认为是建设交通强国、数字中国的题中应有之义，落实中央部署、紧跟发展形势、体现时代要求的重要标志。

经多轮比选，部最终确定交科院作为该平台总体技术组牵头单位。“一号工程”总体技术方案，也成了未来一段时间部开展各种信息化建设的技术指导性文件。

经过多年的积淀、发展，交科院的交通信息化业务，经过一版版行动纲要、一个个模型算法、一篇篇设计方案、一次次汇聚共享踏踏实实的开垦，已形成了集信息化科研与工程咨询设计、系统建设与实施、硬件研发与推广、后期运维服务四位一体的业务链条，并逐步走上行业信息化的主舞台。

【业务钩沉】综合运输研究特色格局的形成

回看15年的发展历程，院综合运输研究中心负责人姜彩良用一句话进行总结，“我们经历了从‘事业起步、精心打磨’到‘巩固发展、切入纵向’再到‘创新发展、形成特色’的成长阶段，从小到大、由弱变强，业务不断清晰。”

综运中心前身系成立于2005年的交通技术咨询中心。2017年，按照部批复的交通运输部科学研究院机构设置方案，改用现名。

综运中心成立之初，影响力较弱，参与部服务、支撑行业决策的机会很少，有些年轻同志工作几年都没有进过交通运输部的大门。

但近年来，随着研究能力的提升和团队规模的扩大，中心为部服务的业务不断拓展，与相关处室建立了常态化服务机制，在部内经常能见到综运中心人员的身影。去年，中心为部服务工作大大小小 43 项，抽调 5 人到部长期借调，还有 10 人在相关处室开展过短期服务。

经过艰苦创业，中心经济规模不断壮大，业务板块逐渐明晰，形成了“1 平台 +4 支柱”五位一体新格局——以综合交通运输标准化技术委员会(综运标委会）为平台，涵盖战略政策、交通规划、运输服务、工程咨询 4 个板块的综合交通运输业务体系，成为支撑部党组及有关司局科学决策、推动综合交通运输改革与发展的重要研究部门。

2015 年，部正式成立了行业的综运标委会，秘书处设在综运中心，实现了中心多年来的夙愿，大大提升了中心在行业综合交通运输领域的影响力。2018 年，综运标委会上升为全国综合交通运输标准化技术委员会，影响力进一步扩大。

四大业务支柱方面，中心在继续保持旅客联程运输、城乡交通运输一体化和综合交通规划、综合交通枢纽等传统优势领域的基础上，加强“一带一路”交通对外开放、运输结构优化、铁路运营改革等新领域研究，积极拓展综合立体交通网络规划、综合运输旅游融合等新兴咨询业务。

谈及运输服务业务，姜彩良认为：“业务发展要坚持全链条思维。研究部门应该有自己的特色品牌，需要围绕部门的职责定位，聚焦行业热点与难点，深耕某些重点领域，经过若干年培育，实现业务开花结果。”

他举例说：“2013 年，在开展综合交通运输标准需求研究时发现，旅客联程运输研究在欧美国家已经普遍开展，而在我国尚属空白。经过调研与研究，认为旅客联程运输，是推动现代综合交通运输体系的一个重点领域，未来发展极具潜力。”

值得一提的是，在推进交通强国建设这一国家战略研究当中，中心完成了“党的十八大以来交通运输发展理论成果与实践成就研究”“交通运输开放发展研究”等交通强国专项研究，研究起草《国家综合立体交通网指标框架》，多次向李小鹏部长、戴东昌副部长、王志清党组汇报，作为首个国家综合立体交通网络研究成果在全行业印发，并积极参与了交通强国试点政策和机制研究。

【业务钩沉】为民生做物流研究

任何地区的经济发展，都是和有效的物流支持密不可分的。

“兵马未动粮草先行”是军事物流，镖局、马帮是合同物流，“一驿过一驿，驿骑如流星”是快递物流，“云帆高张，昼夜星驰”是干线物流……

2011 年春节前后，受多重因素影响，全国农副产品价格急剧上涨，农产品流通环节多、物流成本居高不下等舆论不绝于耳，引起了国务院高度重视。

生产端菜贱伤农，消费端菜贵伤民。民以食为天，小菜篮装着大民生。为了清楚了解农产品运输成本大小、物流成本各环节构成等情况，物流中心与交科传媒两个部门派出“主力军”冒严寒深入一线，开展了“道路货物运输费用相关指标变化及构成分析”专项调研，对山东寿光至北京各批发市场的农产品全流程进行实地跟踪调查，起草了《关于农产品物流成本构成分析及对策思路》调研报告。

调查人员走访了北京重要的农产品批发市场、北京蔬菜主要供应地寿光市，来回奔波四天五夜，终于有所斩获。

时隔两年，2013 年 3 月，为进一步探明蔬菜运输费用的变化趋势以及对蔬菜价格的影响，研究小组再次出动。以相似运距为标准选取了北京（约 480 公里）、石家庄（约 460 公里）、保定（约 460 公里）三座城市作为蔬菜销地调研对象。

第一次调查发现，零售环节价格平均涨幅是批发环节的 3.7 倍，成为蔬菜流通过程中价格上涨的主要环节，而蔬菜流通过程中运输费用基本保持稳定。

第二次调查发现，以寿光黄瓜销往北京为例，从田间地头到零售端的运输费用总额为 0.36 元 / 斤，占零售价约 7%。而整个流通过程中发生装卸搬运、分拣、装箱装包等人工费用就高达 0.68 元 / 斤，总人工费用占零售价的比例超过 30%。

蔬菜运输费用有所增长，主要体现在最后一公里上，抬高蔬菜成本的主要因素是人工费用；最主要的原因是部分政策法规不健全，相关政府部门可以通过改进完善政策法规对菜价在最后一公里的飞涨起到一定的平抑作用。

近年来，运输成本过高推动了菜价上涨的观点一度盛行，而两次调研结果均显示，运输成本并非菜价上涨的诱因，主要问题不在运输而在市场供需不匹配、流通环节过多、最后一公里不畅等原因，这次调研为政策部门提供了一手鲜活素材。

【业务钩沉】十年拼搏，只为“硬朗”

2009 年以前，交科院鲜有涉足交通基础设施建设主战场的公路工程硬技术，相熟交科院的业内人士常开玩笑说，“交科院是吃软饭的”。

有一次，时任分管科技工作的翁孟勇副部长在交科院调研，他指出：“要进一步拓展研究领域，要培养高素质的领军研究人才，在注重为部服务的同时，应主动为行业和社会服务”。随后，院下决心培育有交科院特色的硬学科、硬技术。

2009 年 8 月，交通运输部下文《关于成立道路结构与材料研究中心等机构的批复》，成立了道路结构与材料研究中心。该中心致力于为公路建设、养护提供严谨科学的高品质服务。近年来，按照“主干的软科学、精干的硬技术”要求，进一步发展硬技术，目前已经瞄准科技研发、工程咨询、设计、检测等方向。

如今，交科院已经成为交通运输行业“重交通道路耐久与安全协同创新平台”“公路养护装备国家工程实验室”等国家级或行业创新平台的成员单位，形成了“功能性沥青路面新材料及新结构”“重交通路面养护与改造技术”等创新团队，显著提升了工程技术领域的科技创新能力。

中心首届主任魏道新清晰记得，2009 年底年终总结时，一辆丰田越野车就可以装下中心全体员工；2010 年底的年终总结，前来鼓劲支持的领导比中心员工都多。众人拾柴火焰高，怀柔试验基地建设和改造加速，配备了近 2000 万的试验设备，使中心具备了科研工作的基础条件。

细算起来，现代道路工程学科起步也有两百余年，伴随我国高速公路的蓬勃发展，道路工程研究更是成果丰富、人才辈出。以什么为研究切入点，这是一个颇费思量的难题。中心特邀行业大牌专家指导交流，经过团队深入讨论，认为开展“特殊条件下、极端气候下”等特定性研究是发展的必由之路。

机遇总是在不经意间来临。当年，恰逢南方雨雪冰冻对道路交通造成重大影响，中心2009年申请并首次承担了西部交通建设科技项目“高速公路早期凝冰预警及高危路段凝冰自动化处置技术研究”工作。以此为始，“极端气候条件下的道路运营安全保障技术”创新团队持续至今，研究形成了从涂层、混合料抗凝冰剂、自动喷洒处治等系列抗凝冰技术，成果列入交通运输部科技成果推广目录，形成了从产品研发到市场推广的业务链条。

实现沥青路面的常温拌和、常温铺筑、远距离运输、冬季施工、快速补强及保通技术一直是公路工程行业追求的目标之一，尤其是对于高海拔地区、昼夜温差较大地区，其冬季施工与远距离抢修沥青路面工况下的修筑一直是难题。

“特殊条件下的沥青路面建养新技术”团队人员则常年在西部驻扎研究，持续研发能够降低拌和温度60℃以上的常温改性沥青，培育出大掺量常温再生和超薄罩面专项技术，丰富了常温改性沥青技术体系，使交科院沥青常温技术处于行业领先行列，成果获得了中国公路学会科学技术一等奖。

2016年12月，道路结构与材料研究中心更名为工程技术与材料研究中心，中心业务范围进一步拓展。

【业务钩沉】规范市场秩序的“金钥匙”

2016年，仍然是全面深化改革具有关键意义的一年。

改革大潮风云涌，交科院人敢争先。交通运输部科学研究院作为部属事业单位分类改革试点，整合重组所属各企业，成立“交科院科技集团有限公司”。

当其时，一个小婴儿呱呱坠地，重组后的“交科院（北京）科技发展有限公司”从原院信息中心分出，借院科研成果和改革政策之“东风”竿头直上，踏上交通运输信息化潮头，放眼九州直面市场，开始她的创业征程。

汇九州数据，铸信用鼎器，为监管改革奠基。

很多年后，全国政协委员、交科院副院长王先进仍会回忆起2014年冬天在北京东郊封闭三天的情景，几位领导、专家一起，夜以继日边学习、边思考，搭建行业信用建设的总体思路和内容框架，起草《关于加强交通运输行业信用体系建设的若干意见》初稿。

最终印发的《意见》明确提出“加快信用信息系统建设”。这一任务随即落到科发公司的肩膀上。古人谈诚信称“一言九鼎”，科发人秉持匠人精神，开始了以信息化支撑行业信用体系建设的“铸鼎”之路。

信用评价需要全面的信息，信息化的基础则是数据，“数字”就是用于行业信用体系建设的铸鼎之铜。

2016年，科发公司在“交通运输信用信息管理系统建设工程（一期）”项目的前期研究中提出汇聚全国交通运输行业信用信息数据，建立“交通运输信用信息共享平台”这一公示行业信用信息、推动信用监管的总窗口——“信用交通”网站。

随后，科发人长期“996”，间或“007”，在短短一年间，就将这一行业新型基础设施——交通运输信用信息化数据中心打造成型。

刘小明副部长在听取汇报后，提出“内容为王、应用是生命力”的运营理念。此后三年间，科发人秉持这一指示，以数据为基础，汇“九州之铜”，归集全国信用信息数十亿余条、建立全行业管理对象“一户式信用档案”；以应用为导向，面向行业提供信用核查、信用舆情监测、信用报告、信用培训等各项信息服务，交通运输行业信用体系鼎器初成。

一花独放不是春。科发人同样注重服务各级交通运输主管部门，参与了十余个省份信用信息化规划设计，并主持了6个省级信用信息共享平台建设，参与起草了行业信用信息化标准、省市两级信用政策与信息化管理办法研究，获得中国公路学会科学技术一等奖一次。

2019年7月，国务院提出“加快推进社会信用体系建设，构建以信用为基础的新型监管机制”；2019年9月，《交通强国建设纲要》中将“以信用为基础的新型监管机制”作为优化营商环境的重要手段。同样是在丰收的9月，“交通运输信用信息共享平台”的建设成果在全国“信用交通省”成果观摩会上精彩亮相，获得刘小明副部长多次点赞。

百舸争流千帆竞，直挂云帆济沧海。

时光荏苒，2020年科发人即将完成第一个“五年计划”。当我们翻开这一部“创业史”，会发现信用业务只是里面的一个重要篇章。

自成立之初，科发公司依托院“一甲子”科研“内力”和信息中心二十载“功夫”积累，致力于科技成果转化，在道路运输、综合执法、交通信用、公路治超、行业互联网+监管等领域千帆并进；同时，坚持智慧交通技术创新，在大数据、区块链、图形图像识别、生物特征分析、人工智能等方面深入研究，勇攀高峰。科发人以“融”为念，对外整合、对内聚力，历经五年征程，渐渐成长壮大。

【业务钩沉】为企业开健康“证明”

2006年，经国家认监委和交通部批准，交科院联合有关单位成立中交（北京）交通产品认证中心有限公司，成为行业第一家专业性交通产品认证机构，行业主管部门为交通部，目标是要从源头上控制交通产品质量，推动行业技术政策落实。

中心致力于通过认证为客户和企业提供公平、公正的质量保证“健康证明”，为行业和社会提供客观、权威的质量水平“信誉证明”。

在国家有关法律法规以及部《关于推进交通产品认证工作的意见》的推动下，各地交通运输主管部门相继把通过交通产品认证获得质量“健康证”——CCPC作为产品进入当地市场的准入证。

经过十多年的发展，中心已经成为交通运输行业专业门类齐全、服务范围广泛、技术力量强大、工作管理规范，并得到行业内外广泛信赖的质量服务机构。在行业内外，认证结果被广泛采信，在行业认证领域占据了主力军和排头兵的地位。

在“政府指导、认证机构实施、检验机构技术支持、社会监督”的工作体系框架下，中心获得了国家认监委向全国公布的21类自愿性产品认证领域中的11类认证资格；获得了运输服务（包括陆路运输服务、水运服务、空运服务、支持性和辅助运输服务）和保养与修理2类服务业的认证资格。

到2019年底，已开展机械电子设备及零部件、化工、建材、金属材料及制品、陆地水路交通设备等9个领域的产品认证，涉及沥青、锚具、支座、防水材料、护栏、汽车喷烤漆房、路面检测车、沥青搅拌站、航标灯等82种产品。

当前，中心认证结果的采信范围不仅覆盖全国过半数省份的交通运输领域，并且已经扩展到行业外的金融领域。2013年，上海期货交易所将CCPC道路石油沥青证书作为企业进入期货交易平台条件之一，CCPC证书成为全球第一个沥青期货产品上市交易的“通行证”。

中心还承担北京市“在用汽车喷烤漆房使用安全综合评价”，为600多家机动车维修企业的在用喷烤漆房进行了安全评价工作，被誉为“一项切实保障广大机动车维修企业和从业人员生命及财产安全的‘民生工程’”。

交通产品认证中心已建立起一个由在交通运输规划与管理、交通标准计量、产品质量控制与管理等领域专业能力全面和实践经验丰富的业务骨干组成的核心团队，在国内设立了三家分支机构；建立了近100名认证检查员组成的认证检查队伍；建立了100多名行业专业技术人员组成的技术专家队伍；建立了由交科院及相关联合单位的自有检验检测机构，以及与中心签约的行业内外其他国家或省部级权威检验检测机构组成的技术保障体系。

【结 语】

经风霜雨雪之磨砺，慕竹菊梅兰之节操。峥嵘岁月，留给交科院人的是丰腴的回忆、厚实的印迹。假设有一位20世纪退休的老同志，2020

年首次回院，定会感叹变化之大，难以相识。

“一流智囊机构、重要创新基地、知名中介组织”“高端专业智库、一流创新基地、重要服务平台”“交通运输领域一流综合性科研机构”，这些词汇应该全是过去难以想象的。

60 年来，肩负着时代的使命、高擎着部党组的重托、承载着职工的厚望，交科院努力积蓄力量、培育优势、创新发展、深化改革、不辱使命、铿锵前行。

60 年来，负重自强，开拓进取，交科院的科研创新能力实现了飞跃式进步，成为科研“国家队”、服务“先行官”。

60 年来，交科院致力于建成公益属性突出的科研院所，支撑部的科学决策与工作，引领行业科技创新与进步。

鉴往知来，与时偕行。南山献颂，日月长明。谨以此文纪念交科院甲子寿辰。

豪言铿锵，旌旗猎猎。初心如磐，岁月如歌。全院焕彩，举手相庆。值此良辰佳日，特邀石宝林院长共赋新韵七律一首，庆贺周年，并寄望诸君：科技强交，使命如山，黄沙百战，直挂云帆，诗云：

贺交科院甲子寿辰

意气凌云大进军，凌烟阁上勒功勋。
六十赫赫千秋业，九百莘莘万里心。
慷慨献得乘势策，参差书就论时文。
土城共伴沧桑过，猎猎旌旗卷路尘。[1]

---

[1] 【注释】

迎着“向科学进军”的春风，交科院浮现出壮志凌云的身影，一代代科研人员栉风沐雨，留下不朽的功勋。一个甲子的历程宣示着铸就千秋大业的决心，九百壮士巾帼有着鹏程万里的雄心。慷慨激昂如蜜蜂般勤劳，一次次酝酿着辅助决策的应景篇章，一行行写就交通大时代的锦绣文章。西土城、北土城，陪伴着交科院的 60 年，风雨沧桑，不离不弃，且让它继续看着我们的旌旗马踏飞尘，风雨无阻！

【大进军】1956 年 1 月 14—20 日中共中央在北京召开全国知识分子问题会议，周恩来代表中共中央提出了“向科学进军”的号召，也是交科院前身成立的重要动因。

【凌烟阁】唐朝为表彰功臣而建筑的绘有功臣图像的高阁，位于唐朝皇宫内三清殿旁，后因“凌烟阁二十四功臣”而闻名于世。

作者简介

熊燕舞，1975 年生，交通运输科技传媒（北京）有限公司首席研究员，高级工程师。中国交通运输协会专家咨询委员会专家，中国公路小件快运联盟秘书长，中国交通运输协会地方客运委员会副秘书长，中国交通运输协会驾驶培训分会副秘书长，多地道路运输协会专家库成员。曾任《运输经理世界》《交通建设与管理》《交通世界》总编辑。

第一部分 名家印象

罗婷婷　摄影

回忆马奔院长

◉ 蔡国宏

马奔同志不仅是我院首位院长，也是迄今任职时间最长（历时二十余年）、经历最为曲折（历经“文革”浩劫）的院长。

他早年就读北洋大学，抗日战争刚开始，即投笔从戎，加入八路军，从事交通运输工作，是军中为数不多的具有大学学历的干部。1956 年担任交通部公路科学研究所所长，1960 年担任交通部科学研究院院长兼党委书记。

▲ 中国土木工程学会第三届常务理事合影（第一排右 1 为马奔院长，时任学会秘书长；第一排左 4 为茅以升理事长）

马院长对交通科技事业怀有满腔热忱，在建设交通科研基地、健全交通科研体系、营造科研环境、培养科技人才、创造科技成果等方面，做出了突出贡献。他作风正派、廉洁奉公、为人谦和。尽管在“文革”中受到不公对待，但他却对我国交通科技事业矢志不移。恢复工作后，他继续昂首阔步，迎接科技春天，带领大家一起奋斗，为院交通事业的复苏和发展做出了重要贡献。

现凭借我的记忆，追忆马院长对院的部分贡献。

一、热爱事业 初创交通科技体系

1960 年 11 月 28 日，交通部将水运科学研究所和公路科学研究所合并，成立交通部交通科学研究院。两所均成立于 1956 年，应属院的前身。水运所成立后，可能是部分专业拟外迁的原因，未开展基地建设，因此工作人员先后在北兵马司、东四前炒面胡同和国子监上班，办公场地略显狭窄。马奔同志于 1956 年任交通部公路科学研究所所长后，立即着手在学院东路 5 号（今西土城路 8 号）建设本部基地，占地近 6.87 万平方米，建设工程到 1960 年基本完成，直至 1999 年都是交通部科学研究院的主要基地。

为了发展交通科研事业，除在上海、西安、长沙等地设立的分院外，他积极筹备，于 1965 年在重庆建立了分院。

建院之初，原水运所仅有水运经济、港机和港电几个课题组留守北京，并且分别并入运输经济室和机械化室。经马院长等领导多年努力，至 20 世纪 70 年代中期已在院内独立成所，下设多个研究室。为适应交通科技发展需要，马院长还先后在院里组建了科技情报研究室、标准化研究室和交通工程研究室，初步建成了较为完整的交通科研体系。

▲ 马奔院长与重庆分院莫林院长合影（右 1 为马奔院长）

二、排除干扰 营造和谐向上氛围

建院初期，马院长充分调动广大干部和科技人员向科学进军的积极性，在中央召开全国科学技术工作会议后，及时传达会议精神，特别是会议强调我国绝大多数知识分子属于劳动人民知识分子，而不是资产阶级知识分子的精神。据一些老专家们说，听了马院长的传达，像吃了定心丸，感觉自己得到了肯定，心情舒畅、敞亮。

当时正值经济困难，食品供应不足，马院长十分关心职工生活，竭尽全力办好食堂。为最大限度地补充供给，他头裹白毛巾，手拿锄头，亲自带领大家开荒、种植庄稼。即使多年以后，很多老同志还对当年的峥嵘岁月津津乐道，赞不绝口。

马院长也十分重视精神文明建设，通过组织学大庆、学雷锋、学王杰、学焦裕禄等活动，以及评选先进集体和个人，在院里营造和谐向上的氛围。广大科技人员积极投入科研工作，晚间办公楼常灯火通明；有的同志深入科研现场蹲点，一去就是大半年，而有的同志家中小孩无人照顾，就带上孩子一起去。二线人员也很敬业，如打印人员连夜加班打印研究报告的情景，至今仍历历在目。

那时候整个大院的风气颇好，氛围积极。每到秋天枣树结果，无人攀摘，收获时每人平分二斤枣。

三、珍惜人才 立足创造优质成果

马院长贯彻执行中央转发的《关于自然科学研究机构当前工作的十四条意见（草案）》，把做出成果、培养人才当作院的根本任务。

他精简会议和不必要的活动，甚至把党团组织生活都安排在业余时间，以确保科研人员有足够的时间从事科学研究工作。

马院长也经常深入科研第一线检查指导工作。我们课题组在广东和北京远郊山沟里长驻时，他都来视察过，给我们留下了深刻印象。他重视科技人才培养，鼓励年轻人在精通本专业知识的同时，及时掌握国外科技发展动态，提高研究起点。他还多次在院内举办外语培训班，提高科研人员的外语水平。

▲ 马奔院长乘轮船过长江三峡

他大力扩充科研队伍，抓紧机遇争取优秀专家和留学生。特别是 1963—1965 年每年还吸收大批大学毕业生，这其中很多人后来都成为十分优秀的科研骨干和学科带头人。

他积极鼓励创新精神，组织评选和表彰先进科技工作者。某科研项目因其创新性获得国家科委专项科研费资助，马院长也因此受到表扬。

尽管经历“十年动乱”，但截至 1978 年初，全院仍获得全国科学大会奖或全国交通战线重要科研成果奖 28 项，有 6 个单位获得全国交通战线先进科技单位，有 6 人获得全国交通战线先进科技工作者荣誉。

四、拨乱反正 喜迎科学技术春天

粉碎“四人帮”后，马院长和大家喜迎科技春天。当时院的基地被

▲ 1978 年马奔院长与本院获得全国交通系统科技进步先进集体代表和先进个人合影（第一排中间为马奔院长，其左侧为于云副院长）

部外单位占用，人才也有较大流失。他在院内搭建临时板房，一部分供职工上班用，一部分用于办学，让因受“文革”影响未能完成学业的大学生回炉培训，再从中选优，留院充实科研队伍。对于“文革”中严重伤害过他的人，他也不计前嫌，团结共事，足见其胸怀之宽广。

他勇于改革，积极推动对外交流，恢复外语培训，采用“请进来，派出去”的方式，取得良好成效。比如院里邀请英国运输和道路研究所专家来院交流。据我所知，该所拥有占地二千余亩的大型试验基地，十分值得我们学习，以致交科院在以后的工作中设定了建设现代化大型试验基地的目标，并予以实现。院里派我出席国际铁路协会专家会议，承担国际合作课题。首次出国，目睹了东欧的保加利亚开始一千公里高速公路建设，而我国连高速公路的远景规划都没有，真是感慨万千，这成了我积极推动我国高速公路事业的动力。

马院长于1981年退休。他是我国交通科技战线一位优秀的领导，是科技人员的贴心人。他对我院的早期建立和发展做出了突出贡献，值得我们铭记。

作者简介

蔡国宏，1937年生，汉族，公路桥梁专家，教授级高级工程师。1959年毕业于成都工学院桥梁隧道专业，就职交通部公路科学研究所，1960年11月随该所转入新组建的交通部科学研究院。曾任桥涵研究室主任，交通部公路科学研究所所长，交通部科学研究院副院长、总工程师，交通部工程技术专家委员会委员。曾获全国科技大会奖2项，国家科技进步奖二等奖1项。近年任高级技术顾问，指导参与的重大科技和工程项目获部省级特等奖2项，詹天佑大奖2项。

回忆科技情报专家张承炯先生

◉王　辉

▲张承炯先生旧照

逝者如斯夫，我在人生路上已跋涉五十六载了，蓦然回首，许多往事已淡化无痕，唯有零星的碎片留在记忆中，如同天空中的点点星光一直照耀我孤寂的心灵。在生命的长河中，总有某些人，让我刻骨铭心，终生难忘。例如，我最敬仰的张承炯先生。张承炯先生，我们亲切地称他为张工。他学识渊博，治学严谨，品德高尚，境界高远，对人宽厚和善。他有着强烈的惜时意识，即便已进入耄耋之年，仍坚持写作，辛勤耕耘，直至生命的最后一刻。他如今离开我们将近十年了，每每忆起往事，我总泪流满面。与张工共事的往事是深刻的、难以忘怀的、美好的，同时给予我无穷的力量。

1990年我从北京大学科技情报专业毕业，刚到情报所的第一件事情是跟随张工进行《交通专业汉语主题词表》计算机检索系统的研发工作。我国从1958年开始建立全国科技情报研究体系，20世纪60年代开始建立部委和地方情报研究机构，科技情报的主要工作就是词表编制、情报检索、情报分析和科技翻译等。20世纪70年代张工作为专家领衔交通部科技情报研究所词表课题组，参与了国家《汉语主题词表》的编制工作，该成果1985年获国家科学技术进步二等奖。1985—1990年，在对国内外交通科技文献大量调研、词频统计分析的基础上，研究编制出我国第一部富有创新性的、很有特色的《交通专业汉语主题词表》。该词表以独立性主题词和辅助性主题词为基础，创造性地提出连标法，以扩大主题词和提高标引深度的方法，这在国内是首创。当时国内有许多大专院校开设科技文献检索课程，培养汉语主题词表方面的研究生，相关指导老师专门派人来我所获取《交通专业汉语主题词表》。他们均表示这本词表非常特别，创新超前，是情报专业的教授们给其学生上课时必须要讲到的专业词表。20 世纪 30 年代，张工毕业于复旦大学土木工程专业，在道路工程方面有着扎实的专业背景，对水路运输、铁路运输、管道运输、城市交通等领域都造诣颇深，同时对数学、物理、化学等自然学科都有浓厚的兴趣和深入的研究，对政治、经济、文化等社会学科都有广泛的涉猎。他的文字功底极深，他曾经对我说，中学期间他的语文成绩全是满分，因此我认为张工有着非常高的语言天赋，为词表的编制奠定了扎实的交通专业基础和相关学科基础。所谓学者风范，生命不息，学习不止，他的这种求知的精神对我的学习和成长产生了深远的影响。

我到情报所工作的第二件事情是翻译美国交通研究委员会（TRB）研究报告的文摘。TRB 报告汇集了世界上交通运输领域顶尖专家学者的最新科研成果，其内容涉及公路、管道、铁路、民航、公共交通、交通安全等各个领域。当时我从张工那里学习到 TRB 系列报告分别由运输研究记录（Transportation Research Records）、特殊报告（Special Reports）、合作研究项目（Cooperative Research Program）、战略公路研究项目（Strategic Highway Research Program）、会议录（Conferences Proceedings）、运输研究通报（Transportation Research Circulars）等六大部分组成。张工曾经非常耐心细致地为我讲解 TRB 系列报告的各个系列的内容、特色以及对美国甚至世界交通所发挥的作用和影响。他说 TRB 系列报告是世界上交通运输领域最重要最权威的科技研究成果报告。

20 世纪 80 年代末至 90 年代初，我国改革开放进入关键时期，是“七五”攻关和“八五”攻关的重要时期。当时，科研人员少有出国学习考察的，了解西方发达国家交通科技研究和科技成果的前沿动态，主要通过翻译国外的交通科技文献。在张工的指导下，我开始翻译美国

TRB 系列报告。TRB 报告是专业性很强的科技文献，对于一个刚从学校毕业的学生来说，翻译难度可想而知。我花费将近一个月时间，翻译了美国 TRB 报告数百篇文献的题目和文摘，印成 A4 纸将近 200 页，其内容涉及公路、公共交通、公路交通安全，以及公路与铁路交叉等相关内容。张工当时已经是进入古稀之年的老人了，但他仍思维敏捷，精力充沛。仅用一两天的时间，就将翻译有误、不准确的地方一一写在纸上，数百页纸上的空白处写满了他的标注。他还专门来到所里，就每条文摘向我一一讲解。老人家渊博的专业知识、严谨的治学态度和高尚的人格魅力，深深地征服了我。2017 年，我到苏交科集团股份有限公司调研，见到我国在沥青路面材料方面享有盛誉的老专家贾渝研究员，他也对张工的专业学识、造诣以及为人深为赞叹。

记得 1991 年或 1992 年的某个晚上我去张工家里，偶然谈起巴西的亚马孙河、美国的密西西比河和欧洲的莱茵河，足足谈了将近三个小时，他对这些河流的有关数据了如指掌。他对亚马孙河流域生态系统、生物多样性、水文量以及对全球环境的影响非常熟悉。张工虽是学道路工程的，但他对密西西比河、莱茵河的生态环境、水污染治理、航运情况，以及美国密西西比河、欧洲莱茵河与我国长江黄金水道的对比分析也非常专业。这正如老子《道德经》所说的“不出户，知天下；不窥牖，见天道”。张工虽然从未去过国外考察学习，但他对国外的情况，比如美国交通最新技术、科研成果和前沿，世界各国的航运动态和发展趋势都非常了解，令人惊奇和震撼。

20 世纪 90 年代初，交通部科技情报所订购了 300 多种外文期刊和几十万册国外科技图书，包括德国 DIN 标准、英国 BS 标准、日本 JIS 标准、《不来梅航运统计年鉴》《世界道路统计年鉴》《世界集装箱年鉴》《世界港口年鉴》《欧洲和北美交通统计年报》等，涵盖英文、日文、俄文、德文和法文等。张工精通英文，同时也掌握日文、俄文、德文和法文等。他对 300 多种外文期刊的内容介绍、历史沿革和特色栏目都非常了解。

在整个情报分析工作中，从收集、利用、分析到形成最后的成品，外语能力始终发挥着重要作用。情报的加工、利用更是需要情报人员具有极强的语言能力，以便用最准确、明晰与规范的语言传达其确切含义。

作为一名科技情报人员，除了具备较强的情报意识、竞争意识、创新意识以外，还应灵活运用专业知识和语言能力，以严谨的科学态度和一丝不苟的工作作风，及时、准确、有效地把科技领域内的情报信息和高精尖技术传播给国内广大的科技工作者。张工作为一名交通行业的老情报人员，他的学识，他的专业，他的多语种能力，是极其罕见的，是院年轻情报人员学习的标杆和楷模。

在“文化大革命”期间，张工被下放到“五七”干校接受“改造”。他虽身处逆境，但仍坚持理想和信念。无论生际穷通，还是仕途顺逆，他都兢兢业业，勇往直前，无怨无悔，不计个人得失。张工拥有广博的仁爱、深远的智慧、博大的胸怀，承担起当代知识分子强烈的社会使命感与责任感。

我记得1992—1994年，我们每天早晨六点一起在蓟门桥公园锻炼。张工每天早晨四点起来读书锻炼两小时，几十年如一日，风雨无阻，将中国传统文化的精髓应用到每天的工作和生活中。他虽是将近80岁的老人，通过锻炼，越发年轻，患有的数十种疾病在当时都已好转或康复。

“为学日益，为道日损”。张工的一生是追求真理的一生，是追求无私奉献的一生，是追求人生至高境界的一生，是为我国交通行业科技情报工作作出卓越贡献的一生。回忆起与他相处几十年的点点滴滴，都总会激励我砥砺前行。

作者简介

王辉，1962年生，硕士，研究员，曾任交通部科技信息研究所文献室主任、交通运输部科学研究院信息资源研究室主任，现为院学术委员会副主任。

忆张承炯先生二三事

◉ 张文涛

20世纪80年代初，我从大学毕业分配到交通部科学技术情报研究所。一晃三十多年过去了，当年的人和事时常浮现在眼前。入所后我被安排在资料室计算机组，组里当时有九十个人，其中我们这一届分来两个。计算机组的工作是研究开发情报检索系统。当时国内科技情报界计算机检索系统研发方兴未艾，大型机、小型机、微型机齐上，交通部情报所在微型计算机情报检索系统方面独树一帜，凭借“小型多功能情报处理系统”分别获得交通部和国家科委的奖励。

▲ 计算机组获情报所年度先进集体奖合影（前排右二为张承炯先生，后排右一为作者，摄于1985年初）

那时候，情报所的办公地点在西直门外高梁桥路的大柳树北，和铁道部科学研究院在同一处。资料室、编译室和电影室在铁科院东门外食堂楼上，用木头和纸板隔成阅览室和办公室，还专门为计算机组搭建了机房，安装了空调和去湿机。机房里有两台微型计算机，科研人员需排班轮流上机。通常是事先在纸上写好程序语句，上机时输入调试。我因住在院内集体宿舍，大都在晚上上机。

在办公室靠窗的位置，摆放着一张硕大的陈旧办公桌，一个大台面，两边是抽斗，面对面坐人。组里同志告诉我，那是徐如镜先生和张承炯先生（当时同事间不称“先生”称“同志”，一般称“某工”）的桌子，他们一般在家里办公，平时不常来办公室。徐先生是计算机组组长，张先生是资深专家，他们在业内都有相当的名声。组里的同志还告诉我，张先生在“文革”中受过不少苦。

第一次见到张先生是在办公室。他一进屋，在座的同志们都站起来和他打招呼，我也随大家站起来道一声“张工好！”组里的同志对他说，这是刚分配来的小张。他走到我面前，和我握手，简单地问我学校、专业和家庭情况，我一一作答。仔细打量先生，个子高高的，人很瘦，说话声音很轻，带着些许南方口音，说话的时候看着你，给人以平易近人的感觉。

先生在情报检索和主题词方面的研究有很高造诣。刚到情报所，室里发给我一本白皮书，那是先生的著作，书中详细介绍了文献标引、检索的理论和方法，交通系统科技情报人员都以这本书作为教材。先生还亲自到清河培训班给各地学员讲授。在长期的文献检索研究中，先生对大量文献的标引进行分析，提出了“同献词”的概念和检索方法。在文献中某些词常常被同时标引，相当于中药中的“配伍”，相生相济，检索时可以通过相关同献词扩大检索范围，提高文献的查全率。“小型多功能计算机情报处理系统”采用了同献词检索技术。先生主持编制的《交通专业汉语主题词表》获得交通部科技情报成果奖，并作为行业标准发布实施。后来我们在编译《IRRD 主题词表》的时候，还专门找先生当面请益。

工作一年后，我第一次回家探亲。一天父亲拿给我一封信，说是单位同事寄给我的。我接过来一看，原来是先生寄来的。先生的字如其人、如其声，工整隽秀。信中先生详细地讲述了我离开单位后组里发生的事和工作取得的进展。令我印象最深的一点是，文摘期刊计算机排版所见即所得（屏幕显示与打印一致）试验成功了。他在信中还向我的家里人问好。读完信后我十分感动，并记忆至今。他是德高望重的老先生，而我只是刚参加工作的小伙子，先生以平等姿态待我，提携后生，期望尽快成材的心情跃然纸上。

先生不仅在工作上指教我，而且在思想上也对我十分关心。记得有一天下午在办公室，他旁征博引，详尽地给我讲解了“党”“国家”“人民”等词语的具体含义，叮嘱我要“热爱祖国、热爱人民”，一个老知识分子爱国爱民的情怀和对年轻学子成长寄予的期望溢于言表。

三十多年来，我从一个新参加工作的年轻人变成一个离开工作岗位的老人，有幸刚入职场就遇到张承炯老先生这样的师长，能够亲耳聆听他的教诲，亲身感受他的关怀。我也时常想如先生那样对待年轻同志，从专业上、从做人做事上尽力帮助他们快快成长，但我自觉和先生相差太远。我对先生的专业、经历和成就知之甚少，但对和他接触中的点滴所感颇深。每每想起先生在我成长路上的教诲和关怀，都满怀感恩之心，借建院六十周年之机作小文以记之。

作者简介

张文涛，1960年生，成绩优异的高级工程师，咨询工程师（投资），现任职现代物流研究中心。1982年毕业于武汉大学图书馆学系科技情报学专业，当年分配到交通部科学技术情报研究所，在资料室计算机组工作。三十余年来，先后就职于中国交通信息中心（交通部计算机应用研究所）和交通运输部科学研究院，从事计算机科技情报系统研究开发、计算机情报分析、交通统计数据处理与分析、交通规划与咨询、物流经济技术研究等工作。

追忆老所长岗森同志

◉ 柯贤柱

岗森同志，1938 年参加革命，在根据地从事报社记者工作。新中国成立后，曾任交通部办公厅副主任、天津港务局局长等职务。1980 年 3 月调至交通部科技情报研究所任所长。任职期间，他始终富有责任、勇于担当，能深入调查直至发现问题并予以解决。当时他提出情报所存在三个主要问题：

第一，科技情报人才奇缺。为了解决这个问题，他决定在深圳开办科技情报培训班，建立情报人员培训基地，抽调来所工作的大学生接受系统的情报业务培训和规范的英语培训，经过培训后再调回情报所工作，让他们能够逐步担当起为部队领导和基层交通运输行业提供有价值的科技信息服务的重任。

第二，办公房屋极差。当时交通科技情报所分三地办公，一部分人员与铁科院合署办公；一部分人员在空地自搭活动工棚上班；最艰难的一部分人员在铁科院伙房餐厅西侧办公，他们负责的交通专业书刊资料数量庞大，且只能堆放在脏乱、潮湿、危险的伙房附近。全所整体工作环境根本不像是一个正规科研机构。而在这种极端困难情况下，岗森同志作为所长尽心尽责，亲自到交通部机关向部长、局长反映真实情况，并邀请部长、主管副部长、局长亲临情报所视察、指导工作。在他和广大群众反映请求、不懈努力下，有三位部长、多位局长亲临现场视察实情，都对所办公环境表示了极大的同情，并答应尽快帮助解决。到 20 世纪 80 年代中期，科技情报所基建项目终于获批，并于1992年搬进了惠新里240号新建成的交通部科技情报（信息）楼。科技情报所能有今天宽松的办公环境，老所长岗森同志有很大的功劳。他为建交通情报楼不辞辛劳，从始至终毫不懈怠，有责任有担当，这即使在今日也值得我们学习借鉴。

第三，他主张搞科技情报工作，不能只守在国内搜集情报信息，必须走出去设科技情报站点，如当时想在香港等地设点。但是他的主张后因人事变动的影响未能最终实现。

岗森同志爱岗敬业，事必亲为，不断钻研，发挥专业技能。虽然在科技情报所工作的时间只有几年，但是他始终踏踏实实学习科技情报专业知识，到最后亲自写的科技情报论文被交通运输研究会采纳，并因此离休后被该会授予研究员。他是一个学而不厌的领导干部，始终兢兢业业，不愧是“老骥伏枥，志在千里”的革命老战士、老同志，是值得大家学习的榜样人物。

作者简介

柯贤柱，1933年生，中共党员，享受国务院政府特殊津贴。1956年毕业于上海外国语大学；1964年调至交通部科技情报所，从事科技情报资料编译、编写专题情报资料等工作；1975年开始从事图书检索工作，先后担任图书资料室、检索室主任、研究馆员。曾参与“748工程”——情报检索分系统汉语主题词表研编工作；负责主编《全国中文科技期刊联合目录系统》；研编《交通专业汉语主题词表》等，获国家重大奖项。

追忆林鸿慈先生

◉ 王先进

▲ 林鸿慈先生照片

林工是一个擅棋牌、精英语、懂幽默的老先生。

我最早见到林工是1984年的冬天，在武汉。那个时候，我在武汉河运专科学校（现武汉理工大学）读二年级，林工应我们专业英语老师彭维藩先生邀请到系里做报告。记得林工身着黑呢长款大衣、系红色羊毛围脖，人高马大，风度翩翩。彭老师介绍，林工是北京来的，人如其名，鸿慈永祐。彭老师还说，二人相见可是他乡遇故知。1949年前，林彭二人同在上海读书，林在圣约翰大学，彭在交通大学。1949年后，二人同在交通部工作。之后二人离开交通部，林工下放武汉，彭老师遣回湖南。“文革”后，林工回到了北京做科研，彭老师安排在武汉当教师。

我再次见到林工是1986年秋天，在北京。之前的七月初我毕业的前几天，彭老师告诉我，我被分到了北京的交通部情报所，和林工是一个单位。动身去北京前，我去彭老师家辞行，彭老师嘱咐我，见到林工时主动一点，告诉林工我是彭老师的学生，或许林工会关照些。我报到上班，经过3个来月的图书馆实习，就正式分配了工作，不久就见到了林工，还同在一个部门情报研究室，坐在林工后面一张桌子。我没忘记自我介绍，但林工没说什么，一句问询、关心的话也没有，只嘟噜了一句：“怎么不先到基层港口、航运企业去工作几年，就来做科研了”。我当时自然不解其意。若干年后，我慢慢才有了感悟，感受到自己专业认知的缺陷，对交通实际知之甚少，以至30多年来一直未可弥补。

没多久，我和林工就熟了。他不常来上班，顶多是每周来两次（所里规定高工可以这样）。一到工间休息时，林工就转过身来，叫我下棋，军棋、象棋随我挑，明的、暗的都可以。时间稍长，接触多了，我看林工大体是个待人随和、言谈风趣的人，四季衣着应属上好但欠整洁。室里人都爱先涮他两句，再鼓捣他请撮一顿，林工一般是顾左右而言他，或也编排人家几句，逗起大家一乐。熟了后，林工逢周日约人到他家打桥牌、下围棋时也叫我去，或观摩或替补。我慢慢明白了主要是让我去给大家做饭，很少让我上桌下棋打牌。我倒是乐意去，他一个人住、不讲究，我也不用客套、拘谨。尤其，他有厨房、煤气灶、猪肉票，待我似乎也舍得，每次都让我给做红烧肉（他没牙、喜欢吃红烧肉，但不会做）。室里人听说后似乎有些意外，说林工是铁公鸡、极抠门，多少年了也没答应请室里吃一顿，叫我去可能是看我太瘦、单身、可怜，让我别客气尽管去，再勤快点帮他扫一下屋子。

慢慢地，我知道林工在工作上是很自由的，这点着实让我羡慕。他不只是不常来上班，还没人给他安排什么任务，任由他自己选题做点专题情报，主要是看看外文报纸杂志，高兴了就给大家说说他看到了什么或西方国家在干什么。有时候，部里请他看看英文版的外宣材料，看看中翻英是否满足“信达雅”。我印象里最深刻的是，他看我翻文章时老去翻那些英汉词典，翻来翻去好像也认不准合适的词意，就说“词典里没有的就问我”。一次偶然，我发现我常用的英汉水工词典是他主编的。后来听人说，改革开放后的头些年，交通部派人出国留学，也是由林工教授大家英语。若干年后，我曾听到张德洪老司长也尊称林工为先生，敬佩林工英文好，还说很感谢先生常从抽屉里拿出《参考消息》来给他看，说这在新中国成立之初，一般人是看不到的。

过两年，林工当了国务院参事，是我们室当选的第一个参事，在任13年，做到了80岁。后来当选的第二个参事郭廷结在任16年，做到了75岁。其间有3年二位是同时在任，有机会一起到参事室开会或接受总理接见。二位都是室里没有行政职务的普通研究员，也都很耿直。有一次，两人开会回来，在办公室发生争执，记得是林工先说郭工反映的情况说法上有不妥，郭工毫不认可，说林工已不了解交通实际了，林工叹然。还有一次，二人参加北部湾的三个港口调研，晚上当地市委书记在饭桌上说要把其中的某港建成荷兰鹿特丹式亿吨级大港。林工听不下去了，说建成鹿特丹的百万吨级孙子港还差不多。郭工补充说三港联合起来集群发展还是可以的。书记脸儿挂不住，饭没吃完找个借口走了。

再往后，林工就不怎么来办公室了，难得一见了。他一般是候鸟式生活——南方半年、北方半年（北方冬天干燥，他肺功能不好适应不了）。偶尔见过，也是1991年以后，我搬到蓟门桥的五号院住时，遇见林工在院子里散步，或是他陡然间满院子在几个楼前喊我名字，这是叫我去帮他搋通马桶，撮干满屋子臭水。记得最后一次见过聊及的话题是，他突然问到所里党办一个小姑娘工作怎么样了，我说还好，工作也很细致。我知道老先生为什么还惦记她。事由是小姑娘有一个送所领导传阅的文件找不到了，着急，就逐一询问她到过的部门。林工说是他拿了，由他去告诉所领导小姑娘没责任，是他接过室里订的报刊时顺手多拿了，上厕所翻了翻，觉得没什么，就撕了用了扔了。

林工名鸿慈，字达年，祖籍广东汕头，生于1920年6月，卒于2009年4月。农工民主党党员。交通部科技情报研究所情报研究室研究员，航务工程专家。1988—2000年任国务院参事室参事。著有《英汉港口航道工程词典》传世，前年我从人民交通出版社股份有限公司购得再版一本，留作纪念。谨记。

作者简介

王先进，1966年生，博士，研究员。全国政协委员、北京市政协常委，交通运输部科学研究院副院长兼总工程师。1986年毕业入职交通部科技情报研究所，2002年加入九三学社。2006年3月至2009年9月任交通部科学研究院交通发展研究中心副主任，2010年10月至2014年11月任交通运输部科学研究院交通发展研究中心主任，2014年11月至2016年8月任交通运输部科学研究院交通发展研究中心主任兼交通财政与金融研究所所长，2016年8月任交通运输部科学研究院副院长兼总工程师。

水运政策研究领域的著名专家聂嘉玉

◉ 周　健

她满头银发，步履匆匆，热情爽朗，和蔼亲切，言谈举止中还时常透露出一点大孩子气，大家都亲切地称她为“老太”，这就是20年前交科院副总工程师聂嘉玉老先生。聂嘉玉同志20世纪50年代毕业于苏联高尔基水运工程学院，归国后在交通部水运科学研究所工作。1992年调我院任院副总工，是我院早期获得国务院政府特殊津贴的专家之。聂嘉玉同志生前从事交通运输科学研究近四十年，成果丰硕、贡献卓著。她先后组织、主持参加了数十项国家级、省部级及地方科研项目，取得了一批对行业发展有重要影响的科研成果，多项成果获得交通运输部科技进步奖。她在专业期刊和重要学术研讨会上发表一系列学术论文和专题报告，并主编、撰写、翻译多部交通运输专业的学术著作和译著。她生前曾担任中国港口协会理事、中国航海学会水运专业委员会委员等职务，是我国水运政策研究领域的著名专家。

▲ 聂嘉玉先生照片

她为建立我国东南沿海煤炭运输系统作出突出贡献。改革开放之初，我国经济发展迅速，但落后的交通基础设施和捉襟见肘的运输能力远不能满足国民经济发展的需求，并且成为制约经济发展的“瓶颈”。面对东南沿海能源短缺，沿海煤炭运输能力紧张，港口压船严重等问题，交通部组织开展了沿海煤炭运输系统优化论证、沿海港口发展水上过驳作业等专项研究。聂总作为主要负责人之一参加了“沿海港口推广水上过驳作业研究”“沿海煤炭运输系统优化论证”“‘七五’水上过驳系统优化论证”等重大项目的研究。这些项目综合分析和系统研究了装船港、卸船港、运输船舶、航道等环节的优化组合方案，并提出了包括港口、船舶、航道等系统建设方案和新船型、新机型研制的政策建议。国家相关部门依托这些研究成果做出了决策部署，并迅速组织实施，使我国东南沿海煤炭运输的紧张局面得到有效缓解。此后，沿海煤炭运输系统不断完善，持续发挥着重要作用。

她为开创我国水上集装箱运输新局面积极建言献策。从整合港口资源，建设集装箱运输国际枢纽港的需求出发，1997 年国务院批复由上海外高桥、宁波北仑港、南京港、镇江港、张家港、南通港等集装箱港埠企业组成上海组合港。我院承担了“上海组合港发展战略及实施对策研究”课题研究，聂总带领课题组，对上海组合港内外部发展环境，世界主要集装箱港口及集装箱运输船舶发展趋势以及航线布局等进行了深入调查和精细分析，对集装箱箱量生成机制、预测方法进行了深化研究，对我国长三角地区集装箱运输存在的主要问题、未来世界集装箱运输发展趋势进行分析研究，在此基础上，研究提出了尽快确定上海国际航运中心新港址、加深长江口航道等主要建议。

聂总作为专家参加了“上海国际航运中心洋山深水港区建设论证”研究，结合长期跟踪研究的积累，定量分析了国际集装箱运输发展的特点、集装箱船舶大型化发展趋势以及我国周边国家和地区港口竞争态势，提出务必尽快建设 15 米水深的港区、使上海港真正成为集装箱国际枢纽港的研究结论，有力支持了建设洋山深水港区的战略决策。在多方充分论证的基础上，国家最终决定选址在洋山建设深水港区。2005 年 12 月洋山深水港区一期码头建成投产，结束了上海港没有深水海港的历史，为上海港真正成为集装箱国际枢纽港奠定了坚实的基础。

她为交通软科学研究的发展壮大做了基础铺垫。1986 年国家召开了全国软科学工作座谈会，会议提出了软科学研究要积极和自觉地为我国改革和开放服务、为现代化建设的各项重大决策服务的方针。为贯彻落实国家战略方针，提升交通软科学研究水平，支撑行业重大战略决策，交通部“八五”期立项开展“交通软科学发展战略研究”。聂总作为课题研究的负责人，系统梳理总结了各发展阶段交通软科学研究取得的重要成果、发挥的积极作用和存在的主要问题，提出了未来交通软科学研究的方法、方向与主要任务，以及软科学研究的组织方式、队伍建设、政策保障等。这项研究为此后交通部和包括我院在内的科研院所的软科学研究蓬勃发展、力量壮大、质量提升、作用凸显奠定了重要基础。

她为我院软科学研究加强队伍建设。改革开放后，我国交通运输业得到了长足的发展，但软科学研究力量严重不足。软科学是多学科融合的交叉学科，从事软科学研究的人员既要掌握软科学研究的理论与方法，也需要有长期的实践经验积累，还需要具备开阔的视野、创新的思维、战略的眼光，以及洞察问题本质、总结发展规律、理清政策思路的能力。培养高水平的软科学研究人才需要自身的努力，也离不开老一辈的悉心教导。聂总深知人才培养的重要性与紧迫性，主动担负起院软科学人才队伍建设的重任，一方面带头负责重大课题研究，以身作则，言传身教，无私传授经验方法，并明确思路，寻找路径，亲自带队深入各级交通主管部门、企业、生产一线调研掌握一手资料，发现问题，分析成因，对症下药，提出对策；另一方面对年轻人委以重任，创造锻炼自我、磨炼自我的机会，鼓励年轻人应用新理论、新手段，发挥专业所长，在实践中进步，在积累中成长。如今，她带过的年轻人已成为院的科研骨干。

聂总为人耿直，求真务实，任何时候都敢于发表自己经过研究所得的认知和观点。她一生学而不倦，永不停步，始终走在交通软科学研究前沿，对年轻人也是诲而不倦，面对面传授，手把手培养。在她的团队里，年轻人入门快、进步大、受益深，既养成了严谨求真的科研品格，也学到了软科学研究的科学方法。

如今聂总已离开我们多年，但她为交科院软科学研究所做出的开创性贡献值得我们永远铭记，她的优秀品质同样值得我们学习传承。她坚守善良、诚实、守信、勤奋、勤俭的处世准则；秉持“天下人不负我，我亦不负天下人”的人生信条；坚守不说假话、虚话和大话的原则底线；她生活简朴，反对浪费；她心态阳光、热心助人……总之她的优点数之不尽，她的形象光彩夺目，她的功绩永载院史，请让我们永远记住这个光辉的名字——聂嘉玉！

作者简介

周健，1952年生，曾在交科院软科学研究室、交通发展中心从事交通运输经济领域软科学研究工作。在聂嘉玉的亲自指导下，参加了部“‘十五’及2010年全国公路、水运运量预测”“交通软科学发展战略研究”、上海组合港委托的“上海组合港发展战略及实施对策研究”、香港招商局委托的“我国进口煤炭港址比选”等课题研究工作。

追思徐如镜研究员

◉ 王本华

临近建院60周年之际，让我们同时追思交通科技信息计算机服务系统创建人——徐如镜同志。他曾任交通部科技信息研究所副所长、总工程师，是首批享受国务院政府特殊津贴的研究员，全国政协委员。徐如镜同志于2013年10月9日，因病医治无效，在京去世，享年78岁。他潜心科研、勇于创新、热心事业、淡泊名利的精神永远激励着我们。

▲ 徐如镜照片

艰苦奋斗创建梦想。20世纪70年代末至80年代初，我国情报手段十分落后，文献资料检索查询工作完全靠手工通过分类卡片、主题词卡片、图书资料名称卡片等进行，效率十分低下。1978年，国外刚开始有了16位微处理器的微型计算机（以下简称“微机”），徐如镜同志就敏锐地抓住时机，向所和部提出“微机系统在情报处理方面的应用研究”，并得到部的大力支持，此课题被列为“1981—1983年部重点科技项目”，从此他与“微机服务于交通科技”结下了不解之缘。万事开头难，一方面是因为没有相关科技人员，他便着手物色人员在文献室组建了计算机组，他夜里加班翻译编写计算机原理及编程软件有关资料，白天在培训班教授相关知识，凭借着对事业的热爱、执着和努力，经过半年的学习培训，他培训出了十多名有关技术人员；另一方面是因为没有微机机房，他便提议并指导大家自己动手搭建简易的机房。面对困难，他带领团队迎难而上，攻坚克难从未退缩。

随着业务发展，所里成立了信息技术研究室，新人逐渐增加，也添置了新的微机。但当时的微机性能低下、运行速度慢、存储空间小，对处理数据量宏大的交通科技资料确有诸多难题需要攻关。也有不少人认为，微机解决不了这一问题，只有采用大、中型计算机才能解决问题。但这对于交通行业和情报所而言，都很不现实。一是设备投资巨大，日常维护成本太高；二是没有能满足其高要求的计算机房；三是即使研发成功也很难在交通行业推广和提供服务。强烈的使命感、责任感和对信息技术发展的自信及勇于创新的精神，使徐如镜同志坚定地走“微机＋缩微平片＋光盘等”小型多功能研发模式，毫不动摇地研发、创建性价比高的服务系统。他带领团队自编适用小型多功能的软件程序及数据库，将所有夜间加班的辛苦与疲惫都抛诸脑后，经过数千次的调试试验、励精图治、艰苦奋斗，于1984年成功在我国首次创建了微机与缩微平片、光盘系统相结合以及检索与论文存储一体化，中西文兼容的美国公路研究文献检索系统和其他6个情报检索系统、科技及图书管理系统。经国家科委等部门主持鉴定，一致认为这一成果具有创新精神，结合国情并从实际出发，为我国发展信息系统提供了一种新模式，具有推广意义。后经进一步提升，1986年这一成果荣获交通部优秀科技情报成果二等奖和全国科技信息优秀成果二等奖。经推广，在13个省厅交通情报站实际应用，极大提高了科技资料的检索查询效率，取得了较好的社会效益与经济效益。

锤炼年轻队伍。徐如镜同志深知一个人的力量是有限的，而一个团队的力量是强大的。因此在每一个科技项目中，他总会安排老同志与年轻同志共同参加，并对青年同志委以重任，在实践中锻炼提高年轻人的能力。而平时工作中若遇到困难，大家也都愿意向他请教，每一次他都能在关键节点启发大家拓展思路、解决问题。他不仅自己撰写论文、专著，还特别要求年轻人注重经验积累，撰写论文。每年召开的全国计算机检索研讨会，他都鼓励大家踊跃参加，发表论文，通过研讨提高业务能力与水平。他还通过带研究生等多种方式培养锤炼了一大批优秀的科技人才。当年许多年轻科研人员，现在都已成长为副研究员、研究员，在各自的岗位上发挥着领军人物的作用，为院和部信息化建设等作出重要贡献。

淡泊名利。徐如镜同志为交通科技信息化工作呕心沥血，大家一致建议给他多发奖金，但每一次他都自谦地认为，“只是分工不同，大家也都尽心竭力，做了许多工作”，因此始终坚持与大家待遇相同。2000 年院新建了一栋 4 号职工住房塔楼，他完全有资格优先分配一套宽敞的三居室，但他却坚持将住房分配给更需要的同志。他自认为达到房子能住、工作方便这样的简单标准就可以。多年来他的卧室兼书房已成为他夜里加班常地，各种中外文书籍、资料，一捆捆一摞摞材料，放在哪里都清清楚楚，找起来也方便快捷，他说一旦搬家就需要很长时间才能理清，反倒麻烦。因此，为了事业他放弃了一套大三居住房，仍住在无电梯的老旧楼房，这种爱岗敬业、不求回报的精神感动了许多人，也深深地感染了我。为了解决房源紧张问题，我也放弃了已分配给我的一套三居室住房，把房源让给需求急切的人。

徐如镜同志在任全国政协委员期间，积极提交了许多重要提案。在任所领导、总工期间，他指导所信息化建设健康、快速发展，并始终坚持分析研究国外交通运输及信息技术最新发展动态等，积极向部领导提供科技情报服务。他创建了交通科技信息计算机服务系统，培养锤炼了一大批科技人才，把自己的一生都献给了交通运输事业。最重要的是，他留下了勇于创新、潜心科研、求是敬业、淡泊名利和拼搏奉献的宝贵精神财富，永远让我们追思。

作者简介

王本华，1950 年生，中共党员。桥梁与隧道专业，本科学历。1977 年毕业后分配到交通部科技情报研究所公路室工作。1987 年获得工程师任职资格，1994 年获得高级工程师任职资格。在此期间，曾获全国科技信息优秀成果二等奖。1987—1995 年先后担任交通部科技情报研究所信息技术室副主任、主任职务。1995 年 4 月任交通部科技信息研究所党委副书记兼纪委书记。1999 年重组交科院后任党委副书记职务。2001 年 9 月任交科院副院长，分管科研条件处和物管中心工作。

毛文碧同志公路边坡绿化二三事

◉ 陈　兵

说起公路边坡绿化，人们首先会想到湿法喷播，想到客土喷播，想到草灌结合，这一切都离不开当时的院长毛文碧同志。

毛文碧同志是云南人，是我国公路边坡绿化事业的先行者和奠基人。直到今天，他依然“退而不休”，为公路行业生态文明建设奔走。

中国是多山国家，随着高速公路建设的加快，每年新增大量人为边坡，有些边坡陡峭，雨水冲刷会造成边坡水土大量流失。最初，工程师们只关心边坡稳定，把边坡当成无生命的有失稳倾向的土体或岩体，多采取石料或混凝土砌筑挡土墙和护面，或采用喷锚的方法对边坡进行全封闭式刚性防护。这样做虽然能克服边坡带来的水土流失和滑坡、泥石流等灾害，但也带来生态失衡、视觉污染等严重生态和环境问题。随着环保意识的提高，人们在进行边坡防护的同时，又希望能尽量恢复原有植被。这种双重需要催生了“边坡绿化”。

在任职交通部科技信息研究所所长期间，为解决稳定边坡和恢复边坡生态双重挑战，也为了缓解当时紧张的财政困难，在副所长杨洪义、宋晓良同志的鼎力支持参与下，毛文碧同志毅然做出决定，在国内率先引进湿法喷播技术。杨洪义同志全力支持解决引进设备的资金问题，并积极联系云南省交通厅支持该技术设备的施工利用。宋晓良同志先后到国外考察湿法喷播技术（瑞士费尔迪奥尔公司），并确定在全国率先引进瑞士费尔迪奥尔公司的湿法喷播技术。在云南省交通厅的大力支持下，20 世纪 90 年代末，湿法喷播率先在昆明到嵩明的昆嵩高速公路和楚雄到大理的楚大高速公路上展开应用，拉开了中国高速公路边坡绿化的序幕。

湿法喷播是公路边坡第一次尝试机械化绿化施工，创造了日喷播上万平方米的纪录，减少了坡面暴露在雨季中的时间，从而降低了初期水土流失的风险。

湿法喷播只适用于普通的土质边坡，而我国的许多其他地区，相当大一部分公路边坡都是岩石边坡。为了解决岩石边坡绿化的难题，1999年前后，毛文碧同志决定从日本引进客土喷播技术，并先后派杜娟、王洁等同志去日本进行专业学习。2000年，客土喷播技术在广东惠州到河源二期高速公路上试验成功，轰动全国，打破在高速公路弱风化岩石边坡不能绿化的论断。自此，客土喷播作为一项新的公路边坡绿化技术风靡全国，极大推动了公路绿化事业的发展。

最初，人们多采用美国和加拿大进口的草种作为植物材料，但是很快就发现，单一的草本群落前期维护成本高，而且2～3年后迅速退化，很快就丧失边坡防护和生态功能。实现边坡绿化工程的易维护、耐久性，是摆在毛文碧及技术团队面前一个紧迫而棘手的难题。这个问题必须解决，否则公路边坡绿化事业将遭受重大质疑，甚至项目会被撤下。

经过广泛调研，在充分吸纳了植物学家、生态学家、林学家等多方面的意见后，毛文碧同志提出了草灌结合的植物选择理念。他认为："公路边坡绿化应强调灌木和草结合，并按照不同地区，尽量采用当地植物，避免外来物种的入侵。灌草结合，草是生长最快并首先覆盖边坡的，而灌木虽然生长较慢，但是灌木是公路边坡后期稳定所必需的。"这一理念很快在工程中得到应用，并取得了巨大成功，最终奠定了公路绿化植物选择理论的基石。

退休后，毛文碧同志依然关心公路绿化事业，主持编写了《公路路域生态学》，该书由人民交通出版社出版，在巴黎书展时为展出书刊之一，并被印度买走版权。

2009年，毛文碧同志荣获交通部公路科学研究院交通环境保护终身成就奖。

作者简介

陈兵，1974 年生，硕士，主要从事高速公路的生态环保设计、高速公路生态保护技术研究、高速公路环境影响评价、高速公路环境保护规划，以及高速公路水土保持方案编制、监测、验收工作。曾任绿茵达公司设计部经理，工程部副经理，总经理助理，总工程师兼副总经理等职务，现任交科院环境科技（北京）有限公司副总经理。2016 年入选水利部水土保持监测中心水土保持方案评审专家库专家，2014 年入选环境保护部交通运输类环评报告审查专家。

我的父亲尚留占

◉ 尚文豪

我的父亲尚留占，是交通运输部科学研究院的一名退休职工，1965年大学毕业分配到交通部科技情报研究所工作，一直到退休都在进行软科学和科技信息研究。我小的时候，父母一直两地分居，直到7岁那年才随母亲到北京和父亲共同生活，也是从那时起，父亲在我心中的影像才逐渐清晰起来，对父亲的认识和感情也随着年龄的增长而不断变化。

一、在我眼中，父亲是个“老学究”

记得小时候，家里堆满了专业书籍和各类工具书，甚至连床底下都塞得满满的。那时在我心中，他就是世界上最有学问的人，每次遇到难题第一个想到的就是他，并希望能从他那里得到直接解决方法。然而他却从不直接回答我，只是跟我讲什么是“矛盾”、什么是“逻辑”，每次至少1个小时，滔滔不绝，这对当时的我来说就像唐僧念紧箍咒一样，听得头疼。久而久之，年少的我逐渐恐惧向他提问题，这也许是我成长岁月里父子俩最大的交流障碍吧。

学习道路工程专业的我曾下决心扎根一线——下工地、做外联……，然而兜兜转转，终于还是子承父业，开始了软科学研究。现在回想起来，其实这么多年，父亲的知识学习方法和学术思考方式一直在潜移默化地影响着我。有一件事我印象特别深刻，记得刚上班的时候，父亲几乎是通宵给我写了一篇“如何做好软科学研究”的文章，把他认为最重要的

▲ 父亲在堆满书的办公桌上伏案工作

经验浓缩在了短短的几千字里。他反复提及“概念”，告诉我做好软科学研究最重要的是把握“概念”的定义和解析，只有理清大小概念的内涵和逻辑关系，才能形成高质量的研究报告。随着工作经验的积累，我逐渐理解了父亲的良苦用心和殷切期望，我们之间的交流多了起来，也有了越来越多的共同语言。

二、在我眼中，父亲是个“老顽固”

父亲的生活特别规律，每天固定三件事——看新闻、运动和写作，长年累月从不间断。以前没有网络的时候，他每天看报纸、电视上的新闻，后来家里装了宽带，他便每天坐电脑前看新闻。我笑称他是“秀才不出门，尽知天下事”。尽管父亲不爱出门，却一直坚持在家锻炼身体，早晚各两个小时，雷打不动，即使身体微恙也坚持完成，这种持之以恒的精神让我敬佩。父亲一辈子乐于钻研，退休后也还在坚持学术写作。七十岁那年，他给自己定了一个目标，五年内翻译一套关于综合运输的英文资料。那段时间，家里十几本英汉辞海都快被他翻烂了。让我印象最深刻的是，有时为了一个英文单词的准确意译，他往往花费一天甚至几天的时间去翻阅各种不同版本的资料，反复印证。有几句话他经常挂在嘴边：年轻人要脚踏实地，不能浮躁；无论做任何事情都要“有宏伟目标、行动方案，并持之以恒”，更要“有历史责任感”。而他也正是身体力行，用实际行动教育引导着我。

▲ 父亲在读报纸

三、在我眼中，父亲是个“老小孩”

父亲平日里话不多，特别是工作时给人的感觉不苟言笑，显得有些孤僻，不熟悉的人会以为父亲清高，甚至有些严厉。实际上，生活中的父亲是一个钟爱新知识、爱护小动物、喜欢种花草、温和善良且童心未泯的“老小孩”。电脑是父亲最忠实的伙伴，陪伴他的时间远远多于我们。然而电脑使用时间长了难免出现各种各样的问题，最初都是我来帮他修理，后来因为工作忙经常顾不上及时给他解决，他便开始自学，日积月累，慢慢成就了一位家庭“电脑高手”——自己动手做系统备份，捣鼓各种应用软件。每当他发现一个新软件或者解决一个新故障的时候，就像发现了新大陆，我一下班就被拉着听他讲解“新”发现，这时候的他兴奋得像个孩子。有一次看他开心的样子，我就顺着他问：“看您这么爱学习、干劲儿十足的样子，抛开实际年龄不考虑，您心里觉得自己现在多大？”他迟疑了一下，不到半分钟回答我道：“感觉也就二十来岁的样子吧”……

这就是我的父亲，一位兢兢业业的老一代科研工作者，一位在探求知识道路上永不停歇的探索者，一位可亲、可敬又可爱的父亲。

作者简介

尚文豪，1980年生，副研究员，2003年本科毕业于长安大学公路与城市道路工程专业，同年就职于交通运输部科学研究院，现在交科院交通科技发展促进中心工作。曾主持“‘十三五’交通运输科技发展规划研究”等10余项软科学研究项目，参与“‘十二五’交通科技发展规划研究”等20余项软科学研究工作。获中国公路学会科学技术奖一等奖1项，中国公路学会科学技术奖二等奖3项，中国科学技术指标研究会学术研讨会优秀论文奖1项。

第二部分

院史掌故

我所知道的交通部科学研究院

◉ 毛文碧

我于 1964 年大学毕业，毕业后分配到交通部科学研究院工作，至 2000 年退休，历时 36 个春秋，亲眼见证了交通部科学研究院的变革与发展。我将以我的个人视角，带大家到我记忆中的交通部科学研究院游历一番。如有模糊不当之处，欢迎指正。

一、刚到交通部科学研究院之初

1964 年秋天，落叶纷飞的季节里，大学毕业后的我被分配到交通部科学研究院工作。当时的交通部科学研究院，位于今天的西土城路 8 号院。我现在还记得那时大门口悬挂着两块牌子，一块写着交通部科学研究院，另一块写着交通部科技情报研究所。交通部科学研究院领导成员组成：院长马奔同志，副院长王能何同志和黄屏同志，同时黄屏同志还兼任交通部科技情报研究所所长（后来这个研究所改称为交通部科技信息研究所）。

当时，铁道部科学研究院、机械科学研究院等研究院所都是院所室三级制，而交通部科学研究院是院室两级制。我当时经验尚浅，便问了院内老同志，他们告诉我，交通部科学研究院成立时，正赶上精简机构，所以只能实行院室两级制。

二、交通部科学研究院的重要变革

1971 年 6 月 22 日，原交通部和铁道部合并成立新交通部，新交通部决定自 1972 年 1 月 1 日起，将原铁道部科学研究院和原交通部科学研究院合并后成立新的交通部科学研究院。合并后的交通部科学研究院把原来交通部科学研究院大院分配给铁路通讯信号总公司。

由于原来铁道部科学研究院是院所室三级制，所以合并后的交通部科学研究院，分别成立了公路科学研究所、水运科学研究所和科技情报研究所三个所。

1975 年 1 月，全国人民代表大会决定恢复铁道部和交通部，于是铁道部科学研究院和交通部科学研究院又分开设立了。此后，交通部科学研究院就搬离了铁道部科学研究院大院。但是，由于合并时期交通部把原来的交通部科学研究院大院分配给了铁路通讯信号总公司，而铁路通讯信号总公司拒绝搬走，理由是这个大院是交通部分配给他们的办公用房，要搬离的话，交通部要给他们安排去处。权衡之下，交通部科技情报研究所就在惠新里申请新建了办公大楼（现在的交通运输部科学研究院所在地）。

交通部科学研究院原为院室两级制，也是交通部的一个局级单位，于是中编办只给交通部科学研究院编制，其中包含了公路科学研究所和水运科学研究所的。

由于中编办只承认交通部科学研究院一个局级单位，所以公路科学研究所、水运科学研究所和科技情报研究所这 3 个单位只能由交通部直接管理。当年交通部科学研究院的章在交通部，原来是交通部科技委主任高原兼任交通部科学研究院院长，后来改为交通部科技司司长张德洪同志兼任交通部科学研究院院长。

我亲眼见证了交通部这一系列的改革举措，发自内心觉得，这一系列变革确实使交通部的结构变得更好了。

据我所知，后来公路科学研究所的领导为了获得中编办的编制指标，付出了许多努力。

三、交通部科学研究院的重组

1999 年 10 月，交通部人事司和机关党委找我谈话，计划重组交通部科学研究院，并且要求我务必在1999年12月28日前组建完成并挂牌。此次重组不是由我一个人完成，还有一个刚从美国回来的周伟同志协助我工作。

要将交通部科学研究院、交通部信息研究所、交通部标准研究所等单位整合在一起，面临机构重复、干部多等重重困难，光筹建班子就有以下9人：周伟、徐世强、杨满忠、杨洪义、宋晓良、王本华、袁顺才、陈锁祥、毛文碧。其中张定邦任巡视员。

以3个局级单位为主合并成立新的交通部科学研究院，面临的问题很多。一是时间紧迫，两个月内必须完成重组。二是机构重叠，除了原单位特有的机构软科学研究室、信息资料室、舱容站等，还有机关单位的人事室、后勤处、科研处等。这一大批重叠干部该如何安置，是我们面临的最大问题。

9个人开会，研究关键问题，他们都看着我的态度。为了解决机关干部多的问题，我再三权衡下，提出了一个建议，保留各个单位的特殊机构，重新确定机关的机构和人员编制。由于正式编制有限（大概不到500人），男同志超过55岁就不再任现职，女同志超过50岁就不再任现职。干部多的问题这才得以解决。

重组推进中，还遇到了其他困难。当时有个单位领导写信要求和我面谈，信中明确对重组有意见，不赞成重组。鉴于1999年12月28日组建完毕的时间限制，我再三思量，只好把这封信搁置，没有和他面谈。在有限的时间里，我需要抓住核心问题，尽快按时完成组建工作。非常遗憾的是，当时没有足够的时间来进行广泛的社会调查研究，依旧按照院室两级制进行重组，这给现在主持工作的领导带来了一些麻烦，我对此深表歉意。

我建议交通运输部研究考虑，现在的交通运输部科学研究院尽量和机械科学研究院、农业科学研究院、林业科学研究院等研究院相一致，实行三级制管理，即交通运输部科学研究院下设若干研究所，研究所再下设若干研究室。仅供参考。

四、结语

按照当年交通部的要求，1999 年 12 月 28 日新的交通部科学研究院重组完成，很荣幸由我出任院长。时任交通部副部长的张春贤同志出席了交通部科学研究院的挂牌仪式。

作者简介

毛文碧，1940 年生，原交通部科学研究院院长。高级工程师、享受国务院政府特殊津贴。曾任交通部公路科学研究所副所长，交通部科学信息研究所所长兼党委书记，交通部科学研究院院长。2001 年 3 月退休。

我和交通部科技信息研究所

◉ 毛文碧

1995 年秋天，枫叶渐红的时节，我从交通部公路科学研究所调到交通部科技信息所当所长。当年的信息所党委书记是汤文杰同志，在党委的领导下，我们全体工作人员齐心协力，奋发图强。

随着历史的发展，交通部科技信息研究所也经历了复杂的发展过程，而我则是那个时间段的见证者。接下来我将遵循事实，将我所知的毫无保留地呈现出来。

一、20世纪60年代的交通部科技信息研究所

我始终记得，在 1964 年前后，学院东路 5 号院大门口悬挂着两块牌子：一块是交通部科学研究院，另一块是交通部科技情报研究所。交通部科学研究院的院长是马奔同志，副院长分别是王能何、黄屏两位同志。黄屏同志兼任交通部情报科学研究所所长。马奔、王能何、黄屏同志都是老革命战士，其中黄屏同志的一条腿曾经受过伤，导致走路不太稳当，一瘸一拐的。

当时的交通部科学研究院是院、室两级制。我当时很疑惑，铁道科学研究院、机械科学研究院、林业科学研究院等都是院所室三级制，为什么交通部科学研究院是两级制呢？于是我问了老一辈同志，他们告诉我，交通科学研究院创建时，正赶上精简机构，所以只能是两级制。

20 世纪 70 年代初，铁道部、交通部、邮电部合并，随后交通部科学研究院和铁道部科学研究院重组为新的交通部科学研究院，并成立了

公路科学研究所、水运科学研究所和科技情报研究所。到了 1975 年铁道部、交通部、邮电部又分开，公路科学研究所（现交通运输部公路科学研究院）和水运科学研究所（现交通运输部水运科学研究院）独立成为局级单位。保留了交通部科学研究院，同时与交通部科技委是一个机构两块牌子。交通部科技委主任是高原同志，并且交通部科学研究院的章由高原主任管理。1984 年，张德洪同志出任交通部科技司司长，同时兼管交通部科学研究院。

当时，交通部科技情报研究所所长是刘中夫同志。这段时间是情报所的上升阶段，张德洪同志支持并指导情报所的工作，刘中夫等同志抓紧落实交通部和行业的要求，情报所不仅走向了全国，还走出了国门，取得了辉煌的成就，在交通行业内建立了较高的威望。

二、20世纪90年代以后的交通部科技情报研究所

进入 20 世纪 90 年代，为了紧跟社会发展，交通部科技情报研究所更名为交通部科技信息研究所。最后一任所长是毛文碧同志。

当时，在杨洪义、宋晓良同志的支持下，信息所得到当年云南省交通厅领导支持，引进了瑞士费尔迪奥尔公司的湿法喷播技术及设备，并在昆明到曲靖的昆曲高速公路、楚雄到大理的楚大高速公路上推广应用。可以很自豪地说，交通部科技信息研究所是我国最早引进喷播技术的单位。

之后在宋晓良同志的大力支持下，喷播技术不仅在云南大力推广，还得以在海南、江苏等地推广使用。

我当年是中国公路学会常务理事。后来，在中国公路学会理事长王展意副部长和熊泽清秘书长的支持下，我们信息所成立了中国公路学会环境与可持续发展分会，并由我出任第一届理事长。凭借这个平台，我们还召开了几次会议，在行业内大力进行生态环境保护的宣传，同时也让我们的信息所声名远播。

作者简介

毛文碧，1940年生，原交通部科学研究院院长。高级工程师、享受国务院政府特殊津贴。曾任交通部公路科学研究所副所长，交通部科技信息研究所所长兼党委书记，交通部科学研究院院长。2001年3月退休。

建在破庙、坟地上的研究机构

◉ 王华鹏

还记得1963年3月初，那个刚刚入春、乍暖还寒的时节。因设在东北吉林工业大学内的长春汽车运输研究所撤销了，我被调入交通部科学研究院。该院位于北京市海淀区，坐落于北京邮电学院的北面，西边隔一条马路就是元朝的土城墙，东面紧靠人民教育出版社，北面则是通往八大院校的学院路，地理位置优越。

那时交通部科学研究院的大门是朝北面开的，院内布局很规整，占地面积约有六亩之多，周边建有六栋办公楼。最北面的是四层综合办公楼，内有院长办公室、学术办公室、行政办公室；还有道桥、汽运及油料、土壤试验室及情报资料室。东面建有二层办公小楼，内有经济、机械化研究室，材料、机械加工厂及单身宿舍。院内有操场，周边绿化栽有黄杨树和杨树，专为办公人员休息时间锻炼而设。南边两栋是汽车保修楼、运用试验室办公楼，它的南边是工棚改装的职工食堂，院的东南角建有两栋家属宿舍楼。

再细细想来，在综合办公楼外，有一棵几十年的老槐树，开花的时候可美了。大门西边还有两座大石碑。据说这原有一座破庙，盖楼房时拆了，只留下一颗老槐树和四座石碑。两栋汽车试验室原是在一块坟地上建设的。

该院有四位院长，实际工作的有三位。院长名叫马奔，十级老干部，身体健朗，敬业能干，有领导魄力。另两位副院长也是老干部，一位名叫黄屏，走路有些不方便，因为当年打仗时把脚趾冻伤了；一位名叫王能何，参加过长征，当年他的哥哥为了保护他，最终饥寒交迫，倒在了长征路上。另外，还有一位是曾威，著名桥梁专家。

该院下设六个研究室和一个情报所，每室各设两位主任。各研究室还有许多专家和老工程师，其余则是大学毕业生。

全院共有一百五六十人，汇集了一大批有真才实学的知识分子，可谓人才济济。这对当年的我来说，感到既新鲜又热爱，这里不愧是一个开展研究的理想之地。

“麻雀虽小，五脏俱全”，这句话用在我们交通部科学研究院一点没错。交科院虽小，可部门齐全，名声在外，除了承担交通部下达的日常任务外，其他部委、科研单位也经常派相关人员来参观、咨询、交流学习，例如关于机场建跑道的事宜，也曾有人来向我们交科院请教一二。

当时，交通部机关大楼坐落于城内交道口南大街北兵马司处，绿色琉璃瓦屋顶，具有抗八级地震能力，外观分外显眼。1966 年，“文化大革命”的浪潮袭来，这个稳定的局面就发生了天翻地覆的变化。

作者简介

王华鹏，1933 年生。1963 年 3 月由长春汽车运输研究所调入交通部科学研究院，在汽车运用研究室的汽运试验室工作。1969 年到湖北省阳新县“五七”干校劳动。1972 年回到交科院工作。1978 年任公路所汽运室主任。1982 年任公路所副所长。1984 年调到交通部标准计量研究所任副书记。1988 年任交通部标准计量研究所党委书记。1995 年退休。

历经“六迁”的标准所

◉ 王华鹏

新中国成立初期，政务院提出了开展标准化研究的发展方向和要求，主要是学习借鉴苏联的经验。从 1950 年起，交通运输行业先后统一了机车、客车、货车车钩的高度标准。1951 年颁发了《汽车运输企业暂行技术标准与定额》文件，同年交通部又发布了《公路工程设计准则》等，极大地促进了国民经济的恢复与发展。交通部虽然重视标准化，起步较早，但却缺少专门机构监管标准化研究的持续发展。

一迁：大柳树北站铁科院

1971 年，国务院进行机构改革，将交通部与铁道部合并，工作人员全都安排在军事博物馆斜对面的铁道部大楼办公，而机构名称仍叫“中华人民共和国交通部”，其下属单位也照此办理合并。1972 年 1 月，交通部科学研究院从学院东路五号院搬到大柳树北站铁道部科学研究院的大院办公。当时铁科院有铁道部标准所的全套机构，起步也早，有一栋办公楼，工作人员有一百多位。经向上级部门请示，交科院在 1975 年组建了交通部标准计量研究所（简称“交通部标准所”），并将人员安排在铁科院办公大楼西侧四层大房里办公，同时从原交通部水规院抽调十几名技术干部，所长由原交科院机械化室主任夏桂春同志担任，开展的业务内容主要是交通水路运输标准化研究。

二迁：学院东路5号院

大约过了五年，国务院机构再次改革，重新恢复了交通部和铁道部，下属单位也要分隔开，并让人员返回原工作地点。原交通部公路科学所搬回学院东路五号院，名称仍叫交通部公路科学研究所。而刚成立的交通部标准所搬去何处呢？后来经向上级部门请示、协商，暂时安置在五号院西北角，准备搭建两栋大板房，用于人员办公。这里逐渐成了公路、水路运输标准化工作管理研究机构和技术总归口单位的办公处所。

三迁：明光村

随着经济发展，1980 年交通部标准所又增加了民船理论、海洋运输船及长江内河运输船、工程船、水泥运输船、公路工程、水运工程、港口机械、船标等 13 项专业标准化技术归口管理职责。由于办公条件较差，原本不大的处所开始拥挤了起来。经向上级部门请示，最终在学院东路五号院附近的明光村，租用了两排平房（总计共 20 多间房）的小院，用于办公并开展业务，所长由肖秉衡同志担任。

1983 年，交通部决定成立交通部标准计量委员会，作为交通部统一管理标准和计量工作的职能机构。同时决定扩大管理权限，增加研究室和定员。这项组织措施为公路、水路运输标准化工作的稳定发展创造了有利条件。

四迁：东城区礼士胡同161号

虽说明光村小院较为宽敞，但是办公条件较差，改善办公条件成了当时所长的心头之患。而刚好交通部在北京东城区礼士胡同 161 号的一栋老职工宿舍拆迁，所长请示交通部房管局，是否能在拆迁处建一栋办公楼。后经交通部房管局的准许与支持，将该处拆除后改建成三层半的小楼，提供给标准所作为办公基地。1987 年小楼建成后，经过简单装修，标准所便从海淀区的明光村，搬到这座小楼办公。这里的办公条件比明光村有所改善，但美中不足的是，与外界联系仅靠一部电话机，此时的所长是王联忠同志。

经过业务方面的不断努力钻研，到 1988 年初，交通部制订发布的标准、规范、规程（包括公路客车、挂车系列型谱、运输环境条件，运输船舶舱室噪音等）共计 378 个。由交通部主编的国家标准、船舶专业标准等共计 131 个，另外还制定了有关公路、水路运输及工程建设等管理性的规章制度。

五迁：朝阳区黄寺13号

约在 1990 年，部科技司朱玉孚处长调入交通部标准所任所长后，部计划司较为关注标准所的办公条件，特向朱所长提供一条有用信息——朝阳区的黄寺 13 号楼即将出售。这栋楼原是一所学校的单身宿舍，总计两千平方米，如标准所领导同意，部里拨款买下，作为标准所的办公楼。最终，标准所全体职工便从东城区礼士胡同搬到了朝阳区黄寺 13 号楼，一间办公室内四五人办公，同时每间办公室又分配有一部电话机，办公条件得到极大的改善。

六迁：朝阳区惠新里240号

1999 年，部里要求交通部科学研究院进行新的改组，将公路所、水运所分离出去，成立单独的公路科学研究所与水运科学研究所，原交科院院部与标准所、情报所重组为交通部科学研究院，院长为毛文碧同志，办公人员搬到朝阳区惠新里 240 号原情报所的所在地。回望往昔，当时在黄寺 13 号楼办公的标准所是新标准化工作发展的鼎盛巅峰时代。在那期间我们建立了一支标准化的队伍；制定和颁发了一批具有公路、水运特点的标准化文件，标准化研究取得了十分可喜的成果，标准化研究水平大幅提高。

作者简介

王华鹏，1933年生。1963年3月由长春汽车运输研究所调入交通部交通科学研究院，在汽车运用研究室的汽运试验室工作。1969年到湖北省阳新县“五七”干校劳动。1972年回到交科院工作。1978年任公路所汽运室主任。1982年任公路所副所长。1984年调到交通部标准计量研究所任副书记。1986年任交通部标准计量研究所党委书记。1995年退休。

单身宿舍里的苏式电视机

◉ 王华鹏

我至今还记得，自 1958 年起，全国逐渐进入了“大跃进”的高潮。当时的群众自创了拖挂运输等五花八门的运输方式，为了能提高效率，一车多拉、多拖、多挂，导致很多汽车因此损坏。为此，交通部下达任务，由交通部科学研究院研制汽车挂车。院里指派汽运研究室组织人员进行研制，汽运室选派了黄延铮、谢怀暄、温品文三位同志进行设计。

课题组成立后，经主任何乃民指导，确定三吨挂车规格，三名同志抓紧进行设计、计算、画图等工作。这三位年轻有为、干劲十足的同志深入工厂车间，开展调研，经半年多时间设计出了图纸。但最初方案没有通过审查，于是三名同志又回炉返工，常常夜里加班，最终修改方案顺利通过并投入生产。1962 年，三名同志交出了一台合格且符合规范的产品，并参加由经委主持的工业新产品展览。此产品在北京展览馆展出，获得当届展览的三等奖。为此，交通部奖励了我院一台苏联生产的电视机，希望能丰富单身职工的业余生活。院里将电视机放在单身宿舍里由专人保管。这在当年是一件很振奋人心的喜事，极大地鼓舞了科技人员的干劲。

科研为生产服务，并结合生产进行。三吨挂车经过推广使用，很受欢迎，但因其吨位较小，因而又将转向结构改成转盘滚珠式结构，并由大连汽车配件厂监制。

为了设计出图纸，科技人员深入一线，与工人同吃住、共钻研，经过一年半的时间，完成新设计挂车的组装。经过空载、重载和使用试验等一系列检测，确认产品品质甚至超越预期。但是计划赶不上变化，就在准备召开鉴定会之时，“文化大革命”开始了，课题组只能解散，而挂车也只能在厂里闲置着。那几年里，我们都感到十分惋惜，璞玉蒙尘，成就来不及加以利用、服务于社会就被搁置了。

作者简介

王华鹏，1933 年生。1963 年 3 月由长春汽车运输研究所调入交通部科学研究院，在汽车运用研究室的汽运实验室工作。1969 年到湖北省阳新县“五七”干校劳动。1972 年回到交科院工作。1978 年任公路所汽运室主任。1982 年任公路所副所长。1984 年调到交通部标准所任副书记。1988 年任交通部标准所党委书记。1995 年退休。

交通情报工作回顾与追溯

◉ 王天富

1960 年，公路所与水运所合并成立交科院。作为一名亲历者和见证者，我把亲力亲为的重要事情简述如下：

我在情报所一直从事情报管理和情报研究工作。1964 年 7 月，交通部发文下达了这样的要求：在交科院技术情报室基础上，成立交通科技情报中心——交通部交通运输科学技术情报研究所，对内是交科院的个业务部门，对口联系交通部和国家科委情报局，开展面向交通系统的情报服务。

随着交通部和铁道部合并，1972 年交科院与铁科院合并，两院的情报所也合并成一个情报所，并对所内铁道专业进行重新组建，交通专业成立了两个研究室，一个是公路研究室，一个是水运研究室。杨靖同志担任公路室主任，王天富同志担任水运室主任，分别开展相应的情报研究工作。

1975 年，交通部和铁道部各立门户，交科院和铁科院的情报所也随之各自独立。

1978 年 3 月，党中央召开了全国科学大会，制定了发展科学技术的规划和措施，要求进一步加强科技情报工作。1978 年 8 月，交通部党组决定将交通情报所更名为交通部科技情报研究所，由交通部直接领导，作为部属科技情报职能管理机构，并定为局级单位。

1978 年，潘琪副部长宣布了部党组的决定，任命了新建的情报所领导班子成员：沈宁同志担任党委书记，王连登同志担任行政副所长，杨靖同志、王天富同志担任业务副所长。1980 年，岗森同志由部里调到情报所担任所长。自此以后，情报所终于建立了健全的领导班子。

根据部里对情报所职能管理的要求，1981 年 3 月，情报所负责组织筹备交通部第一次全国交通科技情报工作会议。这是一次交通科技情报工作针对经济建设现状实施战略转变的重要会议，与会的有全国各省（自治区、直辖市）交通（航运）厅局领导，交通部直属企事业单位、大专院校主管科技工作的领导。

1981—1991 年，交通部情报所作为主管科技情报的职能管理机构，先后组织召开了三次全国交通科技情报工作会议和五次全国交通科技情报网站工作会议，有力地促进和推动了交通系统情报工作全面深入发展。在此期间，情报所主要在以下方面做了大量实质性工作。

一、情报管理

经反复调研，情报所主持并编制了一系列情报法规和管理制度，包括《交通科技情报工作条例》《各省（自治区、直辖区）交通科技情报站工作条例》《全国交通系统科技情报网工作条例》《交通部科技情报成果奖励办法》《交通系统科技情报网先进集体和先进工作者评奖办法》等。这些条例明确规定了交通系统各级情报机构的职责和任务。上述法规和制度均得到交通部批准，并以部文件形式下达交通系统各有关单位贯彻实施。

情报管理方面，经所有同志众志成城的多年努力，同各有关单位协商，在全国交通系统内组建了32个专业情报网和30个省(区、市)交通情报站，最终形成了比较完整的情报网络体系，促进了产、学、研单位的密切结合，推动了科研成果向生产力的转化。专业科技情报网的创建，扭转了长期以来情报交流不畅的局面。情报网使每年上百次的国内外新技术、新成果能够交流推广，颇受各级领导行业同仁的赞誉。我们这些同志很荣幸地被誉为交通战线的科技生力军，以褒扬我们对交通科技生产的发展做出的重要贡献。

二、情报研究成果

20 世纪 80 年代开始，情报所在情报研究方面向交通发展战略和为领导决策的方向发展，完成了 40 余项情报研究成果。其中，获国家部委级三等奖以上的项目有：国外水运科技发展水平，国外 20 世纪 70—80 年代初公路运输发展水平与先进技术，运输船舶动力技术政策，港口管理体制改革调研，新技术革命与交通运输，国外交通科技发展水平，煤炭水上运输技术政策，交通汉语主题词表，小型多功能情报处理系统，微机在情报处理方面的应用研究，首届全国科技成果交易会，国际公路技术展览会和交流会等。

三、情报刊物出版

情报所定期出版的刊物有：《水路运输文摘》《公路运输文摘》《水运科技动态》《公路科技动态》《国外交通科技文献通报》。不定期出版的刊物有：《交通情报工作通讯》《交通情报研究》《国外交通统计》《交通专利文摘》《交通科技成果汇编》等。文献检索方面开发了中国交通文献库等专用检索软件，为交通科研立项、成果评定提供了重要依据。

四、人才培训

为了培养高素质的情报人员，20 世纪 80 年代情报所曾举办过两期情报研究生培训班，第一期在武汉水运工程学院举办，第二期在北京交科院举办。第一期由王天富讲授情报研究课程，徐如镜讲授计算机课程。第二期由林鸿慈讲授英语课，王天富讲授情报研究课。学员大部分是大学本科毕业，并具有数年基层实践工作经验，通过考试进入的培训班。通过后期的培训，大部分学员已成为高素质的科技管理和研究人才。

几十年来，广大科技情报人员艰苦奋斗、无私奉献、勤奋工作，为发展交通情报科技事业奉献了毕生精力，做出了积极贡献，对未来影响深远。

作者简介

王天富，1933年生，享受国务院政府特殊津贴。曾任交通部情报所情报研究室主任、综合管理室主任、副所长、巡视员。技术职称先后助理研究员、副研究员、教授级高级工程师。退休后任北京情报学会常务理事，情报委员会主任委员；任北京竞争情报学会常务理事，理论方法委员会主任委员。多次被评为优秀共产党员。

忆艰苦岁月里交通科技情报所图书资料整理与检索工作

◉ 柯贤柱

“文化大革命”期间，科技情报图书业务全部中断。直到20世纪70年代初，国内外形势发生了变化，中央部委领导当时急需了解国外经济与交通发展状况，科技情报图书业务才迎来转机。为此，交通部科研院急忙从“五七”干校陆续调回科技人员回原单位工作。1972年1月，新组建的交通部下文，铁道、交通科学研究院合并，隶属原交科院的科技情报所搬至铁道情报所原址合署办公，而铁道情报所只能腾出几间办公用房供交通情报所使用。这对有130余人的交通情报所来讲，实在是太过拥挤，容纳不下。况且，除了人员以外，还有十几万册（份）科技图书资料及各种设备、用品更是无处安置。在现实困难面前，情报所人员向军代表提出要求，希望把图书馆及设备保留在原址，继续为科研人员服务。但是这个建议未得到军代表同意，依旧下令将交通情报所所有人员和物品搬到铁道科研院食堂西侧一、二层开馆办公。这个决定导致了交通情报所图书资料的损失、读者的锐减。另外，当时的办公环境简易，隔房不隔音，极大影响图书馆工作人员的工作效率。

食堂一层西侧开辟作交通科技图书资料库，为读者提供外借图书资料服务。在无法阻止搬迁情况下，交通情报所人员不辞辛苦将馆藏国内外期刊1356种和10余万册（份）图书资料、样本等对照书刊号、书架号，一捆捆扎好运到铁科院食堂的一层和二层。由于这里紧靠伙房，存在火险隐患、油烟熏染问题；一层阴暗潮湿，易有害虫滋生，猫鼠窝穴；

西北向玻璃窗户较低，紧靠人行道，很并不安全。

开馆后，图书管理人员上班忍受跳蚤、蚊蝇叮咬，苦不堪言。为消灭“四害”，书库内搞卫生时撒播大量六六粉，毒气呛鼻难闻，令人不适。有些管理人员因此中毒生病。经过多次撒药除虫害后，库内短期无法容人上班工作，于是便采取“人书分离”服务，即图书馆管理人员带上书卡柜到铁道情报所图书馆开展服务。读者查卡填写书号后交给管理员，管理员随即骑单车到食堂书库取书交给读者，这种服务方式一直延续到铁道部、交通部分家。

书库经过长时期消毒、除“四害”后，卫生状况稍有改善，但图书资料等物件因长期受潮和药物污染，造成部分霉变、腐蚀损坏。后来图书管理人员克服种种困难、精心打理，将图书资料损失减到最低程度，为馆藏书刊完好借阅做出了贡献。

食堂二层西侧开辟为图书资料采集编译、现刊样本阅览、检索工具书编制、情报微机开发以及复印、打印等为读者提供服务的办公用房。这些办公用房都是用塑料板、纸板和破木板等隔开的，因此不隔音；夏无空调，冬无暖气，条件极差。尽管如此，大家依旧一心想尽快把缺失的图书资料补上、开辟新的进书渠道、尽快出版检索工具书并研发微机应用，以完善具有交通运输特色的图书资料馆藏、检索工具编制与微机检索的研究等，方便广大读者使用。

为此，图书资料人员开辟六条进书渠道：①向中国图书进出口公司和国内有关出版社新订、补订书刊；②对补订不上的图书资料，向有馆藏的国家图书馆、中国科技情报所等有关单位借阅复印来弥补馆藏；③及时与交通情报网站单位建立书刊资料共享和交换；④参与国内外交通运输行业展览会，收集大量新科技产品样本资料；⑤委托与我们有业务联系的驻外机构收集有价值的交通情报资料；⑥直接写信向国外厂家、科研机构，索取其新产品样本资料。通过上述渠道收集的书刊资料，不定期编译成内部刊物“新书目录介绍”“外刊联合目录”，分发给交通情报网站等查阅使用。

为了发挥新书刊、图册、样本等及时、直观的使用效果，图书资料人员发扬书刊资料样本下基层的“背篓服务”精神，自制展板，编写说明词，组织多批次书刊资料巡回展览服务，并且积极听取意见，改进图书资料服务工作，取得良好的效果。

为了让读者便捷、准确地找到自己所需的书刊资料及其中章节简要介绍并附有主题词（关键词）标引检索，文摘及索引目录编译出版人员，先后编辑出版公路运输文摘、水路运输文摘、中文科技资料目录（公路、水路运输），由邮局公开发行。从发行量和读者反映意见来看，取得良好效果，并受到好评。在全国科技情报检索刊物评比中，公路运输文摘获一等奖，水路运输文摘和中文科技资料目录公路运输分别获得三等奖；在全国优秀科技期刊评比中，公路运输文摘获二等奖，水路运输文摘获三等奖。

为建立情报图书快、准、全计算机检索系统，国家决定研编“748工程”——情报检索分系统汉语主题词表。交通情报所作为该表主编组成员之一，主要负责公路、水路运输主题词的选词和各相关单词汇之间调整和归属。词表出版后，读者可通过主题词快、准、全地检索到国内外大量文献资料。该成果获得1985年国家科学技术进步二等奖。

由交通情报所张承炯研究员牵头编制的交通专业汉语主题词表，其特点在于突出交通专业用词量，在编排方面不同于国家汉语主题词表，即专业分类为主表，主题词以汉语首字拼音索引和英汉对照索引为附表做标引检索。该表出版后，举办多期培训班推广使用，并在公路水路运输文摘等书刊上标引检索取得实际使用效果。该表先后获交通部优秀科技情报成果二等奖和国家科技委员会“交通行业标准——交通汉语主题词表”项目全国优秀科技情报成果三等奖。为使词表结合计算机进行检索，交通情报所率先在国内开展微机情报图书检索系统研发。由徐如镜研究员牵头，举办微机培训班，课题“微机系统在情报处理方面应用”被交通部列为重点科研项目。总而言之，在当时艰苦工作环境中，我们不忘初心，牢记使命，克服困难，为交通科技事业发展添砖加瓦。更多的交通强国伟业，需要年轻的交通人完成。我们始终深信“长江后浪推前浪，世上新人赶旧人”道理。祖国繁荣昌盛，民族伟大复兴，一定能早日实现。

作者简介

柯贤柱，1933年生，中共党员，享受国务院政府特殊津贴。1956年毕业于上海外国语大学；1964年调至交通部科技情报所，从事科技情报资料编译、编写专题情报资料等工作；1975年开始从事图书检索工作，先后担任图书资料室、检索室主任、研究馆员。曾参与“748工程”——情报检索分系统汉语主题词表研编工作；负责主编《全国中文科技期刊联合目录系统》；研编《交通专业汉语主题词表》等，获国家重大奖项。

艰难岁月

◉ 涂远明

交通运输部科学研究院深入贯彻落实科学发展观，在促进现代化交通运输事业的发展、全面推进交通运输部科学研究院各项工作等方面取得了显著成绩，为我国交通运输事业的发展做出了卓有成效的贡献。这是全院职工努力奋斗的结果，辉煌来之不易。交科院经历了几十年的风风雨雨，由小变大，由弱变强，不断壮大。回忆过去的艰难岁月，更加激发了我们在新时代奋斗拼搏的斗志，为建设交通强国做出更加辉煌成绩的决心。

在此，我将把亲身经历的那一段艰难岁月做一番简单回顾，权作史料，留给大家细品，对比今昔，以知昔日之不易、晓如今之可贵。

20 世纪 70 年代中期，我从北京空军转业到交通部情报所。当时工作条件差，业务只局限于传统业务，大锅饭难以调动职工积极性，只能维持，较难出成果、出人才。

1975 年铁道部与交通部分开管理，交科院的公路所和水运所迁回交科院本部（即学院东路五号院），而情报所则留在铁科院内办公。当时全所职工不到 200 人，分散在铁科院各办公楼，大约仅有十余间房屋，空间比较拥挤逼仄。如当时的一个研究室，大约 20 余人挤在一个约 30 平方米的房间办公，严重影响工作开展和工作效率。当时的主要部门有研究室、文献室、编译室、计算机室、电影室、交易中心以及印刷车间等。研究室是当时的主要科室，主要业务是将国外交通科技资料译成中文，汇编成专题资料。研究室办有几种刊物，如《公路水运科技》《国外公路水运科技动态》等，供全国交通行业人员学习参考。

当时职工队伍人员素质参差不齐，有些职工经常不上班，混迹社会，影响极坏。当时待处理的人员林林总总将近 20 余人。

为加强党政工作力量，交通部调刘中夫、张辑来情报所，对情报所进行整改。刘中夫同志有魄力，敢抓敢管，带领领导班子努力在艰难岁月中力挽狂澜。

回首当年困难重重的状况，再看如今，恍如隔世。

作者简介

涂远明，1940 年生。1964 年毕业于重庆交通学院桥梁与隧道专业。毕业后分配到北京空军，从事军用机场的设计与施工。1975 年转业到交通部科技情报研究所，从事刊物编辑。后又做党务工作，任党办主任、党委副书记等职务。20 世纪 80 年代曾率交通部讲师团到四川支教。

科研条件今非昔比

◉ 王本华

改革开放至今，交科院历经三个发展阶段，科研条件发生了巨大变化，令人感慨万千。

一、“文革”后的恢复阶段

1977年底我大学毕业后，分配到交通部科技情报研究所公路室工作。记得那是在铁道部科学研究院大院内，共分三处办公：主要业务研究室在一栋三层红砖楼部分房间办公；党群办管理部门在大院内一座简易木板房办公；还有一部分业务部门在铁科研食堂楼办公。其中一层有400多平方米作为图书资料库，并用板材隔出一小间简易房，作为借阅管理办公用房；二层在一个300多平方米的大厅内，用木材和纤维板隔出期刊阅览室、文献检索室和办公用房，墙面连简单的粉饰都没有做，走进过道拐来拐去的，通风、采光都很差，大家风趣地说像是走迷宫。冬天要烧炉子取暖，每天除了工作还要捡柴、搬煤、倒煤渣等。点炉子时即使天气很冷也要打开门窗排放煤烟，每天领导和职工都时刻牢记防火大事。到了夏天房间闷热，没有空调，每个房间只发一台电风扇，实在太热了就扇扇子或用凉水洗把脸。赶上下大雨，有时屋顶还漏雨，就用塑料布盖在屋顶上面用砖头压上，就连微型计算机房也是自己动手用木板与纤维板搭建的，并装上了全所唯一的一台空调机，这就是当时十分简陋的科研办公条件。

截至1978年底，全所职工总数140人，其中工程师只有7人，技术人员和助理技术人员26人，编辑5人，翻译57人。

二、开创新局面阶段

1992年情报所为之奋斗多年的情报业务楼（惠新里240号）建成，共6层，配有电梯、分体式空调，建筑面积7600多平方米。当年全所从长期寄居的铁科研院内迁入新址办公，从此有了像样的计算机房、图书资料库、阅览室、录音棚、办公室、会议室等。尽管条件仍很一般，但全所职工为之振奋，兴高采烈。在此起点上，情报所不断探索加强能力建设，1998年通过联建方式竣工建成了“通联大厦”，又分得了建筑面积1900多平方米的科研用房（不包括公摊面积和地下车库等），并安装了中央空调系统。此时已有近万平方米的科研用房，多数部门都配备了计算机等现代办公设备。1999年全所科技队伍也发展到200多人，其中硕士研究生以上学历28人，本科学历101人，中级以上职称已成为科技队伍的主要组成部分。科研条件的明显改善，为开创新的局面打下良好的基础。

三、快速发展阶段

1999年底，交通部决定将交通部科学研究院、科技信息研究所、标准计量研究所重组为新的交通部科学研究院，科研条件也进入了快速发展阶段。院科研等用房资源达13000多平方米，另外还有了实验基地（怀柔），经改善提高后实验室等总建筑面积3000多平方米，实现了实验室零的突破。

2005年对院科研楼进行了加层改造，新增科研用房1000多平方米。大楼全部进行了计算机网络综合布线，大大改善了计算机房、学术交流等办公条件。

2008年在部的大力支持下，按现代化标准，交科院实验楼和国家船舶舱客站检测中心、交通统计信息系统在和平里建成并投入使用。经资源调配后，总建筑面积8600多平方米，其中包括行业重点实验室2个、研发中心1个、国家工程实验室1个，科研条件舒适幽静。

为解决院大型试验厅和室外实验场严重不足问题，进一步提升院科研创新与成果转化能力，经交通运输部批准，2017 年 1 月正式开工建设占地 50 亩地的综合实验基地（顺义）。新建研发实验中心用房一栋，总建筑面积 18700 多平方米；新建检测实验用房一栋，总建筑面积 2100 平方米；新建环境实验室一间，建筑面积 260 平方米；改造原生产车间一栋，总建筑面积 3400 多平方米；新建室外实验场一处，总面积 1100 多平方米；新建室外实验道路一条（长 180 米，宽 11.5 米）；另有综合实验基地相关配套、辅助设施等。工程总投资 1.7 亿多元。

目前交科院有近千人的科研队伍，其中事业编制 400 多人，博士学位 100 多人、硕士学位 200 多人、学士学位 80 多人；企业编制 400 多人，博士学位 5 人、硕士学位 120 多人、本科学历 200 多人。专业技术人员占职工总数的 95% 以上，并有一大批知名专家与学者。

在部领导的大力支持下，经过一代代人的努力，特别是参与建设管理同志的艰辛付出，交科院科研条件有了快速发展，科研工作实现了智能终端网络化、科研实验规模化、队伍年轻知识化、办公环境人性化。可以说，现在的交科院发生了翻天覆地的变化，已有了质的飞跃，今非昔比，令人赞叹不已。

作者简介

王本华，1950 年生，中共党员。桥梁与隧道专业，本科学历。1977 年毕业后分配到交通部科技情报研究所公路室工作。1987 年获得工程师任职资格，1994 年获得高级工程师任职资格。在此期间，曾获全国科技信息优秀成果二等奖。1987—1995 年先后担任交通部科技情报研究所信息技术室副主任、主任职务。1995 年 4 月任交通部科技信息研究所党委副书记兼纪委书记。1999 年重组交科院后任党委副书记职务。2001 年 9 月任交科院副院长，分管科研条件处和物管中心工作。

回忆重组之初的交科院纪检监察工作

◉ 杨满忠

20 世纪 90 年代末，国家为了解决科学技术与经济脱节、科研面向市场不完善、科研管理体制分散重复等问题，决定对各部委所属科研机构进行管理体制改革。国家要求各部委技术研发类研究院、所，要以转向企业或进入企业等方式向企业化转制。根据这个精神，交科院所属的大部分科研院、所，有的进入了企业，有的走向了市场，有的挂名到院校，而没有市场开发能力的交科院机关、信息技术研究所和标准技术研究所则重组为新的交通部科学研究院。新的交科院于 1999 年 9 月完成重组。

重组后的交科院面临以下三种情况：一是为加快发展，急需加大市场开发力度。交科院机关和信息所、标准所都是管理型和公益型单位，本身没有市场开发能力。重组后的交科院为了自身的发展，大力开发科研市场，相应提出合法合规地开发市场和使用开发市场的问题。二是业务门类繁多，管理方法多样，急需统一规范。原来的三个机构，因为工作性质不同，要求不尽相同，研究课题来源不同，管理方法也不尽相同。另外，重组后的交科院下属公司和经营部门有十几个，急需统一规范科研管理方法和公司的经营行为。三是人员大幅增加，思想活跃，急需加强人员的思想工作和行政管理。交科院重组后，三个单位的员工变成一个单位，还有从外地、外单位引进的一些人才，人员骤然增多，又加上新交科院当时发展形势不甚明朗，待遇相对较低，员工思想起伏较大。在此情况下，急需加强思想工作，提高管理水平。

为了保证新的交科院的顺利发展，重组后的交科院党委非常重视纪检监察工作，加强对院纪检监察工作的领导，不断提高纪检监察工作水平，为新的交科院的发展保驾护航。

一、做好党风廉政教育，不断提高干部职工遵纪守法意识

为了提高干部职工对党风廉政建设重要性的认识，院纪委结合重组后交科院面临的新形势、新情况、新特点，对全院的干部职工进行了深入的党风廉政教育。根据不同时期的形势和要求，组织干部职工学习中央纪委提出的各项党风廉政政策和规定，例如《中国共产党纪律处分条例》《中央八项规定实施细则》以及交通部和我院的相关规定等，使广大干部职工明确党风廉政的具体要求，增强法治观念。在进行党风廉政教育中，坚持方法灵活多样，注重教育效果，经常组织干部职工观看有关录像，尤其是交通系统的反面典型案例，使大家充分认识当前反腐形势的严峻性。邀请中央党校教授来院讲课，使广大干部职工认清反腐败斗争的长期性、复杂性、艰巨性和迫切性。通过不断深入的党风廉政教育，广大干部职工的廉政意识不断提高，遵纪守法的自觉性不断增强。

二、加强制度建设，从源头上预防和治理腐败

交科院重组后，为从源头上治理腐败，结合我院实际情况制定了不少的有关规定，目的是使干部职工明确、规范工作处理方法，并用以规范干部职工的行为。比如制定干部廉洁自律方面的有关规定，规定科研业务工作中廉洁自律的要求，并对签订科研合同和使用评审费、咨询费、会议费、特支费等都做出了规定，纠正科研业务中的各种不规范行为。制定了交科院有关基础设施建设中的廉政规定。怀柔公路工程计量仪器鉴定站二期工程和办公楼改造工程都实行了“双合同制”，工程合同和廉政合同一起签、一起执行，并对廉政合同的执行情况定期检查，杜绝各种违法违纪事件的发生。

在交科院重组初期，还建立了有关干部收入申报、谈话提醒、招待费管理、对院属公司（实体）监督等制度。这些规章制度的建立对统一

我院干部职工的行为规范，预防违法违纪起到了积极的推动作用。

三、实行党风廉政建设责任制，确保党风廉政工作的落实

为了加强党风廉政和反腐败工作落实，院党委在全院全面实行了党风廉政建设责任制，明确各级领导干部在党风廉政建设中的任务和责任范围。明确提出各部门主要负责人是职权范围内的第一责任人，主管即是负责人，一级负责一级，层层落实，在全院形成了党委统一领导、党政齐抓共管、纪委组织协调、部门各负其责的领导体制和工作机制。

每年年初，院党委制定全年的党风廉政工作计划、工作目标以及具体措施，然后对党风廉政工作任务进行分解，明确每个领导干部在党风廉政建设工作中的责任内容、责任范围、责任考核、责任追究，要求各级领导干部按照计划落实。院纪委时常对落实党风廉政建设责任制情况进行检查，对发现的问题及时解决。有时还组织干部观看《责任的呼唤》等录像片，督促各级干部认真做好党风廉政建设责任制的落实。每年年底院党委对领导干部落实党风廉政建设责任制情况要进行考核，各级干部在年底的述职中，必须就落实党风廉政建设责任制情况做出专项报告。

党风廉政建设责任制的实行，增强了各级干部抓好党廉政建设的责任感，确保反腐倡廉工作不留死角，促进了党风廉政建设工作的落实。

四、规范领导干部的从政行为，做好处级以上干部的廉洁自律工作

交科院重组以后，院党委把党风廉政工作的重点放在了处级以上干部。每年年初，都要对处级以上干部进行培训，教育大家克服“党政机关才需要党风廉政建设，科研单位并不需要”的模糊认识，克服“廉洁自律年年培训太过麻烦”错误思想，端正态度，提高认识。根据不同时期党中央和交通部提出的不同要求，院党委都要组织处以上干部进行填表自查，在填表自查的基础上召开支部会议进行公示，逐条进行检查，接受群众的监督。而对新提拔的干部，都进行谈话，提醒他们任职后注意做好自身廉洁自律，同时落实好所负责的部门党风廉政建设。

党委认识到，做好全院的党风廉政建设，首先要落实好院党委领导

班子成员的廉洁自律，用领导干部的模范作用带动全院的党风廉政建设。因此院党委非常重视每年一次的党委领导班子民主生活会，会前广泛听取群众对领导班子成员的意见，根据群众所提的意见，领导班子成员认真准备发言材料。在有交通部领导参加的民主生活会上，院领导班子成员按照廉洁自律有关规定，逐条进行认真检查，存在问题便谈问题，不存在问题便进行自勉，把民主生活会的过程纳入党风廉政教育的过程中。民主生活会后，针对会议中反映出的问题制订整改方案，认真进行整改。

交科院重组以来，院领导都较好地遵守了廉洁自律的各项规定，未发生较大的违法违纪事件，给全院干部职工树立了良好榜样。

交科院重组的最初几年，由于院党委重视纪检监察工作，党风廉政工作抓得认真深入，在人员骤增、业务扩容、社会竞争激烈的情况下未发生严重的违法违纪问题，尤其是处级以上干部没有发生大的腐败行为，保证了新交科院顺利发展。

作者简介

杨满忠，1948年生，1965年3月入伍，在原北京军区后勤部某部服役；1990年3月转业到交通部纪检组监察局工作；1998年12月调入交通部科学研究院，1999—2007年任交通部科学研究院纪委书记、党委委员。

第三部分 往事追溯

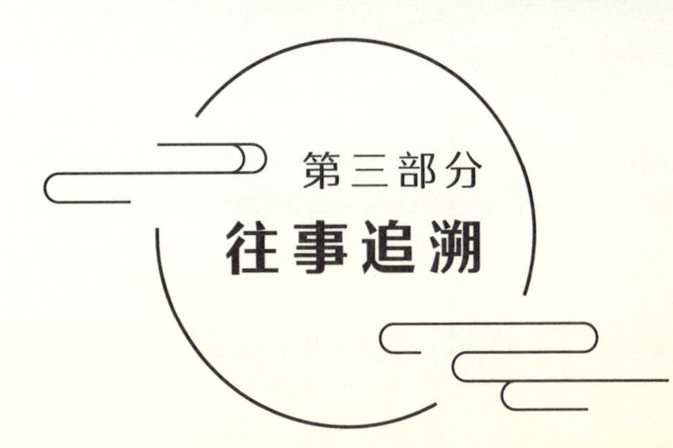

罗婷婷 摄影

靠什么摘掉情报所的"穷帽子"

◉ 汤文杰

我于 1989 年 4 月调入交通部科学技术情报研究所，任主管业务副所长一职。

当时，我国改革开放已历经 10 年，按照中央《关于科技体制改革的决定》的精神，情报所在管理上改变了传统的做法，在"面向领导决策、面向科研、面向市场服务"的基础上，积极开拓情报服务领域，开展了一些技术交流、交易等有偿服务活动，实行了经营承包责任制。但由于情报市场开拓有限、创收水平较低，仍然没有摆脱靠国家下拨事业经费来开展工作的被动局面，每年的文献资料基础工作费用入不敷出，职工的奖金和福利待遇都很低，所以人们戏称情报所是"穷报所"。这顶"穷帽子"一戴就是几年，事业经费总捉襟见肘，曾经有个月，连职工的工资都发不出，我不得不带上财务处长信荣荣去水运研究所借款救急。

我在 1990 年元旦庆祝会的祝词中提出了"全体职工行动起来，奋斗三五年把情报所的'穷帽子'扔进太平洋"的口号。全所职工都积极地投身到摘掉"穷帽子"的探索、奋斗之中。

1992 年初，邓小平的南方谈话就像一座灯塔照亮了情报所这条航船驶向彼岸的方向。在邓小平南方谈话精神鼓舞下，职工们进一步解放思想、更新观念，加快深化改革的步伐，决心依靠自己的力量，面向市场、面向行业、面向全社会开展服务，冲破传统的情报工作格局，走自我发展之路。而后，提出了"以市场为导向，以服务为宗旨，以效益为中心"的情报工作指导思想和"一业为主，多种经营"的工作方针，并在 1992

年2月第二届职工代表大会上通过了“树立新的精神风貌，建设新的工作环境，开创新的业务局面”的“创三新”规划和承包经营责任制实施方案。

从此，情报所按照新的指导思想、新的工作方针和新的规划方案，调整机构设置、转换机制、扩展业务领域。先后成立了技术培训中心、交通科技咨询服务公司、环境保护研究室、软科学研究室和利科劳动服务公司等；建立了三级核算承包经营责任制和人才引进竞争机制，多劳多得分配激励机制，充分调动了职工的积极性和创造性，在科技文献、声像、刊物、检索等传统情报业务的基础上，努力开拓决策研究、技术咨询、技术培训、技术开发和技术交易等服务领域；并采取“借船出海”“借鸡下蛋”等方式广辟经费来源，拓宽了市场，提高了创收水平，除弥补事业费缺口外，经费逐年积累，职工的奖金和福利待遇水平也逐年显著提高。

1994年，情报所创收突破400万元，弥补事业费缺口后，还剩余300多万元用于自我发展，完成了业务与财务状况稳步上升的计划。同时，在建所30周年之际，“借船出海”自筹资金建设的交通信息大厦奠基，为以后信息所面向市场、拓展业务、自我发展奠定了良好的经营环境和物质基础。

经过全所职工4年多的努力开拓、积极进取，情报所全面实现了“创三新”目标，终于把“穷帽子”扔进了太平洋，走上了自我发展的道路。实践证明，改革是交通科技信息事业的发展动力，也是情报所摘掉“穷帽子”的绝佳方式。

作者简介

汤文杰，1937年生，高级工程师。1957年毕业于沈阳交通学校。1957—1989年在交通部公路科学研究所，先后任技术员、工程师、桥梁研究室主任、科研处处长，1989年4月调入交通部科学技术情报研究所任副所长，1991年10月任交通部科学技术信息研究所所长兼党委书记，1994年起享受国务院政府特殊津贴，1997年8月退休。2000年，参与“公路、水运科技发展战略”等研究课题，其成果分别获得国家科学技术奖和交通部科技进步二、三等奖。

足迹

——跨入交科院半个世纪历程简述

◉ 郭廷结

我自 1964 年毕业，分配进入交通部科学研究院情报所，至 2014 年退休，整整历时半个世纪。当我动笔撰写该文之际已年近八旬，但往事仍历历在目。现将这半个世纪历程分为三个阶段，作一简述。

一、“文革”10年：蹉跎岁月

1965 年，我结束了在青岛港一年的大学毕业生到基层的劳动锻炼，回到单位，开启了参加革命工作的新生活。没想到，科研工作刚起步，“文革”来了。国家政治生活、经济发展都陷入混乱，科研工作也同样陷入停滞。在这场动乱中，我个人也从“文革”的积极参与者变成了深受冲击者。

1969 年，在军管会的统一组织下，我随交科院全员到湖北阳新“五七”干校接受工农兵再教育，还任情报所中队负责人之一。1970 年初，军管会突然召开大会，宣布将我等押送北京隔离审查。在此后的近 8 个年头中，我遭受了常人难以忍受的经历。

从 1972 年初开始，我逐步感到清查、批斗、监管放松了，但仍处于强制劳改中的我有了一定的自由，我开始发奋读书。但真正恢复自由、补发工资、重返科研岗位是在 1978 年十一届三中全会之后。

“文革”10 年是国家和民族的一场灾难，蹉跎岁月，不堪回首。

二、科研20年：学思践进

“文革”结束后，近20年间我勤学笃志，先后承揽了十余项科研项目，荣获省部级三等奖以上奖励9项：“国家12个重要领域技术政策研究”获1987年度国家科技进步一等奖（本人获最高奖——突出贡献奖之一）；“运输船舶动力技术政策研究”“国家中长期科技发展纲要总体研究”“公路、水路主要技术政策修订稿的编制研究”三项分获交通部或国家科委科技进步二等奖；“交通行业科技进步作用定量测算研究”等五个项目获省部级三等奖。同时，我还将部分科研成果汇编成书籍出版，如《我国运输船舶动力发展方向》《测算科技进步作用的理论、方法与实践》《交通运输领域重大科技决策》等。20年间，我先后在国内《能源》《综合运输》《中国河运》等期刊上发表《节能投资标准研究》《集装箱船燃油单耗统计方法》《运输结构合理化的评价原则和标准》等20多篇论文。

除了在科研工作上勤奋耕耘、成果颇丰外，我还承担了一些其他重要工作，其中难以忘怀的有：借调到国家科委，并作为主笔人之一参与《关于中华人民共和国科学技术发展10年规划和“八五”计划纲要》及《关于国家科委科技计划管理改革意见》等的编制工作。为交通部领导在全国交通系统科技工作会议和节能工作会议等撰写了6篇讲话稿。在完成了“我国内河船用柴油机发展对策研究课题”后，向所领导提出举办以此为主题逐步扩展为交通展的倡议。该倡议得到所领导的高度重视和支持，并组团到国内外招揽参展商。我作为专业主管，为展览会的成功举办及此后创办的交通展起了很好的带头作用。

国家为了表彰我在科研工作中的贡献，于1991年将我评为享受政府特殊津贴的专家。1992年荣获“全国优秀情报工作者”称号，1994年被人事部授予“国家级有突出贡献中青年专家”等称号。

三、国参16年：献策国是

1998年7月20日，是我一生中最难忘的日子。那一天，经时任国务院总理朱镕基签批，我被聘为国务院参事。同年 10 月初，朱总理在人民大会堂接见全体参事，并亲手向我颁发国务院参事聘任书。此后，又续聘两届直至 2014 年退休。本人在参事岗位上为国为民、参政议政 16 个年头。回首这 16 年，是我人生历程中最幸运、最难忘，也是最值得怀念和回顾的一段光辉之路。

为概述和总结这一段历程，在此直接引用国务院参事室在我 75 岁退休时的评语。

“郭廷结参事自 1998 年 7 月受聘为国务院参事以来，坚持学习贯彻党中央、国务院的方针政策，认真履行参事职责，以参事工作为主业，深入实际开展调查研究，尽职尽责，勤奋耕耘，在参事岗位上做出了不平凡的贡献。16 年来，郭廷结参事始终牢记政府参事的责任和使命，围绕党和政府的中心工作开展调查研究。他不辞辛苦、笔耕不辍，经常深入城市、乡村、企业、工矿等开展调查研究，足迹遍及大江南北，先后报送参事建议和调研报告 60 余篇，内容涉及交通运输业、工业、农业和‘走出去’战略等众多领域，很多建议得到了国务院领导的重视。他主笔呈报的‘关于加强我国海上搜救体系建设的建议’‘关于把公交优先发展战略落到实处的建议’和‘关于南水北调东线调水与促进运河航运相结合的建议’等，对推动相关法律法规和政策措施的出台起到了积极作用，并受到国务院领导同志的赞扬，交通部、国务院法制办等部门也来函感谢”。

“郭廷结参事对国家和人民怀有深厚的感情，勇于触碰热点难点问题，反映真实情况。他淡泊名利，敢于直言，经常大胆提出不同意见或批评性意见，体现出崇高的道德情操。他坚持实事求是、深入细致的调研作风，积累了丰富的工作经验，曾应邀就如何做好参事工作，为国务院参事和地方政府参事讲座，广受好评。”

为了纪念我这 16 年以文字形式为国为民、建言献策、咨询国是的足迹，国务院参事室编印了《国务院参事郭廷结咨询国是文稿汇编》，收录了我牵头或参与呈报的参事建议 63 篇。

这半个世纪的人生历程，既是国家和我个人荣辱、兴衰的历程，也是交通部门和交科院分分合合、改革发展的历程。耄耋之年的我，笔抒心意，祝愿我院创新发展、再创辉煌，为交通事业作出更大的贡献。

作者简介

郭廷结，1939年生，1964年大连海运学院轮机管理专业毕业，同年进入情报所。曾受聘任国务院参事、交通部专家委员会委员和部长政策咨询小组研究员等职。在科研工作中，先后获省部级三等奖以上奖励9项，其中国家科技进步一等奖1项、省部级科技进步二等奖3项。在国内期刊发表论文20余篇，其中3篇获交通部或有关学会年度优秀论文一等奖。从1991年开始享受国务院政府特殊津贴，1994年被人事部授予“国家级有突出贡献中青年专家”称号。

与交科院同舟共济

——忆软科学研究发展历程

◉ 陈一昌

在众多建树卓越的老情报工作者面前，我只是平凡又普通的无名小卒而已。尽管如此，自从进入交通科技情报所以来，直至退休，也有悠悠四十载，时值建院60周年之际，心中万分感慨。

1965年，我毕业于大连海运学院，而后被分配到情报所，在青岛港务局参加了近一年劳动实习。之后走过了湖北阳新和北京安定“五七”干校之路；参与了情报工作各个业务领域，如图书资料的编排、翻译，撰写国外专题报告；搜集和出版交通运输双革成果；组建和开展专业情报网和专业学会学术活动；撰写国内外相关专业专题报告和文章，为本所刊物和交通年鉴提供稿件等等。

改革开放以来，国家以发展经济为重心，科技工作者才开始得到重视，才能才得以发挥，学而用之，积极投入到伟大的科研实践中。

▲院中留影

自从进所以来，我经历了起步创业、徘徊调整、改革恢复和快速发展四个阶段。见证了情报研究从无到有，从小到大，由弱到强，由部门到面向全国和全社会的全过程。研究领域由交通运输情报研究到软科学研究，之后发展到交通运输发展战略研究。

情报研究分为以下三个阶段：

第一阶段：情报研究。

20 世纪 70 年代的情报研究主要以国外交通资料翻译整理分析为主。在组织形式上，分为水运情报研究室和公路情报研究室。在人员结构上，以外语翻译人员为主，专业人员为辅。情报研究成果体现在国外公路、水运发展动向，以及具有代表性的专题等，如：国外水运发展水平——兼论我国的差距、国外公路运输现代化和发展趋势。

第二阶段：软科学研究。

改革开放以后，尤其是进入 20 世纪 80 年代，我开始参加并主持交通领域政策性课题研究，1981 年主持国家科委、计委、建委和交通部下达的“运输船舶动力技术政策”研究课题（郭廷结任课题组长，本人为副组长），参加单位有上海船研所、大连海运学院、江苏船舶设计学院等等。该课题的完成开创了情报研究新的征途。与此同时，原情报研究

▲ 1992 年搬入新楼时原情报研究室合影

所还主持“交通运输技术政策”“2000年公路水运科技发展战略研究”“我国内河船用柴油机发展对策”“交通运输行业科技进步定量测算”等课题研究任务。

至1995年原情报研究室变更为软科学研究室也就水到渠成了。其间软科学研究室还承担了大量横向课题，如“海南省交通运输发展战略”“防治贵黄公路噪音屏保障技术研究”等。

第三阶段：交通发展研究中心。

交通发展研究中心的成立，标志着软科学研究向更加高级方向发展，此时又实现了一次重大的发展跨越。由于当时我已退休，并没有亲身经历，不予评论。

1999年我被指名借调到交科院，参加“2001—2010年公路水路交通运输行业政策”课题。这是交通部重点课题，组织了交通部系统十几个科研院校参与，分成17个子课题，由交科院软科学研究室承担，课题经费400万，这也是我有史以来参与的最大课题。由当时的院党委书记陈锁祥任组长，我则协助组长负责课题总体构架和组织协调工作、行业政策总报告、行业政策概论研究子课题以及编辑出版等任务。尽管在情报研究室长期从事软科学研究课题，但仍感到力不从心，因此我只能全身投入，夜以继日，加班加点，甚至于大热天把自己关在招待所日夜奋战一个多月，这才如期完成总报告以及《2001—2010年公路水路交通运输行业政策》蓝皮书40万字编辑出版工作。这是交科院完成的一项标志性研究成果，表明了交科院完全有能力有力量有人才胜任交通领域重大战略研究课题。

2003年“未来十年高新技术对综合交通重大影响研究”课题，是我当年承担的最后一个课题。通过特尔菲法，定量分析信息化技术、GPS、物流技术等对于交通运输行业发展的影响。

担任情报研究室、软科学研究室室主任将近十年之久，我更能深刻体会到从情报研究到软科学研究，知道发展研究中心的艰难过程，也感受到了改革开放的巨大力量，因此感到无比欣慰。以郭廷结为代表的老情报人员，不仅出色完成了各种艰难科研任务，更着重培养了一批以李扬、王先进和李忠奎为代表的年轻一代科技工作者。而反观现在的发展研究中心，无论承担课题数量，还是课题的难度以及人员学历结构，远远超过我们。青出于蓝胜于蓝，长江后浪推前浪，这是历史的普遍规律。

以大数据和人工智能为代表的高新技术的发展和应用，必将或已对交通运输行业引发更加深刻的影响。

新古相推舒画卷，丹青妙手向翠峰。

愿交科院和发展中心书写更加光明的新篇章。

作者简介

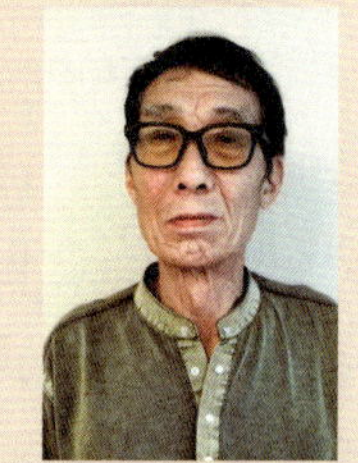

陈一昌，1942年生，享受国务院政府特殊津贴。全国交通系统优秀科技工作者。1965年进入交通部科技情报所工作，直至2002年退休。一直从事情报研究和软科学研究工作，先后任技术员、工程师、副研究员和研究员，任软科学研究室主任近十年。主持和参与国家科委、交通部和其他部门的多项研究课题，研究成果获得多项国家和部级科技进步奖。

“船舶油污损害赔偿机制”系列研究

◉ 刘 红

我在交科院从事交通环保工作 20 多年，其中一个主要的研究领域是有关船舶防污染方面的软科学研究。

我国进口的石油 90% 是通过海上船舶运输来完成的，因此发生船舶溢油事故的风险较大，一次重大溢油事故造成的经济损失就可能达数千万元。为了防止和减轻船舶溢油事故造成的损害，国际海事组织（IMO）组织制定了一系列国际公约，包括制订应急计划和建立国际油污基金，构成“防、救、赔”一套完整的溢油应急处置体系。交通部在履行国际公约、防止和减轻船舶溢油事故损害方面做了大量工作。多年来，我们也一直配合部里相关司局，承担科研工作。

1988 年，我们受部外事司委托，翻译出版了 IMO 的《海上溢油应急指南》等文件。之后，我们又与兄弟单位一起，陆续完成了港口、海区、全国溢油应急计划的编制，溢油应急中心和国家设备库的建设，国内船舶污染损害赔偿机制的建立等工作。

其中，“船舶油污损害赔偿机制”的系列研究是我的一个工作重点，下面我将重点谈谈这项工作。

大家知道，船舶发生重大溢油事故，清污是需要费用的，对渔业、养殖业等造成的损害赔偿也是需要费用的。那么，费用从何而来？

1996 年 9 月 15 日，黄镇东部长就部安监局针对“檀家号”油轮事故给部长的签报，作出了批示——研究对策意见。根据黄镇东部长的批示和刘松金副部长的指示，由部安监局、外事司和科技司牵头，成立了

▲ 课题组访问在英国伦敦的国际油污基金组织，和基金总干事合影（从左至右：旷世琳、基金工作人员、耿红、张浩、基金总干事、刘红、杨建刚）

研究小组，开展“建立我国船舶油污损害赔偿机制的对策研究”，我们课题组承担了具体的研究工作。

部海事局指示我们，可以借鉴IMO的经验。当时，我对IMO制定的《69年责任公约》（CLC69）、《71年基金公约》（FUND71）以及《71年基金公约的92年议定书》（FUND92）一无所知，于是我决定读懂公约。但是我发现我无法自行精通，于是我总结了所有的疑惑点，托人向IMO法律委员会和国际油污基金咨询，获得了最权威的解释。

按照国际公约规定，船舶油污赔偿费用是由两部分组成，先由油轮船东强制油污保险，发生事故后由油轮船东的保险公司赔，不足部分由石油货主摊款建立的国际油污基金提供补充赔偿。CLC公约和FUND公约对保险、船东责任限制和基金的摊款的数额都作出了明确的规定。

为了适应我国实际情况，我们必须对历年来我国船舶发生溢油事故的件数、污染损害程度、赔偿金额进行统计整理。部海事局对我们的工作很支持，提供了20年来的事故统计报表。我们耐心地一条条摘录整理。

得到基础统计数据后，研究工作就有一个大概的雏形了。接着，我们实地走访油轮船东，从大连、青岛、上海直到广东，包括国营和民营的油运公司，了解油轮的保险情况，以及油运公司、保险公司对强制油污保险的态度和承受能力。

在与保险公司的沟通中发现，他们对承接船舶油污保险存在很大顾虑，怕收的保费太少，不够赔偿。石油公司最难商量，提出收费要有法律依据，必须要国务院批，而不是交通部门说了算。

立法不是一件简单的事。不过刚好 1999 年人大法案室组织修改《中华人民共和国海洋环境保护法》，采纳了交通部之前的建议，在 2000 年 4 月 1 日起实施的《中华人民共和国海洋环境保护法》第六十六条里增加了“国家完善并实施船舶油污损害民事赔偿责任制度……”的内容。之后经过不断完善，最终由部海事局组织修订，于 2010 年 3 月 1 日起实施的新修订《中华人民共和国防治船舶污染海洋环境管理条例》（国务院令第 561 号）中，对“船舶强制油污保险”和“石油货主缴纳基金”作出了更加详细的规定，使建立船舶油污损害赔偿机制的法律体系得到进一步的完善。

立法的问题解决了，接下来就是实际操作了。课题组在充分参考了国际公约原则的基础上，结合中国国情，努力在受害人、船东、保险公司和石油货主中间寻求一个最合适的平衡点，提出了石油货主到港的持久性油类每吨征收 0.30 元，对每起船舶溢油事故的补充赔偿最高为 3000 万元的方案。这个方案符合中国的实际，比国际油污基金征收标准低很多，各方都能接受。为了减轻石油货主的负担，同一货主的同一票货只征收一次摊款。

有的石油公司提出，船舶运输航线长短不同，污染的风险自然也不同，都按同一标准征收摊款不合理。我们就根据国际油污基金答复我们的，只向年到港量 15 万吨以上的货主收取摊款，得到了石油公司的理解。

那么，油污基金应该怎么收呢？我们设想了好几种方案：

（1）像出租车代乘客交过路过桥费一样，先由船东代交，然后船东再向货主索要。此方案遭到了船东的强烈反对，认为己方承担的风险过高。

（2）由港务公司代收。一方面，大家认为港务公司是企业，不能履行政府职能；另一方面，港务公司与石油货主不是每次都结算，容易漏收。

因此，这一方案也被否定了。

（3）由税务部门代收。石油公司认为这样最合理，不存在部门利益。但和税务部门沟通后，他们表示只收税，不收基金。

（4）由海事部门在对到港船舶进行危险货物登记时同时收。这一方案由于不会错收、漏收，而且海事部门收费是收支两条线，收的基金直接交财政部，最后被各方所认可。

2010年，财政部会同交通运输部共同发布了《船舶油污损害赔偿基金征收管理办法》（财办综〔2010〕39号），于2012年7月1日起实施。在这个办法里，基金征收的具体操作程序十分清楚。

基金征收的问题基本解决了，那么基金如何管理呢？课题组同样在充分参考国际油污基金管理办法的基础上，提出由财政部、交通运输部、环保部、农业部、国家海洋局、三大石油公司等共同组建基金管理委员会，并代为起草五个基金管理章程和管理办法。

基金的赔偿是个更大的难题。课题组首先把国际油污基金运作20多年以来的事故赔偿都统计整理出来，又反复阅读理解基金的《索赔手册》，搞清楚国际油污基金赔哪些项目，不赔哪些项目。最终得出的结论是，基金只限于赔偿经济损失和恢复环境的费用，这就是基金的限制性债权和《中华人民共和国民法通则》损失多少赔多少的区别。我们又在国内进行了广泛的调研，越调研，发现的问题越多。例如海滩污染，如何用基金赔偿宾馆、饭店、当地渔民？赔偿金是否真正到达受损方手里？还好这些问题都陆续得到了很好的解决。

清污费的赔偿也有很大的漏洞，清污公司索赔时报出的清污船、设备和人员费用有很多都不是真实的，或是虽然动用了设备，但没有效果，也同样来索取赔偿。

虽然赔偿问题繁杂凌乱，课题组还是通过和海事部门、渔业部门、海事法院等相关部门合作，理出了头绪，编制了“应急处置与控制，清除污染，捕捞业，水产养殖业，天然渔业资源恢复”等污染损害评估方法和专项导则，供油污基金管理委员会讨论。

2015年6月18日，中国船舶油污基金管理委员会在北京成立，通过了管理章程。油污基金从2012年7月1日开始征收以来，截至2015年5月31日，共征收3.18亿元，能够赔付10起油污事故。

我在油污基金管理委员会成立之前就退休了，听说现在基金运作正常，他们也成功地处理过几起事故，和国际油污基金组织也有着更加密切的交往合作，我感到很欣慰。国际海事组织的口号是："让航行更安全，让海洋更清洁"，这也是我们每一个交通人的希望。

作者简介

刘红，1947年生，研究员。1985年入职交通运输部科学研究院（时称交通部科技情报研究所），一直从事交通环保工作，2004年退休。曾参与中国首个声屏障项目的建设，并圆满完成。1998年，参与交通部海事局重大项目"中国海上船舶溢油应急计划研究与制定"的子项目，获2002年度中国航海学会科技奖二等奖。曾参加国家科委、中国工程院、中国环境与发展国际合作委员会的多项国家重点项目。

环保工作中的苦与甜

◉ 刘　红

我于 1985 年到交科院（时称交通部科技情报研究所）工作，被分配在水运室负责水运环保情报工作。当时的情报工作主要是收集整理国外水运环保方面的技术资料，自己并不做研究，只提供情报服务。

1986 年 9 月，聂嘉宣研究员从水运所调到我室，改变了以往传统的工作思路，从单纯的提供情报资料转变为情报和研究并举，研究领域也从以往局限于水运环保拓展到交通环保。

聂嘉宣研究员是交通部交通环保方面的资深专家，有着较高的研究水平和开拓精神。1987 年，我国的高速公路建设正处于起步阶段，老聂一来就关注到公路环保这个新的研究领域，带领我们在行业内率先完成了“公路建设对环境影响的研究”和“贵黄公路贵阳至清镇段公路工程环境影响评价”项目。

在环评中发现，贵黄公路距离贵州工学院新建的图书馆仅有 400 米的距离，师生们担心贵黄公路通车后交通噪声将影响图书馆安静的环境。老聂从国外资料上查阅到，公路声屏障有着很好的防噪声效果，就向贵州省交通厅提出建造公路声屏障的建议。这个建议十分大胆创新，因为我们从未见过声屏障，并且情报所也从未有承担硬项目的先例。老聂的建议得到了赵淑庸所长的支持，她亲自到部科技司争取立项，贵州省交通厅也极力支持我们。事实上，贵州方面对声屏障是否有效也存怀疑态度，于是老聂向贵州工学院承诺，如果声屏障达不到降噪的要求，我们室将会赔偿一个图书馆给学校。于是，由老聂任组长的课题组成立，我和王润基一同参与，贵州省交通厅选派了两位有丰富路桥设计经验的工程师童淑芬和魏正宣加入，我们五个女同志，就着手进行这个项目。

作为一个新人，幸亏有了聂嘉宣这位老专家言传身教，我才在公路声屏障方面逐渐入门。记得当时老聂让我编写一个噪声测试和计算的小程序，对于专业学化学、连噪声模式和计算机都一无所知的我来说，真比登天还难，我当时焦急得直掉泪。老聂就让我先去参加一个计算机培训班，边学边做任务。最后，我完全掌握了这两个新技能。

▲ 课题组合影（从左至右：刘红、童淑芬、王润基、魏正宣、沈华春、聂嘉宣）

为了获取准确的交通噪声数据，我们在南北 7 条公路上进行 24 小时不间断的交通噪声测试，共获取了一万多个数据。人手不够，还请了孙经铸、王先进、史扬等几个男同志帮忙。我们忍受了夏日白天的炎热，夜晚蚊虫的滋扰，甚至为了课题忍饥挨渴。

因为贵州路途遥远，只有 4 万元的科研经费，我们不舍得每次都乘飞机，基本上都是坐火车，要坐两天一夜。两个人抬着四五箱仪器上火车。孙经铸还调侃说：“你学过《黔之驴》这篇课文吗？看到了吗，我们就是黔之驴。”当时开往贵州的火车条件不好，卧铺车厢也很脏，自己和女儿还经历了虱虫叮咬，还好最后灭虱成功。还有一次去贵州，正赶上我爱人出差，孩子发烧，我只好把孩子托付给我的两个大学同学照看。我们前后一共去了 7 次贵州，常常一待就是一个多月。

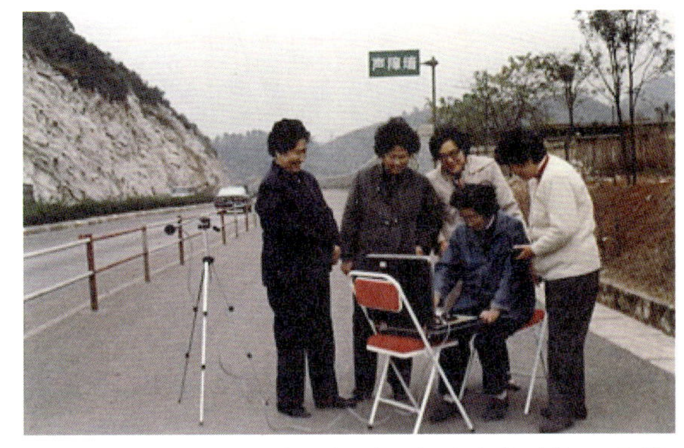

▲ 贵黄公路噪声监测（从左至右：魏正宣、童淑芬、刘红、王润基、聂嘉宣）

我们用有限的经费购置了几台噪声仪，课题组对它们视若珍宝。俗话说，贵州是“天无三日晴，地无三尺平”，测试时只要变天了，大家会快速用衣服把仪器包裹起来。有次飞机误点，第二天才能起飞，而我们行李已经托运，手上只有几箱仪器，就守着仪器，忍饥受冻地过了一夜。

经过三年不懈努力，声屏障终于建成了。验收那天，当地环保局来进行噪声测试，我当时异常紧张。后来测试结果出来，减噪 12 分贝，完全达到了减噪 10 分贝的设计目标，大家欣喜异常。这个项目后来获得了 1992 年交通部科技进步奖二等奖，很多家媒体都对我们进行了报道，我们还被推荐到联合国在北京举行的“妇女在环境与持续发展中的作用”国际研讨会上做大会发言。这座声屏障被称为“中国公路第一墙”，我们还被称为“五朵金花”。

在此，让我们再次缅怀聂嘉宣研究员。正是老聂带领我们开创了情报所交通环保研究的新领域，开创了承担硬项目的先河。在研究过程中，她率先研究并提出了一套公路环境影响评价方法。在进行交通噪声预测时，并未照搬国外噪声扩散模型，而是通过对我们在公路上测试的上万个交通噪声数据的分析，创造性地提出了一个适合我国高速公路交通流特点的噪声扩散模型，大大提高了公路交通噪声预测的准确性。老聂具有一个科研工作者严谨认真的工作作风，白天测试已然很辛苦了，每晚依旧坚持和大家一起分析当天的监测数据，一旦发现有无效数据，第二天一定重新监测。老聂年纪最大，身体并不是很好，但是野外工作她从未落下一次。老聂也十分关心我们课题组的每一个成员。记得在贵州出差的某个晚上，老聂、王润基和在座的课题组其他同志，还给我准备了生日蛋糕，为我唱了生日歌，祝贺我 42 岁的生日，给了我莫大的惊喜。至今想起，仍忍不住热泪盈眶。

▲ 课题组在声屏障前合影（从左至右：刘红、聂嘉宣、魏正宣、王润基、童淑芬）

通过声屏障项目，老聂教会我们的不仅仅是声屏障的声学设计方法，最重要的是教给了我们一套搞研究的思路和方法，让我们终身受益。

声屏障项目的难点主要是在技术上，而老聂统筹安排得很好。等我独立工作时，最困难的是揽项目做创收。1995 年，科研体制改革，我所由一个完全由国家提供资金的单位改成差额拨款单位，一线科室需自行创收，我因为不擅长，很是发愁。那个时候，环保不被重视，僧多粥少，各个科研单位都在抢项目，我们明显处于劣势。港口建设，只要经费紧张，环保设备首当其冲被砍。我揽项目遭拒，去环保部争取环评证书也四处碰壁。后来有内部人士告诉我，环评证书一般不发给情报所。我也深知，情报所的项目在社会上不被理解，在系统内部也往往被误解为不务正业。最困难的时候，我甚至想请调其他所。汤文杰所长鼓励我说：“没有哪条规定说情报所能干什么不能干什么的。”于是我便鼓起勇气，到部里去揽项目。

1998 年，交通部海事局重大项目“中国海上船舶溢油应急计划研究与制定”启动，我通过努力争取到其中一个 5 万元的子项目。即使是个小项目，也遭到质疑，有人到部里反映情报所没有足够的能力来承担这样的项目。我则是越挫越勇，付出十分努力。功夫不负有心人，这个项目一炮打响，最后我还和几位老专家一起承担了总报告的编写工作。也因为这个项目，我得到了福建海事局的信任，后续给了我 7 个项目。“中国海上船舶溢油应急计划研究与制定”项目，获得了 2002 年度中国航海学会科技奖二等奖。《中国海上船舶溢油应急计划》也于 2000 年 3 月 21 日由交通部和国家环保总局共同发布，并于 2000 年 4 月 1 日起实施。

万事开头难，我坚持了下来，渐渐有了名气，也得到了部里的信任，后来部里的许多重大项目，均点名让我主持或参加。再后来我被交通部推荐参加了国家科委、中国工程院、中国环境与发展国际合作委员会的国家重点项目。而令我欣慰的是，我完成的研究项目、研究成果几乎都被政府部门采纳，并颁布实施。

人们常说“修桥补路”是积德行善的事，环保更是造福后代，而我有生之年能为交通环保做实事，感到很荣幸。

作者简介

刘红，1947年生，研究员。1985年入职交通运输部科学研究院（时称交通部科技情报研究所），一直从事交通环保工作，2004年退休。曾参与中国首个声屏障项目的建设，并圆满完成。1998年，参与交通部海事局重大项目“中国海上船舶溢油应急计划研究与制定”的子项目，获2002年度中国航海学会科技奖二等奖。曾参加国家科委、中国工程院、中国环境与发展国际合作委员会的多项国家重点项目。

往事回味情悠悠

——我与交科院相伴三十五年

◉ 吕正廷

京都朝阳，元垣之滨，惠忠庵绿荫簇围之地，坐落博士冠大厦一幢，此乃“交通运输部科学研究院”现址所在地。

此地古都龙脉，占天时，沐浴朝阳之辉，踞地利，享四通八达之便：南通国都之外，北接天通之苑，东临通州之津，西连玉泉之水。两条地下长龙于此十字交汇，一条小月河，门前流淌……

追述本院之历史渊源，可上溯到公元一千九百六十年。时逢机构精简，水、路研究机构合一，始有本院初创。历经峥嵘岁月，沧桑变迁，铁交合并，离合聚散，至今已历六十个春秋。

燕都八景，蓟门烟树，本院桑梓之地。肇基拓荒于新中国成立之初，成长壮大于改革开放之后。筚路蓝缕六十年，砥砺奋进，自强不息。建高端之智库，聚人才于高地，勠力创业，硕果累累。新近廿年，院风清新，人杰地灵。钟灵毓秀之所，梧桐招凤，智泉沃土之苑，树高华冠。名校高徒，莘莘学子，慕名而来，千里无阻。喜满院楚楚新秀，奉策献智，赞青年才俊，恐后争先。呕心力于斗室，书画卷于大地。承行业决策之信托，挑科技强交之重担，积垒土而起高台，汇细流而纳百川。业绩赫赫，名声斐然。

交通大业，任重道远。时逢盛世，科技发展。志者用武之时。不忘初心，胸怀理想，交科院乃成就事业之地也。

时维庚子，序属晚秋，喜逢吾院六十周年华诞，作赋为贺。

60年一个甲子，60年一个轮回。时光一去东逝水，往事只能回味。20世纪70年代中期，我一脚迈出大学校门，另一脚即踏进了交科院（情报所）大门，与之相伴35个春秋，一直到退休。我的整个青春年华融入了院几十年的发展历程，与国家的交通事业结下了不解之缘。对院爱之深，情之切，意之浓，不用言表。

1975—1989年，这15年间，是交科院成立以来的困难时期。由于历史原因，铁道部与交通部合合分分，使院阵地全失。员工居无定所，工作无定处，寄人篱下。十多年间在铁科院地盘上搭简易木板房办公。冬如冰窖，夏似蒸笼。情报所文献室管理的全国交通系统藏书最全的图书馆只能与铁科院食堂放在一起，门对门。用宝贵外汇购进的图书杂志放在潮湿的地上，成了老鼠筑巢的地方。防火工作成了该室的第一位任务。这一段时间，交科院所辖的三个研究所（公路、水运、情报）又先后相继自立门户，独立自主发展，交科院实际成了一个空壳，只保留一个牌子而已。在此工作生活条件极为困难情况下，交科院的广大干部职工在艰难中求生存，在探索中求发展，不仅生存下来而且取得了一定成果。

1989年起，根据形势发展，交通部决定恢复交通部科学研究院，为部属一级事业单位。总编制70人，领导班子9人。从此院进入改革与恢复阶段。1990年3月，恢复后的交通部科学研究院正式运转。按照“三定”方案规定的6个方面24项职能，对部属京内外的14个科研所（院）进行归口管理，并协助部归口管理各所领导班子建设。院在所辖的人事管理、党务、纪检监察、基建管理、后勤保障、综合治理等方面协助部做了大量的工作。同时，在深化科技体制改革和建设社会主义市场经济的新形势下，院机关也加强了自身科学研究和经营开发方面的工作，在进一步改革内部运行机制的基础上，实现由单纯管理型向多制类型科研机构的转变。

1999年9月，交通部为了彻底理顺部属科研单位管理体制，对交科院进行了再重组。重组后的交通部科学研究院由原交通部科学研究院机关（含长江口深水航道科学试验中心）、交通部科技信息研究所、交通部标准计量研究所三个单位组成。办公地址集中到现在的朝阳区办公所在地。

交科院重组，应该说不是强强联合，而是弱弱联合。院重组初期，基础薄弱，人才老化，全院几百员工，一年课题经费才区区几百万，经济状况困难重重。在这困难情况下，交科院领导班子团结一心，不断深化改革，努力加强自身建设，拓展研究领域和推进科研产业发展，尤其重视人才的引进和培养，使院逐步焕发了勃勃生机。全院干部职工在领导班子带领下，秉承“开拓、创新、敬业、求是”的核心理念，坚持“科研立院、产业富院、人才强院”的发展道路，承担了许多国家、省部级重大科研项目，取得了大量科研成果，发挥了重要的决策支持作用。众多信息化、环保技术成果在交通运输建设与管理中得到应用，产生了很大的经济和社会效益。同时还依托科研优势，建立了一些经济实体，在交通工程、交通环保和生态恢复等领域开展咨询、设计、施工、监理等业务，并积极开展技术中介服务，拓展国际国内科技交流合作和科技人才培训等业务，为行业发展提供全面的科技支撑。建设了一些相关业务实验室及设备。形成了交通决策支持、交通信息化、交通环保与安全、城市交通、交通标准计量与检测认证、工程技术和科技中介服务等七大核心业务领域，努力向着国内著名、国际知名的交通运输综合性科研院所迈进。

我在重组后的交科院又工作服务了 10 个年头，见证了院的事业发展和人才成长过程，并深为自己能参与其中并为之奋斗而感到自豪。在院重组十周年时，曾奋笔赋小诗一首，以抒情怀：

披荆斩棘十春秋，多少青丝变白头。
领导呕心勤谋划，职工奋力赛奔牛。
穷家硕果皆辛苦，莫将小富锁高楼。
宏图再展看来日，海阔天空任遨游。

岁月匆匆，流星样飞过。蓦然回首，退休已快十年。这是卸下工作重任之后开始的一次自由轻松之旅。在交科院关心下，洒满秋色的前进路上生活依然充实。交科院留给我们的几十年青春记忆，永远是心中一曲美好的歌。

我祝福交科院青年同志们，秉承厚德载物、自强不息之精神，用智慧和才华托起交科院的明天。一代人接一代人干下去，使院更加兴旺发达。

本文以藏头诗（开拓创新，敬业求是）收尾。献给愿为交科院贡献才智的青年一代同志们。

开门纳贤数十年，敬献科学路愈宽。
拓展前程无穷尽，业精自有一片天。
创新艰苦筑院基，求进何惧遇时难。
新人争做千里马，是与非中淘真言。

作者简介

吕正廷，1950年生，中共党员，大学毕业，高级工程师（技术5级）。1975年毕业于四川大学。同年进入交通部科学研究院情报所工作，计15年。先后从事情报编译、出版印刷、文献管理、68—70届大学毕业生进修班培训管理工作。其间，曾任文献室主任4年。1989年底，调入新恢复的交科院机关工作，计10年。先后担任人事教育处处长和科学技术部主任等职。其间，受国家科委派遣，任中华人民共和国驻俄罗斯大使馆科技处一等秘书，计4年。为中俄国际技术交流，人才交流等作出应有贡献。2000年起，在重组后的交通部科学研究院从事管理工作，计10年。一直担任人事教育处处长（兼任一届党办主任），直到退休。

一段激情燃烧的人生旅程

◉ 曹 沫

2000 年，开始步入而立之年，一种焦虑的情绪油然而生，换一个工作环境的欲望越来越强烈，以至于在与未来单位领导未曾谋面，也对未来工作环境未有实地考察的情况下，就义无反顾地调入了交科院交通统计研究中心（以下简称“中心”）。

正式上班第一天，新单位与原单位的差距超出我预期，让我对自己这个调动决定的正确性产生了动摇。首先，与原单位相比，科研室团队规模小很多，加上我这个新人，当时中心总共 7 个人，是原单位研究团队规模的十分之一。其次，研究团队非常年轻，大部分是参加工作没几年的大学生。特别是主任，看上去就是一个青春洋溢的小伙子，与过去具有大专家风貌的原单位领导形成强烈鲜明的反差。在中心，我被安排作为“研究经验丰富”的主力队员承担工作任务。而在原单位，虽然我也独立承担课题，但仍是扮演老专家助手的角色。最后，与原单位相比较，新的工作环境较为简陋，最难熬的是办公室未配置空调。工作首日，因炎炎夏季，办公室热如蒸笼，即使静坐也大汗淋漓。俗话说人往高处走，水往低处流，我自问，是否做出了一个“错误”的选择呢？当时，我默默给出一个“安慰”自己的理由，新单位与先生的单位近，便于彼此照顾，既来之则安之。

面对全新的研究领域，我要从交通统计基础理论和方法开始学起，必须向身边每一位充满自信的“年轻老师”们取经。几周下来，我发现这是一个充满凝聚力的工作团队，拥有一种我长久期待的工作氛围。每一项重大科研活动，中心都几乎全员倾巢出动，不分彼此，相互帮衬，投入百分百的努力，力争做到最好。同时，这也是一个充满活力的工作团队，有一股积极向上、朝气蓬勃的力量推动着每一位成员在创新的道路上加速迈进。犹记得到中心一个月时间左右，中心岑晏青主任带我去见海事局领导，沟通有关承担海事船舶和飞机“十五”规划项目的事宜。我本科是船舶结构力学专业，学习过船舶设计，但是对海事船舶相关情况知之甚少，对海事救助飞机信息更是没有接触过，因此一路上忐忑不安，特别是听到岑主任以我是船舶专业为由，信心满满地向海事局领导保证圆满完成工作项目的时候，一贯保守的我前所未有的紧张，双手直冒冷汗。可是我没有退路，只能勇往直前，这就是中心秉持的创新发展理念，交通部的年度工作部署就是中心布局创新研究领域和建设人员梯队的工作指南。一个敢想敢干的年轻主任，就像一部加满油的马达，带动中心，不断开拓科技规划、场站规划、交通经济运行分析、交通信息化等新的研究领域，与此同时大量引进经济、规划和信息化的高才生，中心人员规模快速扩张，今年大家还在调侃主任从班长升任为排长了，转眼间就又升任为连长了。总之，中心无论在涉足的学科上，还是在规模上均实现了跨越式的发展。

2011 年交通运输行业开始进入新的结构调整和产业转型升级的发展阶段。交通统计和交通信息化发展均面临着新的发展机遇和挑战。院领导结合交通行业发展形势，提出加强中心信息化硬技术资源建设，推动科研实现软硬并举的发展方针。李作敏院长亲自带领我们拜访物联网领军人物邬贺铨院士，开创性地提出推动物联网在交通运输行业应用的研究建议，为中心抢占交通物联网研究领域先机创造了条件。在王晓曼书记的领导下，中心从交通运输部“基于物联网的公路网运行状态监测与效率提升”科技重大专项，发改委“基于物联网城市智能交通示范工程”和“全国交通统计信息化二期”建设项目着手，推动中心充分开放研究平台，与中科院光机所、重庆交科院、西安交通大学、交通运输部规划研究院、广州交通信息化建设投资营运有限公司，中国移动通信集团公司等一批具有丰富交通信息化经验的单位开展深度合作，在交通感知、交通状态智能分析与协同管控、交通智能信息服务等领域取得一系列达到国际先进水平的成果，有些成果甚至领先国际水平。通过重大项目的历练，中心团队不仅研究能力又上了一个台阶，而且对交通行业运行的实际需求有了更深刻的把握，为中心适应互联网、大数据、人工智能与社会经济深度融合发展的要求奠定了坚实的基础。

回首在交科院工作的十五年，经历了多少挑灯夜战，多少激烈争论，多少项目投标中的焦虑和中标后的雀跃。西藏边境线上的羊肠小路，现代恢宏的集装箱港口，高速公路旁的监测站点，油耗监测设备试验的货站，船舶监测系统测试的内河小桥……一幕幕仿如昨日。伴随着中心的发展壮大，我从一个缺乏自信、墨守成规的研究人员成长为充满自信、勇于开拓创新的中层骨干。交科院为我提供了一个充分发挥自己潜能的平台，也让我经历了一段丰富多彩、激情燃烧的人生旅程。感谢交科院的各位领导，感谢中心这只年轻的团队，此时此刻，我很庆幸自己当时的选择，它是明智且目光长远的。在中心我找到了一个温暖的大家庭，它使我实现了自己梦寐以求的人生价值。

作者简介

曹沫，1960 年生，2000 年进入交通部科学研究院，先后任信息中心副主任、主任和院副总工程师。曾获中国公路学会科学技术奖特等奖 1 项、一等奖 1 项、二等奖 2 项，中国航海学会科学技术二等奖 2 项、三等奖 1 项。2004 年荣获交通部直属机关“巾帼建功标兵”荣誉称号，2010 年荣获交通运输部“全国交通运输行业先进科技工作者”荣誉称号，2012 年荣获交通运输部“精神文明职工标兵”荣誉称号。2014 年荣获中央国家机关工会联合会“五一劳动奖章”。

引入燃油税数据后带来的重大变革

◉ 张立平

《水运统计》《公路运输统计》原本是情报所多年来的传统信息产品，其中《水运统计》一直是由王平任老同志采编，《公路运输统计》则是由张承炯、赵叔庸、杨靖、陈连汉等老专家们采编。在不断调整、改革的历程中，原情报所水工室与水运室合并为水运研究室后，紧接着又与公路室合并为一个室，这个室即信息研究室。在此期间，《水运统计》和《公路运输统计》这两份统计资料，都经过了漫长的融合过程，最终合并为一份新的、完整的统计资料——《国外公路水路运输统计》（以下简称《统计》）。而20世纪90年代完成的《统计》，它又分成一个总名称下的两个分册（公路运输分册和水路运输分册）。

20世纪90年代初，由我负责采编《统计》资料。后来，王先进也进入了《统计》资料采编课题组，与我一同开展《统计》资料的采编工作。在采编过程中，王先进告诉我，他发现国外的运输数据中没有我国国内征收的养路费、营运费等各种费用，而是采用燃油税。他认为燃油税比我国国内征收的各种营运费用更合理、更简单，充分体现了道路、航道等交通公共设施“多用多缴、少用少缴、不用不缴”的合理性。我认真思量了一下，很赞同王先进的认知和看法，于是我们决定在这期的《统计》中增加燃油税这项统计数据。

当时交通运输行业征收的养路费、营运费等各种费用，的确存在着很多不合理的地方，比如该多缴的没有多缴，该少缴的却多缴了，除费用项目设置不合理这一方面外，漏缴的费用数额也不小，这不利于交通公共设施的维护，毕竟公共设施的维护需要通过交通行业征收的费用来维持。总而言之，交通养路、营运征收的各项费用存在很大的问题，不能达到公平合理的标准。

待《统计》资料完成后，我得知，统计数据中新增的燃油税数据引起了交通部有关部门的重视。《统计》大约是 1992 年完成的（有成果奖为证），而有关部委向国家提出“费改税”的改革提案是在 1994 年。我最近在网上查证了当时提出“费改税”的思路，与我们想引进燃油税数据的想法基本一致。在此之后，我始终很关注“费改税”的进展，据我了解，历程如下：1992 年完成《统计》→引起交通部有关部门重视→ 1994 年提出“费改税”改革提案→ 1994 年海南省“费改税”试验→ 2009 年 1 月 1 日实施燃油税征收，同时废除公路养路费、公路客货运附加费、公路运输管理费、内河航道养护费、水运客货运附加费、水路运输管理费等不合理的征收项目。

而燃油税数据是怎么引入交通行业的呢？不被人关注的《统计》在“费改税”改革中起到了潜移默化的关键作用，我和王先进不诉诸于口就无人知晓。我曾想在有生之年为王先进写一份是他引入燃油税数据的证明，但却被他谢绝了。但是，这件事应该是我们交科院发展历史上，也是原交通部情报所的一个高光点，在院里采集、编写院史时，应当让现在的院领导、科技人员和职工们知道，因为这个高光点引发了国家体制上的重大变革。而在交通行业里引入燃油税概念的第一人，极有可能就是王先进，这个伟大变革他功不可没。

燃油税统计数据的引入，能产生如此大的后效应，是我和王先进始料未及的，这也说明了信息基础工作的重要性。记得 20 世纪 80 年代中期，赵叔庸所长曾建议我转入基础工作。她对我说，人人都愿意看到自己出成果，因为成果能证明自己的能力和水平，但是，如果基础工作不做好，就不可能更好、更快地促使成果诞生，所以必须要有人甘愿牺牲自己出成果的经验积累时期来开展基础工作，而且基础工作也并不简单，需要能力强的人员来开展。我听从了她的建议，因此获得了这样深刻的体验。而现如今，我已经退休了，我希望有更多的科技人员能够明白，踏踏实实地增强和夯实自身的能力素质，懂得甘为他人做垫脚石，牺牲小我，不为名利，能够扎扎实实地做好信息基础工作的重要性，为交通运输业做出自己应有的贡献，甚至是奉献自己的大半生，这是天大的荣幸，会被后世尝得甜头的人们所铭记的。

作者简介

张立平，1952年生，中共党员，大学本科，毕业于华南工学院（现为华南理工大学）造船系船舶电气化及自动化专业，现已退休。历任实习研究员、助理研究员、副研究员。长期在交通行业工作，从事业务调研、课题研究。曾任课题组长、编辑、主编、编辑室主任等职。曾多次获得交通部情报所优秀科技信息成果奖。

集体学习　提高技能　适应改革

◉ 张立平

约 1996 年，情报所毛文碧所长约我谈话，以党员标准欲调派我去文摘编辑室，并给我一周时间考虑。我最终服从组织决定。

当时，情报所文摘编辑室实行不坐班工作制，除了室主任以外，其他人员一律在家办公，每周只有一天集中到单位坐班；编辑室人员能力素质参差不齐，收入来源主要靠每年 4 万元 / 刊的情报补助费维持，经济效益很有限。未来的情报所是否还存在？编辑室编制是否还存在？不坐班制能否适应改革变化的形势？根据编辑室人员现有能力素质都能做些什么？这些问题均不以个人意志为转移，发人深思。对于我来说，面对这种不确定的形势，面对匮乏的经济状况，怎么做这无米之炊？怎么做，可以使大家适应新形势发展？我首先考虑的是提高人员的能力素质。那么，首先应该提高什么素质？针对当时编辑室人员的能力素质情况，我认为应首先提高每个人员的基础能力，也就是计算机操作能力，使她们将来不论在什么岗位上，都能熟练进行计算机操作，都能有份工作，为适应将来在单位出现的无纸办公做好准备。

带着以上想法，我向毛所长做了简要汇报，最后获得了毛所长的默许。在所领导的支持下，我用 1998 年极其有限的经济收入，组织了一次全室人员计算机操作能力培训。这也是当时情报所独一无二的弱势群体人力素质培训。

这样的素质培训必须是正规的、具有社会生存效力的，让大家获得一项实实在在的工作技能。经过网络搜索和与室里同志们的意见交流，同时到有关培训点寻访，最终选定了有劳动部职业鉴定中心授权的人民大学微软操作培训点。当时，编辑室同志们的年纪几乎都在 40 岁以上，98% 都是女同志。当我与人民大学计算机操作培训点联系，告知参与集体培训学习的大部分是中年群体，培训点的工作人员深感意外，但同时也表示理解和支持，同意将我们学习相同内容的人员安排在一个培训班里。

我召开全室会议，告知同志们培训已安排妥当。会上，同志们都很活跃，畅所欲言，各自都表达了对所学内容的选择。我遵从大部分同志的学习意愿推行学习培训。同时，我也向全室同志们提出要求：如果不能通过劳动部职业技能鉴定中心举办的“全国计算机高新技术”的考试，学费自付；通过考试的同志可以报销学费。以此激励同志们更加努力地习得技能。

1998 年，从夏季到秋季，我带领编辑室大部分同志边工作边学习。在学习中，室里同志们认真上进的态度令我十分触动，这个室的同志们虽然没有坐班工作的压力，但改革的困境和压力，她们都看在眼里，感同身受。正因为感受到了生存的压力，所以同志们在学习中异常刻苦，操作练习中不放过细枝末节。面对这样认真刻苦的大龄学员们，老师的辅导常有些顾不过来，因此我时常起身协助老师辅导，尤其是张要新同志，考试前的课程听完还不走，而是留下来跟着下一个培训班继续听课；谭耀圣同志是这群学员中的唯一男性，50 多岁的年纪，始终坚持着与大家一起学习，不放过操作上的细小问题。谁说他们在放松懒散只想享清福？他们虽然没有将改革话题诉诸于口，但一直是明确地知道改革的压力。经过几个月的

全国计算机信息高新技术考试

合格证书

OSTA

此证授予：张立平

1998年11月2日参加全国计算机信息高新技术办公软件应用模块(Windows平台)操作员考试，成绩优秀，具备Windows下文字处理、图文混排及表格操作能力。

This certificate shows that the bearer has the skill in word processing, ability to organize and analyse the data in Windows.

此证书作为具备从事相应工作能力的凭证，其有效性可向发证机关证实。

中华人民共和国
劳动部职业技能鉴定中心

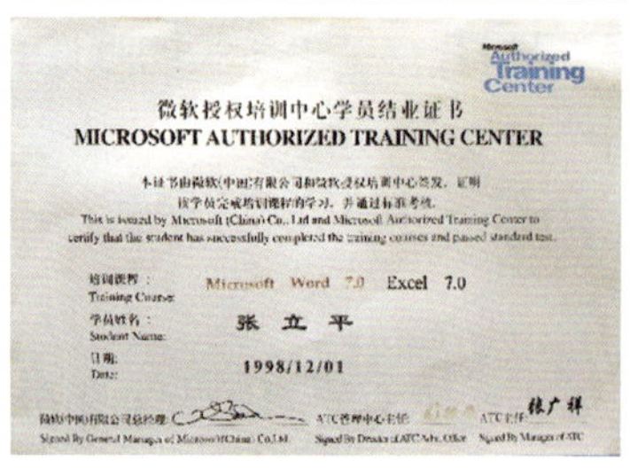

Microsoft Authorized Training Center

微软授权培训中心学员结业证书

MICROSOFT AUTHORIZED TRAINING CENTER

This is issued by Microsoft (China) Co., Ltd and Microsoft Authorized Training Center to certify that the student has successfully completed the training courses and passed standard test.

培训课程：Training Course: Microsoft Word 7.0 Excel 7.0

学员姓名：Student Name: 张立平

日期：Date: 1998/12/01

▲ 结业证书

培训学习，编辑室的同志们都以优秀的成绩通过了劳动部职业技能鉴定中心的考试，并获得相应证书。在交科院重组前，对弱势工作人员适应形势发展来说，这是极其有利的。

交科院重组后，时隔多年，还有原编辑室的老同志感谢我，说谢谢当年我推行计算机培训，对自己带来很大帮助。我想，这也许是他亲身体会了培训成果的感言吧。为了应对单位重组，这样的培训在当时绝无仅有。虽然我没有可炫耀的辉煌业绩，但面对那些科技辅助岗位上的弱势工作人员，我问心无愧。

改革中，该如何对待既有辅助岗位上的弱势工作人员？是不是简单直接地让她们下岗、离职呢？遥想当年的战争年代里，共产党是如何带领弱势民众抗争，取得胜利的。如今，江山安定，四海皆平，但是要深化改革，弱势群体依旧是避不开的群体，该如何对待他们？这值得深思。也希望我的一点微薄经验能够让大家有所启发。

作者简介

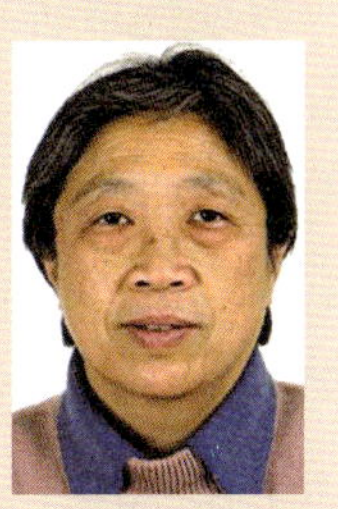

张立平，1952年生，中共党员，大学本科，毕业于华南工学院（现为华南理工大学）造船系船舶电气化及自动化专业，现已退休。历任实习研究员、助理研究员、副研究员。长期在交通行业工作，进行过业务调研、课题研究。曾任课题组长、编辑、主编、编辑室主任等职。曾多次获得情报所优秀科技信息成果奖。

忆情报所研究室老同志们及其对我的言传身教

◉ 张立平

一、原情报所艰苦的工作环境

20世纪的80年代，交通部科技情报研究所的工作地点设在铁道部科学研究院（以下简称“铁科研”）的院内，但是工作环境却很艰苦：党政、所务、后勤部门，多年以来都在铁科研办公楼前的专用于抗震的简易木板房里；印刷车间、电影室都设在水运所、公路所办公的院内；所里的资料室、编译室、计算机室等，也由原来的分散管理到最终集中于铁科研内食堂的楼上管理，食堂楼上的办公室几乎是用厚纤维板隔离出的，隔音效果极差，人员之间的交谈都需要控制音量。所领导、水运研究室、水工研究室的办公地点设在铁科研的办公楼里，是当时最良好的工作环境了，不过，也是所有人员集中于一间大房子里列坐；其他的辅助部门也是分散各处。总而言之，一整个所的人员分散得七零八落，因此情报所召开全所大会也比较困难和少见。工作上的经费来源也同样受到制约，在严格审核的基础上，还要严格控制经费。经费短缺真的寸步难行，甚至想把研究成果印刷成册都很不容易。

但是，就在这样艰苦的工作环境下，所领导坚持举办老大学生回炉培训班，引进、改善所里的科研力量。情报所的同志们兢兢业业，工作上一丝不苟。在情报所老专家们的群策群力、共同努力下，首创了享誉全交通行业乃至相关行业的《交通专业汉语主题词表》系列和“计算机文献资料检索系统”；应用于公路环保行业的“声屏障墙”和草皮种植；主办多期影响全交通行业的“公路水路运输技术交易展览会”；引进影响国家重大体制改革的燃油税数据统计等等。没有对情报事业的认真和执着，这些成绩难以实现。

二、忆情报所水工研究室（以下简称“水工室”）有团结氛围的凝聚力

在20世纪80年代初，情报所还设有水工室编制，室主任是李村，李村同志德高望重，深得水工室全体同志的尊重和信赖。室里的人员结构主要由学船舶轮机专业的科技人员和翻译组成，人员有：李村、郭廷结、陈一昌、钟勇、王润基、王平、俞成麟、池升龙、杨洪义、宋晓良、田洪、梁亚红、徐宝德等等。它是一个以中青年人为主体的研究室，大家都很直率真诚，相处融洽：工作上相互配合，生活上互谅互帮；时不时会创造机会小聚提高凝聚力；工作之余，热情活跃的同志们还时常讲些幽默诙谐的话相互调侃，办公室常常欢声笑语；也经常组织集体活动，大家则像对待科研任务一样认真对待，既增进了集体荣誉感，又苦中作乐。

我初来乍到，很拘谨紧张，王平、王润基两位老同志十分亲和地带动、教授和帮助我，使我很快地融入了这个团体里。而且在二十多年的工作历程中，她们待我始终不变，我们结下了难忘的同事情谊。当我和室里同志们都熟络起来后，他们对待工作的认真、真诚态度十分令我动容。几十年风风雨雨，水工室同事间的和谐氛围永远难寻，令人怀念。

如今，世事变迁，这些同事们，有的已经去世，有的年过耄耋，有的年过花甲，但每逢相见时，当年的同事情谊依旧。

三、忆研究室老同志们业务上的严谨与帮助

在情报所，我工作上的点滴进步都与研究室老主任、老专家、老同志们的言传身教分不开。记得我刚到情报所完成的第一份情报综述报告是约四万字的《国内外交流轴带发电机装置概况》（当时，船用轴带发

电机刚开始流行），并完成了约十三万字的专题情报资料《交流轴带发电机装置译文集》的编辑工作。这些任务的完成，都是在李村主任的批准和审核下完成的。犹记得，我完成综述报告的初稿，交给李村主任审核时，已过不惑之年的主任一丝不苟地审稿，他不断离座来到我身旁，提出各种专业问题让我回答。后来我直接坐到李村主任身后的位置，等待他的提问，节省了各自的时间。当时的审稿，犹如又进行了一次毕业答辩，直到李村主任满意为止。虽然严格，但是我欣然接受，因为这能让我更快地成长。在李村主任的严格审核下，我的第一份综述报告最终定稿，并入选中国船舶工业总公司“船舶电气设备科技情报网”的《船舶电气设备资料选编》第 4 辑，被评为 1982 年“船舶电气设备科技情报网”年会上的优秀论文。后来，我又陆续完成了一些综述性报告：《国内外机舱自动化发展概况》《船用燃油掺水概况》《交通部燃油掺水技术研究概况》等等，这些报告都是在李村主任的严格审核下完成的。李村主任踏实厚道、认真负责的作风也影响着我，让我肃然起敬。

研究室里，有乐于助人的女同志们，她们是张泽蒲、王平、王润基、程幼勤；有学术经验丰富的老专家，他们是林鸿慈、俞成麟、陈连汉、赵叔庸；有颇有成就的同志们，他们是郭廷结、陈一昌、尚留占、石友服、聂嘉宣、沈华春、李殿建等；还有后起之秀、敢于挑战的年轻同志们，他们是李兆良、王先进、李扬、谭小平、史扬、李忠奎等。他们言传身教地启发我，教会我工作的严谨、谨慎态度；教会我独立工作、勇担重任的能力；教会我厚道待人、助人为乐的道德品质。因为他们，我受益匪浅，我将永远铭记他们以及他们的教诲。

四、赵叔庸所长引导我重视情报信息基础工作

我是学理工科的，因身体原因回京转为情报信息行业，刚转业时很不适应，后来逐渐熟悉情报信息行业，渐渐打开思路。当时，赵叔庸所长及一些老同志对我说：“小张，你考虑做做情报信息基础工作，其实情报信息基础工作很需要做过研究工作的人来做。只有把基础工作做好了，才更有利于课题的研究。”

于是，我听从了赵叔庸所长的建议，在工作的摸索中也真切体会到，理顺、扎实情报信息基础工作的重要性。情报信息基础工作是服务于大众、服务于科研的工作，需要扎扎实实、日积月累的积累，才能奠定基础工作的数量和质量。信息服务的基础工作保质保量的要求满足了，科研才能更得心应手，科研依赖于信息基础服务，而不是全靠自己动手做课题研究前的全部信息基础准备工作。但是，要达到这一点绝非容易，要日复一日、年复一年地坚持做下去。

情报信息基础工作的范围很宽泛，包罗万象，涉及科研、应用的方方面面。除了做好原始资料的整理加工外，还需要进行大量的二次文献的加工，以及围绕信息服务的各种基础研究。这些都要求从事这方面工作的人员具有较好的、较全面的业务素质，同时也需要具有甘于默默奉献、做无名英雄的思想素质。

五、一个课题外的思索

情报所的领导换过几任，情报所多年的举步维艰，使我在默默地观察中逐渐发现了一个现象，即每换一位领导或者调整一次机构设置，都会出现积极向上的好气象，但维持一段时期，又都会出现停滞或消极低迷的现象。这种现象周而复始，虽然不一定全是人为因素，但要想分析清楚，需要跳出纷争的圈子，淡泊名利，用局外人的眼光静静观察。

经过多年的观察和思索，我大致找出了这种现象的根源：这个单位的实体能力原本先天不足，在市场中的生存能力弱，经不起风雨的摧残。这与这个单位原有的一些纷争和外界评价都无关联。我曾经将观察思索出的结果跟赵叔庸所长谈过，并建议合并。几年后，交科院的重组证明了我那时的考虑结果是对的。现在，看到重组后的交科院越发蒸蒸日上，我感到很欣慰：情报所举步维艰的时代终于翻篇了。我也在此衷心祝愿，愿交科院的前途光明，未来可期！

作者简介

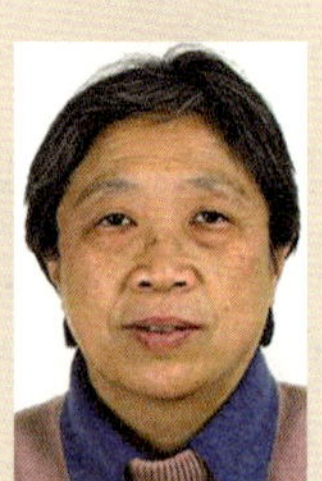

张立平，1952年生，现年68岁。中共党员，大学本科，毕业于华南工学院（现为华南理工大学）造船系船舶电气化及自动化专业，现已退休。历任实习研究员、助理研究员、副研究员。长期在交通行业工作，进行过业务调研、课题研究。曾任课题组长、编辑、主编、编辑室主任等职。曾多次获得情报所优秀科技信息成果奖。

业绩须过硬　机遇不可失

——一个外行争取正高级技术职称终获成功

◉ 戚同庆

1999 年元旦过后的某日，有知心同事得知我评上了正高级技术职称并受聘任，便不无感慨地对我说："我是交通院校毕业的，又在所里工作了三十多年，都快退休了，也没升到正高职称，你半途出家，一个外行入门，在所里干了十几年就获得了正高，真难得真厉害啊。"我听后笑笑说："也许天上掉下个馅儿饼，又正好落在我脚边，是我碰巧捡到了呗。"还有一位曾与我在同一部门工作过的后生也向我表示祝贺："你都成教授啦，恭喜呀，我以后得叫你戚教授了。" 我答曰："我不是什么教授，可别乱叫啊。你还年轻，来日方长，机会多多吆。"

以上这段小插曲，只是同事间的调侃或曰笑谈。但话说回来，实际上天上永远掉不下馅饼，机遇倒会有，但光靠机遇或是运气是不可能成功的。没有业绩，没有成果，没有能力和水平，那是万万不行的。对此我有切身体会，并将自己的奋斗经历写出来，与大家分享交流经验。

一、业绩

我的业务包括编辑、翻译，参与国内外科技情报交流。

（一）对本职工作兢兢业业，认真负责，一丝不苟

1980 年 3 月 18 日，我自带个人档案到情报所报到，成为交通情报战线的一名年过中年的新人。我从事军事外交工作十几年，现在加入交通行业，可谓是个半途出家的外行人，要想做好本职工作，那就必须努

力上手业务；若要有所进取，还得分外用功；若想晋升，那更需付出加倍的努力，没有相应的业绩，是绝对不会实现的。

1. 编辑

1980 年 3 月至 1992 年春天，我先后参与编辑《汽车运输科技动态》《汽车运输科技情报》，先后作为副主编参与《公路运输文摘》期刊，作为责编参与 1989 年 5 月的《国际公路运输技术交流会与展览会学术会议论文集》，作为副主编参与《交通情报研究》，并兼任由原国家计委综合运输研究所牵头主办的《交通运输技术政策研究通讯》的责任主编。

1992 年夏天后，我又参与了研究室的课题“国外交通科技发展水平”的研究，并最终主编了《国外交通运输科技发展水平（公路运输）》的课题报告。

1993 年，我参与筹办《交通世界》杂志。该刊于 1994 年下半年试刊，1996 年获批为全国公开出版物，我被聘为杂志社副总编辑。与此同时，我还兼任《市场经济百科全书·交通运输》《人类灾难纪典·道路交通事故》《世界汽车暨服务业全书》的副主编，并在中交协任《国际交通发展现状和趋势》一书的主编之一。

2. 翻译

我的专业是外国语言文学，翻译是我的本行。到所以后，我从事编辑工作的同时兼任翻译工作，先后主译了《汽车运输经济学》和《公路建设和管理经济学》，并在全国六大系统 29 种报刊上发表翻译的长短文共 270 多篇，计 80 多万字。

3. 撰写文稿和审校书籍

在兼任中交协科技情报委员会副主任期间，受命为《现代科学技术基础知识》一书撰写“蓬勃发展的公路运输”和“长盛不衰的水路运输”两节文章约 1.8 万字。文稿受到了专家评审组的一致好评。

审校了原部办公厅副主任李刚编写的《家庭汽车顾问手册》以及中交协副秘书长兼《中国交通年鉴》总编辑萧哲主编的《中国长途汽车路线及站点总汇》。

参加国内外交通科技情报交流活动期间我尽心尽力。我在情报所正式工作 19 年间参加全国交通科技情报网站的交流会，到有关省市调研、采访等活动共计数十次。

1981 年，我以交通部代表团成员的身份到匈牙利布达佩斯，参加原铁路合作组织第十一专门委员会举办的汽车保修技术交流会，并顺利完成了口译、笔译任务。

1989 年 5 月在北京举办的国际公路运输技术展，我除了编辑会议论文集外，还分工接待苏联代表团，并在中方专家与苏联代表团座谈时担任翻译。

1991 年 5 月 1—5 日，参与由交通部承办的原铁路合作组织第十一专门委员会公路科技交流会，会议在北京友谊宾馆召开，我出任主翻译，其间表现受到了部所领导和同行的称赞。

1991 年 11 月，我与以赵叔庸所长为首的代表团赴苏联，进行汽车运输科技情报交流。1993 年 6 月，我与以汤文杰所长为首的代表团赴俄罗斯，再次进行汽车运输科技情报交流。

▲ 我于俄罗斯圣彼得堡冬宫广场拍照留念

1992 年夏和 1993 年秋，我分别参与了中俄汽车过境运输谈判，以及由交通、外交、国防三部门承办的中俄黑龙江航道谈判，并承担了部分翻译任务。

1994 年 3 月，当时的部总工程师张叔辉请来了俄罗斯卡累利阿自治共和国的公路代表团。我受命全程陪同。

（二）热心做好兼职工作

担任交通部新闻出版专业中级技术职位任职资格评委会副主任四年、高级技术职位任职资格评委会委员八年。

兼任中国交通运输协会科技情报委员会副主任五年。

（三）获奖简况

《公路运输文摘》全国科技检索类期刊评比一等奖一次、二等奖一次、

“国外交通运输科技发展水平和相关科技发展趋势系列研究项目”课题获全国科技信息系统优秀成果三等奖。

“国际公路运输技术交流会与展览会”项目获本所优秀交通科技情报成果二等奖。

《国外交通运输科技发展水平》获本所优秀交通科技情报成果三等奖。

《交通情报研究》获本所优秀交通科技情报成果三等奖。

二、机遇

在副高职称取得近 10 年后，1997 年我申报了正高职称评审。1998 年夏初某天，出版社人事处打来电话通知我去取评审结果。我跑到出版社拿到评审表一看，可谓是喜出望外，不但被评上了，而且出席评审的 24 名评委无一人反对，我竟全票通过。出版社的人事干事对我说：“你这情况难得一见，这次连我们社里副总也没得到全票，还有没评上的呢。”这句话确实证实了本文我想表达的主题：如果没有相当的工作能力和业务水平，就无法得到相应的业绩和成果。这种情况下，即使材料上报了，仍然可能评不上。相反，获得相当的工作能力和业务水平，就能够得到相应的业绩和成果，这就让评级变得不那么遥远，甚至一举成功。

同年的 12 月，所里下文正式聘我为“编审”，于是才有了本文开头我与两位同事的笑谈一幕。

三、尾声：有恩不能忘

这是我不吐不快的肺腑之言。我的中学校友，原总后勤部已故政委周克玉上将给我写了一幅中堂，内容为“爱祖国，爱家乡，爱人民；莫忘根，莫忘本，莫忘恩”。这“祖国”“家乡”“人民”我自然不能忘，可这莫忘根本、不忘恩德的意义就既深又广了。具体到我们情报所，那就是我不能忘记有恩于我的领导、同志和同事们。他们分别是：接收我于困境之中，且一直信任和呵护我的已故所长赵叔庸；关心、信任、培养和器重我的已故主任陈连汉；为我申请正高职称提供机遇并对我关爱和信任有加的老所长（新交科院建立后的院长）毛文碧；我的业务引路人樊晓欣、林庆仕、尚留占、王立德；我的顶头上司，也是好搭档的主任孙军杰；此外还有好同事石友服、李殿建等。

这里恕我不一一列举了。他们对我业务水平的提升，都有过很大的帮助，我将永远铭记心中。在此文至末，我谨向已逝者表示沉痛悼念；对健在者表示敬意、衷心的感谢和良好的祝福。

作者简介

戚同庆，1939年生，中共党员，编审。1964年毕业于北京大学俄罗斯语言文学系，1980年3月进入交通部科技情报研究所，任编辑兼翻译。曾获部级集体一等奖一次、二等奖一次，司局级二等奖一次；个人奖项部级三等奖一次、司局级三等奖两次。兼任中国交通运输协会科技情报委员会副主任，交通报新闻出版专业中级技术职务任职资格评委会副主任。

争取加入中国共产党的决心矢志不渝

——我的入党夙愿最终在情报所实现

◉ 咸同庆

我出生于1939年5月——中国人民抗日战争最艰苦的年代。我家祖辈是贫寒困苦的农民，过着食不果腹、衣不遮体的日子。我的童年就是在这样的岁月中度过的，六岁前甚至曾沿街乞讨过。

“雄鸡一唱天下白”，在1946年春夏之交，中国共产党领导的人民解放军解放了我的家乡。1947年秋，我入读了人民政府创办的初小，开始了我十七年的求学历程。

一、有幸接受人民助学金完成学业

（一）没有共产党就没有我的今天

有首歌叫《没有共产党就没有新中国》，与我而言，则是“没有新中国就没有我的今天”。因为没有毛主席、共产党，没有解放军，就没有穷苦人民的翻身解放，没有新中国的诞生，自然也就没有贫苦人家子女通过读书提升自我的机会，要不然我怎么实现从一个小乞丐到大学生的转变？所以毛主席、共产党对我的恩情比水长，比海深，比天高。

（二）没有人民助学金我就不能完成学业

从上初中开始直到大学毕业，我享受着人民助学金长达十多年，而且大部分年份都是全额助学金，甚至包括生活费（零用钱）。可以说，生我养我的是父母，培养教育我的是共产党、是新中国和人民。1959年我高中毕业时正是三年困难时期开始之年，靠家庭微薄之力上大学是不可能的，于是我瞒着父亲报考大学，并靠着助学金完成大学学业。

（三）从“劣”向“优”的转化

当年，我到北大报到，被两个门卫拦着不让进入学校，后来拿出入学通知书才允许入内。走了没多远听到有个门卫竟笑着说，还以为我是个叫花子呢。我身心大受刺激，从此潜心苦读，就为了能够改变人们对我的偏见，不被看低轻视，同时实现自我价值，好好报答党和国家。经过近四年发奋努力，终于从刚入学时的倒数第几名跃入全班正数前三名。正是我的一颗报答党、国家和人民，不甘落于人后的心，成为我好学上进的动力。

二、苦“修”三十多年终成正果

（一）“加入中国共产党”是我的政治追求和政治归宿

从我记事起，就对毛主席、共产党怀有朴素而深厚的感情。“跟着共产党”是我最初的信念；后来长大了，“争取加入中国共产党”便成了我坚定的政治追求；入党后，“为党的事业奋斗终生”也就自然成了我的夙愿。

（二）一波多折终如愿

我大学一年级下学期写了第一份“入党申请书”，直到 1992 年 12 月才成为中共预备党员，历时三十三年有半。由于主客观上多种原因，这期间一直未能如愿。主观上努力不够，对自己要求不够严格，克服缺点不够有力；客观上是我每隔一年半载便变更一个单位和环境，几次走到党组织的“门口”都没能进去。

但我对党是有感情的，虽受挫折，但并未灰心而选择放弃。

1979 年，我在军队所执行的任务基本完成，便适时脱下军装，转业地方，立志重新开始。第二年 3 月来到交通系统，到交通部科技情报研究所不久，我便向党组织提出了书面入党申请。

但是为争取早日“入门”胜任本职工作，开始几年便将主要精力放到了学习交通业务上，因本人前期形成的性格缺点，不时表现在与同事的人际交往和工作交流上口碑一般。

我暗下决心，路再长也要继续前行，并加快脚步。从此我下定决心在一言一行上加强学习改进，力争尽快克服自身弱项。我每半年向支部做一次全面思想汇报，每年与联系人谈几次心。另外，我经常主动征求老同志、老同事包括年轻同事的意见和建议。在支部的多方关爱和诸多同志的热心帮助下，我在战胜自我上有了长足进步。时值当时，原国家计委综合运输研究所所长兼中国交通运输协会（以下简称“中交协”）常务副会长王德荣欲调我去该所任编辑室主任兼《综合运输》杂志的主编，这一盛情邀请被我婉拒了，其原因是生怕因工作单位再次变动而影响我的入党进程，使我三年的努力前功尽弃。当时我认为，主任、主编皆可不当，而党不能再迟迟不入。

终于在 1992 年 12 月 26 日毛主席九十九岁生日这一天，支部大会以绝对多数票通过了我的入党申请，随后党委批准了我为中共预备党员。一年后的 12 月 26 日毛主席百岁诞辰这个具有重要纪念意义的一天，我最终以五十四岁半的“高龄”，成为一名正式的中共党员。“有志者，事竟成”，只要认定方向，并坚持不懈、矢志不渝地努力追求，就一定会达到为之奋斗的目标。

（三）一个插曲：非共产党组织我不入

在我争取加入中国共产党期间，我大学时的一位同班同学是当时民盟中央主席费孝通的得意门生并已加入民盟且担任要职。她知我久久入不了共产党后，便在一次同学聚会时建议我申请加入民盟。我对此笑而答曰：“谢谢美意，我尊重民盟更敬重费老，但我对民盟没有感觉更谈不上感情。我热爱共产党，已决定非她不入，这个政治追求恐怕永生不变了”。

（四）我不可能为移居美国而退党——在移居美国问题上的思考和抉择

我的大女儿于 1997 年便去美国求学，后来便定居美国。她曾几次提出将我们二老移居美国。其孝心我们心领了，但移民一事始终没有同意，那是因为我们无法接受移居美国的条件——获得在美永久居住权，即拿到“绿卡”的前提是凡中共党员必须退党。我对党是有深厚感情的，我五十三岁多才跨进组织大门，即奋斗了三十几年才获得我所追求的政治目标，哪能轻易舍弃！一个大半辈子追随中国共产党的人退出了党，还有何脸面面对党和人民，面对江东父老！

于是，我与老伴最后决定，不但不能为移居国外而退党，而且还要发挥余热，继续为党工作，做到生命不息，奋斗不止。作为革命军人和共产党员，只有这样做才是唯一正确的抉择。

文末，我要特别感谢我的入党介绍人程幼勤和张立平两位同志，她俩对我的政治进步起到了至关重要的作用，我将永不忘大恩。

作者简介

戚同庆，1939年生，中共党员，编审。1964年毕业于北京大学俄罗斯语言文学系，1980年3月进入交通部科技情报研究所，任编辑兼翻译。曾获部级集体一等奖一次、二等奖一次，司局级二等奖一次；个人奖项部级三等奖一次、司局级三等奖两次。兼任中国交通运输协会科技情报委员会副主任，交通报新闻出版专业中级技术职务任职资格评委会副主任。

回顾我在交科院参与的科研项目

◉ 石友服

我于1966年天津大学毕业，受“文化大革命”事件影响，至1968年7月才到当时的情报所报到。当时院里正处在“斗、批、改”阶段，业务基本停滞，上班时间多用于学习或进行政治活动。1969年，国家号召科技干部下放劳动、接受贫下中农再教育，情报所也响应号召，1969年5月将我们作为先遣队，下放到湖北阳新干校，我们到阳新后宿于县高中教室，一个教室十多人。

阳新县地处湖北，夏天极其炎热，蚊虫滋扰多，着薄衣也被叮咬，烦扰不堪，而夜里入睡，汗水直流，光板木床都是汗渍。白天劳作时，用毛巾擦去的汗水甚至能够拧出水来。七月盛夏时，我们凌晨4点起床劳作，上午9点收工，避开最热的正午时间，下午3点劳作，持续到晚上8点，因此并未发生中暑情况。当时正赶上“三夏”（夏收、夏管、夏种），农活非常繁忙，劳作十天才休息一天。但大家从不喊苦喊累，经过一段时间的劳作，大家已逐步适应了劳作生活，无人生病，身体反倒是更加强健，甚至患有神经衰弱的人，失眠情况竟然好转了。

1970年，为重振经济，国家将新的经济发展规划提上日程。中央在制订经济规划和五年计划时要参照国外主要发达国家的各种经济和交通运输有关数据，另外随着我国经贸的恢复，沿海港口压船、压货问题越来越突出，不但严重地影响我国的声誉，也极大地限制了国内生产以及经贸发展，于是提出了三年改变港口面貌的口号。

为此，部领导责成我所组织人力，迅速收集国外主要国家相关的数据。

为完成任务，我所从阳新干校抽调 10 余人，由原情报室主任王天富同志带队，承担此项工作。

通过短时间突击，我们收集了国外一些港口设施和吞吐量的相关资料，发现 1970 年我国海港吞吐 9885 万吨，不及荷兰的一个港口的三分之一，这个数字引起了中央领导的极大关注，这批资料的收集对中央领导决策，决心改变港口面貌起到很大推动作用。经过多年建设发展，目前我国港口的货物吞吐量和集装箱吞吐量都稳居世界第一。

多年来，我参与的部重大项目主要有：

（1）配合交通部制订长远规划和五年计划，出版有关国外交通发展现状、水平动向的发展趋势以及各方面统计数据，供领导部门参改。

（2）配合国家研究港口城市开放及管理体制改革，情报所收集、分析有关国外港城关系、城市管理港口的一些数据和经验，天津港、大连港、营口港、湛江、青岛、连云港等都邀请我所研究人员介绍国外情况，以供他们参考，天津港专门派人到我所咨询，下决心建设天津保税仓库。

（3）参与了刘红研究员主持的港口石油污染赔偿机制，促进石油企业加入了国际赔偿机制的组织。一旦港口发生石油污染事故，确保渔民、渔产养殖户个人或集体能得到合理赔偿。

（4）情报所过去利用各种情报网，组织了一些科技先进经验及产品交流会，有助于交通行业先进技术推广和生产效率的提高。例如内河港口情报网在长沙组织了一次装卸技术和设备先进经验交流会，规模庞大，参加单位众多，包括铁路部门（当时铁交合并），会后某些简单实用的设备和技术迅速在全国推广开来，如小船的挂机、挂桨技术的迅速推行，长江及支流的小船迅速由人工划船改为机械化，既减轻了劳动强度，又提高运输效率；水泥船的推广解决了造船木料不足的问题，我所对优秀船型出版了图形。海港方面，成组运输技术的推广提高了装卸效率。我认为情报网的技术交流工作是促进科技进步方面最有效的方式，今后要努力加强这方面工作。

（5）针对港口建设中遇到的一些技术难题，我所针对性介绍了一些国外经验，如港口软土地基的处理问题，我所介绍的日本软土地基加固方面技术和做法，被分发到部内施工设计单位，发放后大受欢迎，接着有单位或个人来函索取，这些技术和做法最终直接服务到生产第一线。

我在情报所、交科院工作了35年，退休后又工作了7年。院领导对我的工作、生活很关心，并提供了宽松和温暖的工作环境，每一项工作领导都全面放权，全力支持，使我的工作情绪高涨、心情愉悦，因此发挥出了巨大潜力。我退休后领导仍关怀资助，令我十分触动，万分感慨，我不但有小家庭，同时也有一个温暖的大家庭。

作者简介

石友服，1940年生，1966年毕业于天津大学。1968年分配到情报所，2000年退休，又返聘工作到2007年，享受国务院政府特殊津贴。研究成果：1998年“公路、水运在综合运输体系中的战略地位和作用研究”获交通部科技进步三等奖；1999年《水路、水运主要技术政策》修订稿的编制研究，获交通部科技进步二等奖；“建立我国船舶油污损害赔偿机制的对策研究”获交通部科技进步三等奖；2002年“中国港口对外开放政策研究”获中国航海学会科学技术三等级；1996年获《中国港口》杂志优秀作者奖。

交科院重组时的信息资源整合

◉ 孙军杰

1999 年交通部深化科技管理体制改革，将原信息所、标准所和交科院机关重组为新的交通部科学研究院。其中，为了整合三个单位的信息资源，在这次重组中新组建了信息资源研究室，其由原三个单位的七个部门共约四十人组成，即信息所的文献室、编辑室、专利查新室、《交通世界》杂志社，标准所的图书室、《交通标准化》编辑部、交科院机关的统计分析室，整合后，业务变成四块：文献资源、统计分析、编辑报道、专利查新，重组的任务比较繁重。

在重组过程中，本人被任命为信息资源研究室主任，岑晏青和王辉被任命为副主任。信息资源研究室坚决服从院领导的统一指挥，顾全大局，团结协作，做到了业务不断、工作不乱、人心稳定。有的部门一连搬了两次家，还有的部门从单独使用的小房间调配到几个部门共用的大房间，全体人员均表现出较高的觉悟和拥护改革的态度。

重组完成后，院里立刻落实当年经济承包责任制。由于信息资源研究室现有四块业务的性质不同，一个室里既有全额承包的部门，也有部分承包的部门，还有实行岗位责任制的部门，因此在业务管理和成本核算上比较复杂。针对这种情况，室领导采用分工负责方式兼顾了各方面的业务，提高了工作效率，避免了相互之间产生矛盾。

经过全体职工一年的努力，信息资源研究室较好地完成了各项业务工作的衔接与整合，所承担的统计分析与信息资源研究课题均能达到进度与质量要求，文献与编辑工作能履行好岗位责任制，专利查新工作也能克服困难取得成效，特别是在交科院重组后的财政困难时期完成了第一年经济承包指标。

如何用信息技术统计分析交通经济数据的研究，对交通行业宏观调控具有现实意义。最初承担这方面研究工作的只有6人，但他们出色地完成了各项课题任务，并同时获得了较高的经济效益，为我院科学研究事业的发展打下了坚实基础，统计分析业务后来独立发展成为院一个重要的研究领域。当年所做的主要工作有：国家经贸委“九五”重点新技术推广示范项目“公路、水路运输全行业统计信息系统”的总验收；“交通运输行业增长值核算”项目通过专家初审；全年还签订课题合同4个，其中一项为横向合同，向打入市场迈出了第一步。

文献资源是我院开展各项研究工作的信息基础，也是院为整个交通行业提供信息服务的根本所在。文献部门在完成日常性文献采集、分编、流通、查询和复印的基础上，主要进行文献资源的研究开发和上网服务。当年主要完成如下工作：完成国内外文献采集40万元人民币，借阅图书期刊2500多人次，借还图书期刊11000册，院重组整理搬家各类书籍73304册，整理上架各类书籍45962册，录入各种书目数据上万条；文献自动化管理系统和数据库服务系统已经建成，实现了文献采购、分类编目、查询的计算机化，完成馆藏中外文图书、期刊和资料及数据库全面上网服务，馆藏文献上网量达20万条；编辑发行《世界交通快讯》50期；参与交通部“交通运输信息化建设策略研究”项目，完成“国外交通及相关部委信息化建设概况”部分的撰写，完成交通部“网络环境下交通信息资源发展策略研究”大部分内容，完成“交通科技报告全文数据库的研制与开发”的大部分工作。

编辑报道工作是信息资源开发服务的直接手段，有着悠久的传统和深远的影响力。重组后的交科院共有四种公开出版的科技期刊，如何更好地为行业服务，逐步走上自负盈亏、自我发展的道路，是各期刊面临的严峻挑战。经过一年的努力，各期刊都有较大进步：《交通世界》继续坚持面向市场，以汽车内容为主，努力扩大发行量和开展广告经营，但由于市场竞争激烈，没有达到预期的目标，为此杂志社决定从2001年起，对内容定位进行重大调整，以面向交通行业特别是公路建设为主，寻求新的发展机遇，后来证明这个决定是正确的，因为《交通世界》杂志社从此走上快速发展的道路；《交通标准化》属于为行业管理服务的公益性期刊，为了减轻院事业费负担，当年采用的是差额补贴经营承包方法，编辑部以积极的态度投入工作，将刊期从2001年起由季刊改为双月刊，还组建了第一届理事会，此后《交通标准化》独立发展壮大起来，现更名为《交通运输研究》；《公路运输文摘》是基础性文献检索期刊，发行量有限，完全依靠院事业费支持，为适应改革形势，编辑部与地方交通部门合作，增加了为高速公路建设服务的内容，提高了美编水平和印刷质量，收效明显，后来更名为《运输经理世界》，独立发展壮大起来；《水路运输文摘》也是基础性文献检索期刊，发行量也有限，也完全依靠院事业费支持，为适应改革形势，编辑部积极进行改版准备工作，寻求对外合作，取得了较好成效，此期刊后来更名为《交通建设与管理》，最终独立发展壮大起来。

专利查新是一项为行业科技创新服务的不可替代工作，但由于公益性强、收费低，所以只能依靠从事一些其他项目来解决创收问题，经过部门努力全年完成27项专利服务、45项查新服务。

总的来看，交科院在重组中顺利完成了信息资源整合，信息资源研究室能做好分工和岗位设置，敢于在业务开拓和改革探索上迈出坚定的步伐，这是十分值得肯定的。

作者简介

孙军杰，1953年生，编审，中共党员，大学学历，1976年参加工作，2013年3月退休。1976年9月武汉大学德语专业毕业，分配到交通部科技情报所，从事翻译、情报编译等工作。1994年，发起创办《交通世界》杂志。2000年，任信息资源室主任；2002年至2005年任期刊中心主任；2006年初至退休，任《交通世界》杂志社社长兼总编辑。

岁月

◉ 陈学平

亲爱的朋友，
关于这段历史，
我将从一名普通职工视角向您讲述，
这个团队走过的辉煌与曲折。
尽管我的理解并不全面，
观点也并非一定正确，
您仍然能从这零散记忆中发现她的成长奋斗，
以及她孜孜不倦的探索。
恍若昨天我才开始在交科院的工作，
今天她就唱响了庆祝六十周岁华诞的歌。
十九年的追随，
不足她生命的三分之一长度，
然而我却看见过她经历太多太多……
今天的她看起来如此平静，
那是历经了无数的酸甜苦涩。
回忆那些远去的时光，
回忆那些曾经创造历史的人，
会让我如此心潮起伏，
感叹他们的刚毅与执着，
感恩他们的默默付出，

感慨他们的汗水与收获，

感伤他们逐渐淡出我们的生活。

一、初识

十几个人的环保室，

在国内首次引进了湿法喷播，

开启了公路边坡绿化的新纪元。

当时我加入了这个团队的技术部，

开始了创新驱动的技术研究。

我还记得首次出差就长达半年多，

还记得在云南的一个小山坡，

工程部长递给我一张小纸条，

压低着声音说：

“这是引进的秘密配方，

你的任务是研究并推出改良版。”

我默默地收起纸条，

如同地下党员接受了一次光荣的重托，

就在那两年，我走遍了云南的山山水水，

筛选出的乡土植物让边坡披上了持久的绿色。

也许您无法相信，

那时我们的科研项目屈指可数，

绿化工程项目成就着主要效益，

科研工作者尚在艰辛地奋斗着。

环保室的气氛，表面宁静却暗流涌动，

条件成熟时将会澎湃出浪花一朵朵。

如果我能够知道这个小小的团队，

未来能够发展成为环保研究咨询、城

▲ 交科院花园——元大都的春日景象

▲ 交科院前冬日雪景

▲ 交科院前含苞待放的花

市交通、安全应急等实力部门，

我就压根儿不会为这种神秘气氛而感困惑。

二、开拓

我清晰地记得，

乍到交科院的我，

因为在办公室接电话时没有听出他的声音，

被有的人戏谑为不谙世事，

那之后，我才逐渐结识了我们这位毛老院长。

他性格开朗，格局大气磅礴。

是他构架起了交通环保的老中青专业框架，

奠定了我院生态环保在云南起家发展的基础，

并逐渐辐射到全国。

退休十年，他还全力协助我们研究团队对他家乡调研，

他还组织编写了国内第一本公路生态学专业著作。

退休二十年，他仍在交通环保领域耕耘不辍，

希望谋划创新发展领域。

作为开创者，他当之无愧应该被记住！

很多人知道，

还有这样一位交通环保领航者，

他目标明确思路清晰，

既能吃苦耐劳，又能明理掌舵。

▲ 交科院内部会议

▲ 陈济丁副院长带队调研

既能慧眼识才，又能收控自如。
他能估测到平静洋面之下涌动的暗流，
还能让其时不时地开出晶莹的浪花朵。
据资历老的人回忆，
他还亲手测试记录各种环保试验参数，
泥腿子能够攀山越谷，
笔杆子能够长耕不辍，
脑瓜子能够运筹帷幄。
他谨小慎微低调含蓄，
带领着环保团队经过分分合合历经了曲折坎坷，
并成就了绿色交通领域的百舸争流与波澜壮阔。
这是一个人才辈出的时代，
有的人激情澎湃光芒四射，
有的人含蓄内敛暗香浮动，
有的人一步一个脚印稳扎稳打，
有的人思维跳跃金点子迭出。
思想的争论与交锋常常见诸门厅楼道，
大众创业与创新更回响在人们的心底。
院领导定下的指导思想是明确的：
在市场化潮流到来之前每个部门得学会“游泳”！
开明的政策与人才强院体制，
激情个性的解放与个人才华的绽放，
促成了百花齐放百家争鸣的局面。
电视里不时出现的，
海上事故应急专家的宏浩论断，
有团队环保前辈的决策研究支持着。
湖南临长路上的花儿红艳开满了山坡，
是那名似杜鹃花的环保人的精心雕琢。
湖北神宜路的科技示范斐然全国，

▲环保团队设计建造的“醉美公路”——赤水河谷旅游公路

凝聚了老中青相互配合的科研成果。
环境影响评价从由弱变强从失去到获得，
水保方案监测验收从无到有从公铁到机场，
凝结了多少环保人的奋斗与拼搏！
上至青藏高原、下可通江达海，
东西南北中，
环保业务在全国开花结果，
西部大开发环保科研咨询红红火火，
多年冻土区与季冻区研究，
穿越帕米尔高原到“巴铁”国。
赤水河谷醉美旅游公路串珠引玉，
迎来了全国旅游者体验与建设者学习观摩，
鹤大路科研实践奏响了《厉害了，我的国》，
经历过这个大时代的交科人，

深处这个团队中间的人，
都会自豪曾经为之奋斗过。

三、感恩

多少人记得，
有这样一位来自云南宣威的聂老？
她的语速不快不慢，性格不急不躁，
做事有条不紊，神态安详平和。
她白发苍苍，步履蹒跚，
然而有多少人知晓，
她负责设计了被誉为中国噪声第一墙的贵黄公路噪声墙，
并起草了交通行业最早的噪声防治标准。
她逻辑清晰抽丝剥茧地帮你分析厘清思路，
让人不禁肃然起敬。
还有那位头发微卷的刘老，
当时已是行业大拿却还自谦是宣威聂老的徒弟，
她话语不多，研究扎实又层层深入，
在一个小小领域竟做出了众多令人惊叹的成就。
那个身材消瘦的饶老呢？
她也曾是交通环保的老领导，
退休后又继续返聘十五年，
在交通标准化、环保技术研发方面指导年轻人继续创新研究成果。
还有那个精神矍铄的高老，
曾在院工作中途离开退休后又返聘回来，
孜孜不倦指导着各环保专业方向。

▲ 陈济丁副院长做学科发展报告

▲ 科研人员在野外调研（右一江玉林）

交通环保的成就离不开这些老专家们的工作，
同时又为他们发展提供了一个专业实力的展示舞台。
感恩他们的贡献！
有多少人认识江博？
她的思维发散而飘忽，
她嗓门高亢行事风风火火。
她目光高远在交通环保纵横捭阖，
她精力充沛永不知疲倦地创新开拓，
带领团队最早在云南获得科技进步一等奖。
虽专于环保却把可持续城市交通的契机敏锐捕捉，
申请了瑞典 volvo 基金，
建立了国际上第七个城市交通研究中心，
并使我院建立了交通领域研究的国际合作。
国合会项目、欧盟框架项目……
那会儿有句话说：
交通部国际合作起始于交科院，
交科院的国际合作看江博。
如今她已退居幕后，
同期告别的还有那曾经傲放潇湘的花朵，
似乎昨天她们清脆的声音还回响在大厅与山坡，
他们把热血与青春就这样献给了这个团队！
多少人会记得，
那些已经远去的人？
说话就脸红的杨博，
已在部机关环保平台指导行业工作；
业余时间孜孜专注于经济货币的瑞锁，
已成为民间“大 V”推文常能吸粉十万多；
那朵“天山上的雪莲花”，
已在公路学会傲雪绽放展示自我；

▲ 环保团队考察水保试验场合影

曾在澎湖路把酒豪言"江西九男人"的杜格格，
却又回归家庭开始侍儿弄女的生活。
他们只是交科院的匆匆过客，
在我心里一直是拥有激情与梦想的创客，
有着拿得起放得下的洒脱。
有多少人会怀念，
怀念他们的乐观豁达，
怀念他们的抗争、平和或执着。
他们或音容常在，
或笑语犹闻。
有多少人会感恩，
那些心血与汗水，
那些成就与梦想，
感恩那些峥嵘岁月，
感恩那些挫折与失落。
所有一切，

最终成就了她——交科院的宽广雄博！

四、祝福

岁月如梭，
不再年轻的我还在传递着这个火炬，
传承着老一辈的期待与重托，
坚守着这份梦想与执着。
远去的人，
零碎的记忆残存在心窝。
今天的您，
还在交通环保加班加点深耕细作。
忙碌的他，
还在东南西北的奔波。
绿色交通大业，
需要做的还有很多很多。

▲ 金秋塞罕坝

▲ 环保团队合影

植被修复、动物保护、污水处理、景观规划、道路旅游、环评水保、资源能源节约，

哪一个学科方向不意味着艰辛的付出？

哪一场付出不是在为历史书写着？

一份辉煌，几辈拼搏，

一分成就，百分执着。

亲爱的朋友，

当您感到道路曲折旅途迷茫，

当您感怀风多云谲世事沧桑，

当您感伤故人已远新人浮作，

当您感叹身心疲惫岁月蹉跎，

别忘了这些人曾与我们一同走过一起战斗过，

岁月如歌，江山代有人才出，

别忽视身边仰望星空脚踏实地的人还有很多很多，

他们从未放弃理想坚信着一分耕耘会有一分收获，

他们既忍辱负重又拥有着不忘初心的情怀与执着。
让我们唱起这首交科院之歌，
让旅途更多绿色，
让出行更加平安！
让我们共同祝福她：
寿比南山，万寿无疆！

作者简介

陈学平，1973年生，2000年甘肃农业大学毕业，2001年来交科院工作，环境中心研究员。

入职第一天

◉ 孙东泉

2011 年 4 月 2 日。

上午 8:30，物流中心主任办公室。

我穿着两粒扣黑色西装，打着蓝底白点领带，拎着日式黑色公文包，出现在和平里东街十号院交科院办公楼 8 层的现代物流研究中心的主任办公室前。敲门进入后，与赖平仲主任寒暄了几句，他很健谈。“今天是你上班第一天，以后穿的不用这么正式，打领带多板人，我们不是外企，能动笔、会写作、肯钻研就成。”“……哦！”

上午 8:40, 物流中心 801 办公室。

主任将我带到 801 办公室，安排在了背靠大门的第一个座位，我知道一般新人和实习生都会被安排在那个位置。一位壮实的中年人，带着风推门而入，“你就是新来的孙东泉？我是办公室的老郝，以后你就坐在这里，你们咨询部的主任是李彦林、副主任是刘凌，我们上班时间是八点半，来了去办公室打卡，要签字笔去找我领。”“……哦！”

一位高大的女孩走过来，微笑着俯视我，“孙工你好，我是蔡文华，是咨询部的主任助理，我给你介绍一下我们部门的业务。我们部门一共 11 位同志，主要业务包括为部公益服务、纵向课题和市场横向项目。”“……主任，请问什么是纵向课题？”“叫我小蔡，在外调研时再叫主任吧。纵向课题是指从国家、部委和省市纳入财政计划的科研拨款中直接获得经费的项目……，现在给你一本综合货运枢纽规划，宜春的，你先看一下，我们最近规划修改任务比较重，看你比我岁数大，应该是有工作经验的，希望你尽快投入工作。”“小蔡，你多高？”“184，不穿鞋。”“……哦！”

上午 10：30，物流中心会议室。

一位个子不高、戴着无框眼镜、顶发稀薄、操有浑厚男高音回响的中年人拍拍我的肩，“吼吼，你就是从日企跳过来的小孙吧？我是李彦林，叫我李工好了。我们会议室正好有个会，大家讨论在院内参发表一篇关于物流运输成本的文章，你也来参加下。我们目前国内的物流成本居高不下，每年的物流总费用占 GDP 均在 18% 以上，正好你讲讲日本的物流成本，为什么总能保持 10% 以下，来交流一下。”“……哦！”

下午 13:40，物流中心会议室。

“大家注意了，领导让到会议室开个全体大会，关于开展‘两型’处室建设阶段总结！”小蔡招呼着大家，和李主任一高一矮，边交谈边向会议室走去，无目光交流……。“中心提出‘学习型、创新型’处室的建设理念，目前贯彻执行得还不到位。主要表现为两个方面：在内业研究中，对于同类的咨询项目，赶进度、浅尝辄止、照搬照套、东拼西凑的现象普遍存在；在外业调研中，往往只注重搜集编写报告所需资料，没有认识到调研是加强行业积累的重要途径，忽视了调研对增强成果可行性的重要支撑……”看着同志们都在笔记本上记录着赖主任的讲话重点，我也急促地记着，并飞快地转换着大脑里的词汇构成。坐在旁边的小蔡扭过头，递过来几页纸，忽然发现坐着和她说话舒服多了，可能我上半身是加长的？！“这个文你回头看看，了解下我们‘两型’处室创建的背景。”“……哦！”

下午 16:00，物流中心 801 办公室。

“东泉，刚把赣州的综合货运枢纽规划征求意见稿发给你，同时也把他们的专家评审意见发给你了，你参考一下，周末修改完返给我一稿，有什么不明白的随时交流，别自己闷着，这样效率也高！这是我的 QQ！”李工边说，边把自己的 QQ 号急促地写在了我的笔记本上。我看着刚刚翻到“前言”的宜春的枢纽规划，小声说：“……哦！”

下午 17:10，物流中心会议室。

“孙工，来会议室一下，我们开个小会。”小蔡急促地招呼我。在会议室已经坐了几位还叫不出名字的同事，“赖主任说，你刚来，正好也熟悉下我们的节奏和调研步骤，下周一我们有个江西的全省货运物流基地规划的调研，你也作为调研组成员，参加一下”，随手递过来几页纸，“这个是调研方案和调研计划。我们这次调研一共分三组，每组我们中心两个人，省厅会派两个人。你是第三组，组长是李工，你们组去赣南的抚州、安吉和赣州三市……”“那出差拜访客户时要不要穿西装？”“……不用吧，我们穿西装，人家以为是链家的，吼吼。”“……哦！”

下午 18:10，物流中心 801 办公室。

“孙工，今天是你上班第一天，没事就先下班吧，别忘了打卡，明天来了再干。”小蔡走过来关切地俯视着我说。“那我和赖主任打个招呼，说声再见吧！”“他不在，开会还没回来。”“那您辛苦了，谢谢！”我站起来，鞠了一个躬。小蔡马上也对我鞠了一个躬，“孙工，这不是日企了，你总这么鞠躬，我不鞠不好意思，但是我真的有点累腰……”“……哦！”

我穿着两粒扣黑色西装，将蓝底白点领带和宜春的综合货运枢纽报告一起塞进日式黑色公文包，离开了和平里东街十号院，步行至 5 号线“和平里北街站”坐地铁，结束了我上班的第一天。

作者简介

孙东泉，1973 年生，高级工程师，高级物流师。日本流通经济大学硕士学位，曾就职于日本雅玛多国际物流集团。现任交科院现代物流研究中心战略规划研究室主任。目前主要从事交通物流规划与管理、多式联运、城市绿色货运配送、交通物流发展指数、交通运输行业社会治理体系建设等诸多领域的研究。参与省部级纵向课题近 10 项，主持和参与横向课题近 50 项，发表论文近 20 篇，获中国公路学会、中国物流与采购联合会、中国交通运输协会等学术机构科学进步奖 4 次。

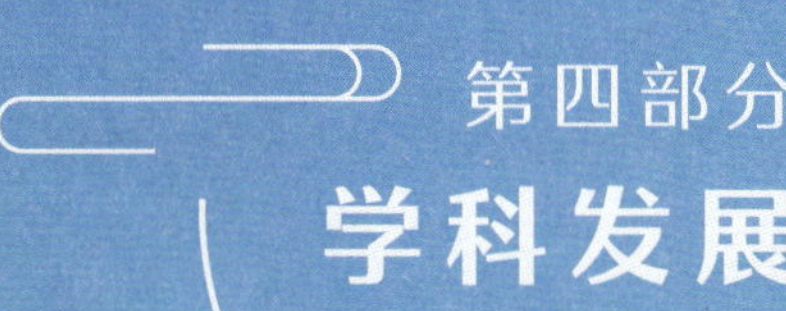

刘 耘 摄影

聚力一流学科建设　唱响信用交通发展

◉ 高爱颖

中华文化强调“言必信、行必果”“人而无信，不知其可也”；企业无信，则难求发展；社会无信，则人人自危；政府无信，则权威不立。党中央、国务院高度重视社会信用体系建设，党的十八大以来，推动出台了加强社会信用体系建设的一系列法律法规、专项规划和政策文件，尤其是《社会信用体系建设规划纲要（2014—2020 年）》的印发，标志着我国社会信用体系建设进入全面发展新纪元。

面对新形势新要求，亟须加强交通运输信用体系建设顶层设计系统研究，丰富交通运输信用体系建设理论体系，完善和加强交通运输信用体系建设顶层制度设计。

拉开序幕。2014 年，王先进副院长（时任交通发展研究中心主任）主持，樊东方副研究员等参与部研究起草《加强交通运输行业信用体系建设的若干意见》（交政研发〔2015〕75 号），这是交通运输信用体系建设第一个顶层制度文件。

借调之初。2015 年 6 月，高爱颖借调交流到部政策研究室工作，当时主要承担部十大政策储备项目“加快交通运输信用体系建设研究”和“十大难点问题治理”专项研究，面临着行业信用理论和实践缺乏的巨大挑战和现实难题，文献检索资料寥寥无几，行业信用综合理论研究处于空白阶段，“只能摸着石头朝前走”。研究之初，大家多次与时任徐成光主任、王振宇副处长、朱春雷等沟通交流。后来通过启动全行业信用体系建设深入摸底调研工作，从调研实践中探寻解决问题的大方法和大思路。

夯实基础。2015年7—9月，我们研究设计了专门调研提纲，分“华东、东北、华南、华中”四大片区，在时任政研室副主任杜敏琪、王振宇副处长、朱春雷带领下，发展中心褚春超主任、熊才启研究员等同事参加，实地调研了浙江、上海、江苏等11个代表性省区市，走访30多个地方，召开25次座谈会，完成32个省级交通运输主管部门书面调研，在全面深入调研基础上，充分发挥既有交通运输综合政策优势，起草形成《加快交通运输信用体系建设研究》和《交通运输信用体系建设和信用缺失问题治理调研报告》，提出了交通运输信用体系建设的十大问题和九大战略任务。2015年9月25日，部组织召开了由时任部长杨传堂同志主持的第一次交通运输信用体系建设专题会，研究形成的系列成果作为部专题会材料，呈报与会各司局长审阅，审阅后，获得时任陈健主任“大开眼界”的高度评价，各有关司局领导普遍认为这是行业信用体系建设的第一个全面系统的调研报告。会上，时任部长杨传堂指示调研报告要印发全行业。同时，明确信用体系建设工作由部政研室带头，部内12个相关司局参与，按照有关重点任务加快推进。

“交通信用”里程碑。回想2015—2017年连续500多个工作日，部政研室530房间见证了部“交通运输信用体系建设”工作的起步、萌芽、成长，也见证了一个新人在“交通信用”领域快速成长的过程，更记载着部政研室领导和同事们对我谆谆鼓励和关心……两年时间里，在院和中心领导的关心支持下，有力促进了部全面推进“新时代交通运输信用体系建设”工作的开展，赢得了部有关领导尤其是时任部政研室主任徐成光等领导的信任和赞誉。

2016年春，部明确交科院为部信用体系建设全面技术支撑单位。随后，院长石宝林、副院长兼总工程师王先进牵头并担任组长和副组长，组织院科研处、发展中心、资源中心、标准中心、科发公司、传媒公司等部门力量，成立交通信用联合工作小组，聚焦交通信用重大政策、战略规划、政策制度、标准规范、信用平台和诚信宣传等工作，开展了大量奠基性、前瞻性、开创性研究和技术服务工作，有力支撑和推动了交

▲ 交通运输部科学研究院交通信用技术支撑团队

通运输行业信用体系建设。随着交通信用团队的不断成长，2016 年 9 月，交科院发展中心成立交通信用研究室，深入推进交通信用体系建设研究工作，协助院开拓了交通信用新兴科研领域，“交通信用研究中心”在我院正式挂牌。

突破创新。交通信用属于跨学科的新兴研究领域，团队通过对新时代交通运输信用建设理论体系、监管模式、系统平台等进行系统研究及应用实践，取得系列创新性成果，主要包括：15 项研究报告、12 个政策文件、1 个信用共享平台、1 个信用交通网站、多篇学术论文和专著等。创新成果体现在七大方面：一是研究构建了我国交通运输信用体系建设的理论体系。二是研究提出了交通运输信用体系建设的顶层制度设计，明确了交通运输八大领域推进信用建设重点及路径安排，支撑部印发《加强交通运输行业信用体系建设的若干意见》。三是研究建立了交通运输守信联合激励和失信联合惩戒对象名单制度，支撑部起草《交通运输守信联合激励和失信联合惩戒对象名单管理办法（试行）》。四是首次研究形成了交通运输行业第一个联合惩戒和第一个联合激励备忘录，支撑 36 部委签署印发《对严重违法失信超限超载运输车辆相关责任主体实施联合惩戒的合作备忘录》和《对交通运输工程建设领域守信典型企业实

▲▶ 团队支撑全国“信用交通省”创建推进会相关工作

施联合激励的合作备忘录》。五是研究提出了运输物流领域加强信用治理应用的制度设计。六是研究制定了多部联合、部省共建的“信用交通省”创建模式，支撑部印发《“信用交通省”创建工作方案》《“信用交通省”建设指标体系》等。七是研究建立交通运输信用信息管理与服务综合平台，开通国家部委中第一家行业信用门户网站。

成效显著。研究成果已被国家有关部委采纳，支撑了《加强交通运输行业信用体系建设的若干意见》《对严重违法失信超限超载运输车辆相关责任主体实施联合惩戒的合作备忘录》（36 部委）《“信用交通省”创建工作方案》等 12 个重要文件的制定，产生了广泛深远的社会影响，取得了显著社会经济效益，充分体现了政策研究成果对行业管理决策的关键支撑作用。

“阳光总在风雨后，请相信有彩虹”。近年来，交通信用团队深耕细作、砥砺前行，取得了多项创新性研究成果，2018 年由交通发展研究中心牵头申报的“交通运输信用体系建设重大政策和监管模式研究及实践应用”项目，荣获中国公路学会科学技术奖一等奖，标志着我院在交通信用专业研究领域的研究能力、应用水平和重大产出成果集成等方面迈上了新台阶，整

中国公路学会
科学技术奖证书

为表彰中国公路学会科学技术奖获得者，特颁发此证书

项目名称：交通运输信用体系建设重大政策和监管模式研究及实践应用

奖励等级：一等

获 奖 者：交通运输部科学研究院

2018年12月31日

证书号：A18-1-024-001

▲ 交科院交通信用团队荣获中国公路学会科学技术奖一等奖

体处于国际先进水平。我院承担部战略规划课题“交通运输信用体系建设2021—2030年发展研究”，将着眼于交通强国建设及未来发展，为交通运输信用体系建设谋大局、供大智、举大力。

面对新时代交通强国建设要求，我们将“不忘初心、牢记使命”，坚定“开拓创新、务实专业、和谐共进、善谋善成”理念，深入开展交通运输信用体系中长期发展战略、重大政策制度、法规标准、数据分析、信用监测、评价应用、联合奖惩、信用承诺、信用修复等全链条研究与咨询，为交通运输治理体系和治理现代化咨政建言，为交通强国建设贡献智慧和力量。

作者简介

高爱颖，1978年生，副研究员，北京交通大学工学博士，中国人民大学博士后，现任发展中心战略规划（交通信用）研究室主任，交科院“交通现代化研究”创新团队领衔专家，中国物流学会特约研究员。主要从事交通强国、战略规划、交通信用、科技创新、物流供应链、综合运输等领域的研究工作。主持和参与部委省市重点项目70多项，国家社科基金2项。支撑部委起草政策性文件15项，发表学术论文20余篇，EI、ISTP检索8篇，主编参编学术专著7部。荣获院“先进工作者”荣誉称号，多次获得中国公路学会科学技术奖一等奖、二等奖、三等奖，港口协会科技进步奖一等奖。

院绿色交通学科的创立与发展

◉ 凤振华

当今的能源与环境问题，使可持续发展思想和理论成为全球关注的热点。交通运输业是国家能源消费与温室气体排放的重要领域之一，特别是自2000年以来，我国进入从解决温饱到全面建设小康社会的新发展时期，交通运输行业发布了中长期铁路网规划、国家高速公路网等一批重大交通规划，开始了世界上规模最大的交通基础设施建设。面对高速发展中的新要求、新挑战，以及绿色发展问题的规律和对策研究等，绿色交通学科应运而生。

在2006年7月召开的建设创新型交通行业工作会议上，时任交通部部长李盛霖提出“走资源节约型、环境友好型发展道路”的要求。在翁孟勇、黄先耀两位副部长的指导和部科教司领导下，我院交通发展研究中心牵头，开展资源节约型、环境友好型交通发展模式研究，研究成果荣获中国公路学会科学技术奖特等奖。依托该项目的核心成果，2009年，部印发了《资源节约型环境友好型交通发展政策》，提出了2020年公路水路交通节能的指标和任务。按照部的工作部署，我院交通发展研究中心牵头开展了中国交通运输节能减排中长期规划研究，研究提出了中国公路水路交通运输节能减排中长期目标和重点、实现途径、保障手段等。这些项目成果与我院其他项目成果一道共同提升了绿色交通科学研究水平。

2011年起，为了加强公路水路交通运输行业节能减排“十二五”规划各项任务的落实，财政部和交通运输部首次设立了交通运输节能减排专项资金，出台了《交通运输节能减排专项资金管理暂行办法》，通过资金加强节能减排政策引导，刺激交通运输企业实施节能减排项目的积极性。为协助部严格做好专项资金的日常管理工作，根据部安排，我院于同年成立了交通运输节能减排项目管理中心，在交通发展研究中心内设低碳交通研究部（现为绿色交通研究室），专门从事交通运输节能减排与应对气候变化的政策研究及人才培养，交通发展研究中心政策法规研究部同时开展交通运输节能减排与应对气候变化法规标准等研究。在项目推进过程中，交通运输节能减排项目管理中心和交通发展研究中心分别在组织机构、人员配备、制度建设和政策研究、技术咨询、人才培养等方面开展了大量工作。犹记得连续几年我们在云南、海南、陕西、辽宁等地过元宵节，在广东、山东、辽宁、湖北等地的方案编制团队深夜工作、煮姜茶取暖的情景，初春乍暖还寒，大家不惧深夜严寒，埋头工作，一心只为做出最满意的成果。所幸，这一切的忙碌辛劳有了回报，我院先后荣获人社部、国家发改委、环保部、财政部四部委授予的“全国节能减排先进集体”和“全国交通运输行业节能减排先进集体”等称号。

▲ 交通运输节能减排专项资金有效推动了绿色港口等绿色交通区域性主题性项目建设

交通发展研究中心绿色交通研究室从设立开始，就以培养和造就全面发展的高素质科研人才为目标，从国内外引进节能减排与气候变化领域的博士和博士后，从事交通运输节能减排与低碳发展方面的研究；联合中国科学院科技战略咨询研究院成立“绿色交通联合研究中心”，开展基础研究，培养人才。6 年多来，先后有 4 人评为研究员，其中，郭杰研究员当选世界道路协会（PIARC）技术委员会委员，多人入选科技部专家库成员、国家节能中心节能减排专家库成员、部交通运输节能减排专家库成员等。同时，我院成功申请了国家自然科学基金青年基金项目 2 项和中国博士后科学基金。多名成员在联合国气候变化大会、国际能源对话、世界交通大会等重大会议上交流绿色交通研究成果。

中心从设立开始，就以站在交通运输绿色发展需求的最前沿为导向，积极强化战略思维和国际视野，开展绿色交通顶层设计。中心先后开展了国家重点研发计划“支撑配额分配的石化、化工、建材、交通运输等行业单位产品碳排放限额标准研制及试点应用”，中国低碳宏观战略研究项目“中国交通低碳发展战略研究”，以及部委托课题“公路水路交通运输节能减排‘十三五’规划重大问题研究”“绿色交通发展框架及指标体系研究”“中国绿色交通中长期发展规划研究”等研究，研究成果荣获中国公路学会一等奖 2 项、二等奖 2 项，中国航海学会科学技术奖二等奖 2 项。

在绿色交通学科发展过程中，我中心一直注重加强与国内外的学术交流与合作。早在 2007 年，交通发展研究中心成功申请了亚洲开发银行

▲ 联合中国科学院科技战略咨询研究院成立“绿色交通联合研究中心”

▲ 获“全国节能先进集体”称号

▲ 积极参加国内外学术交流

技术援助项目“中国公路行业资源优化研究”，这是我国交通运输行业第一个由中方研究机构作为总牵头单位的技援项目。2014 年，中心时任副主任李忠奎、欧阳斌牵头的全球环境基金（GEF）项目“中国交通运输行业适应气候变化技术需求评估”，研究提出了交通运输行业减缓技术清单，为 2015 年联合国气候变化大会中国代表团谈判提供了素材支撑。与能源基金会（EF）、美国南加州政府联合会（SCAG）、美国环保协会（EDF）、世界资源研究所（WRI）、德国国际合作机构（GIZ）等建立了合作关系，联合开展节能减排模型、碳交易等相关研究工作。

当前，我国的生态文明建设和绿色发展正进入一个新的发展时期，也是我国从“交通大国”向“交通强国”迈进的重要时期，国家和行业的发展需求，给绿色交通学科建设带来新的机遇和挑战。中心承担了绿色交通中长期发展规划研究、绿色交通综合评价、2035/2050 交通运输低碳转型发展、中国交通低排放发展战略等研究工作，加强绿色交通发展战略、规划、标准和交通运输能耗与碳排放模型、污染物模型等基础研究，做有研究基础的咨询；深化绿色交通项目技术咨询服务，支撑行业出台相关领域的指导性文件，做能落地实操的研究。同时我们也看到，国内科研院所相关学科都在迅猛发展，绿色交通学科发展依然任重而道远，我们将继续奋发努力，为交通强国建设和美丽中国建设贡献智慧。

作者简介

凤振华，1985 年生，副研究员，管理学博士，管理科学与工程博士后。现任交通发展研究中心（财政与金融研究中心）绿色交通研究室主任，主要从事绿色交通发展战略与政策研究工作。核心研究成果被部和地方交通运输主管部门采纳，形成和发布了多项部和地方政策性文件。在 Energy，Applied Energy，Int. J. Global Energy Issues 等期刊发表论文 20 余篇，研究成果被 IPCC 等引用，是气候变化国家评估报告贡献作者。荣获省部级科技成果一等奖 2 项、二等奖 2 项。

综合运输研究中心发展历程

◉ 尚晋平

综合运输研究中心前身系成立于2005年的交通技术咨询中心。2017年，按照部批复的交通运输部科学研究院机构设置方案，改用现名称。回顾中心15年的发展历程，总体上经历了事业起步（2005—2008年）、巩固发展（2009—2016年）、创新发展（2017年至今）三个发展阶段。

一、事业起步阶段

2005—2008年是中心的初创时期。2005年，为了补强在规划咨询领域的短板，形成专业化规划咨询队伍，做大做强规划咨询业务，我院重新组建了交通技术咨询中心。中心成立初期仅有5人，主要开展公路网规划和道路运输枢纽规划咨询业务。

这一阶段，经过艰苦创业、开拓创新、积极进取，中心科研生产规模快速扩大，由一个新重组的小部门迅速发展成为院内主力科研部门，中心职工由5名增长至20名，并取得了一批有影响力的科研与咨询成果。“一体化公路客运换乘系统规划研究”“东莞市公路网规划、公路客货运输站场布局规划”分别获得了中国公路学会科学技术奖二等奖、中国优秀工程咨询成果三等奖。2008年，中心的新签合同金额达1860万元，在全院研究部门中名列前茅。

这一阶段，中心的管理体制逐步完善，业务板块逐渐明晰，初步形成了以交通规划为主业，涵盖战略政策、工程咨询、管理策略在内的门类齐全的交通规划咨询业务体系，行业影响力逐步增强。

二、巩固发展阶段

2009—2016年是中心的巩固发展阶段。2009年，交通大部门体制改革拉开帷幕，为适应国家建立综合运输体系战略的要求，中心在前期创业的基础上，抓住机遇，稳步调整业务方向，开始步入事业巩固发展阶段。科研成果和生产经营都实现了跨越式发展，人员规模和结构进一步扩大和优化，中心已成为院主要研究部门之一。

这一阶段，中心业务体系进一步拓展和优化。在巩固原有咨询业务的基础上，为部服务不断加强，科研能力、科研质量稳步提升，成为支持部有关司局科学决策、开展综合运输发展与改革问题研究的重要部门。同时，也成为国家公路运输枢纽总体规划、综合客运枢纽投资项目资金申请报告代部技术评估部门。

这一阶段，中心研究领域硕果累累，各种奖项全面开花。其中，“汶川地震灾后重建公路抗震减灾关键技术研究”获中国公路学会科学技术奖特等奖，“依托交通运输平台　加快邮政业发展研究”“西部地区综合客运枢纽规划设计与运营管理关键技术研究”“山区公路网络安全性评估技术研究”均获得中国公路学会科学技术奖二等奖，合作完成的“海南省旅游公路规划”获得全国优秀工程咨询成果二等奖，“河南省农村工程技术标准”获得河南省交通运输科学技术进步奖二等奖。

经过八年的稳步发展，到2016年，中心员工达到46名，新签合同金额超过3000余万元。中心业务与时俱进，在传统咨询业务基础上，科研、服务得到加强，业务体系更加完备，发展基础更加扎实，影响力进一步扩大，行业品牌初步形成。

三、创新发展阶段

2017年以来，随着院发展理念从“规模效益型”向“质量效能型”转变，特别是按照新时代交通运输高质量发展要求，中心进入了创新发展的新阶段，综合运输研究中心正式挂牌成立。

这一阶段，中心在继续保持传统优势业务的基础上，在交通发展战略、综合运输政策、多式联运研究、旅游交通发展、“四好农村路”建设等业务方面取得了新的突破，树立了行业的口碑和品牌。在交通发展战略研究方面，服务交通强国建设，完成了“党的‘十八大’以来交通运输发展理论成果与实践成就研究”“交通运输开放发展研究”等交通强国专项研究，研究起草了《国家综合立体交通网指标框架》，并多次向部领导汇报。《国家综合立体交通网指标框架》作为首个国家综合立体交通网络研究成果在全行业印发。在综合运输政策研究方面，开展了“旅客联程运输发展战略及推进路径研究”“推进我国铁路运营管理体制改革的思路及对策研究”“综合交通运输合理规模和结构优化研究”等一批部战略类课题研究，并打造了“青岛市综合交通运输体系规划”“玉林市综合交通运输体系规划”“新疆建设兵团综合运输服务规划”“厦门港港务多式联运示范工程研究”等一批标杆咨询项目。在多式联运研究方面，参加了科技部“国际化绿色港口枢纽及多式联运关键支撑系统合作研发”项目，牵头申报国家重点研发计划政府间国际科技创新合作重点专项——“服务‘一带一路’的中欧陆海快线跨国供应链运营关键技术研发与示范应用”并成功获得批复，在争取国家级科技项目方面实现了零突破。此外，还完成了一批多式联运示范工程咨询工作。在旅游交通发展和“四好农村路”建设方面，开展了“乐山市水运＋旅游融合发展规划”等交旅融合特色研究，并推进了“四好农村路”示范创建技术支持工作。

这一阶段，顺应综合交通运输发展新需求，中心于2018年在部的大力支持下推动并成立了全国综合交通运输标准化技术委员会，成为交通运输部综合交通运输标准化技术委员会秘书处承担部门，在综合交通运输标准制修订、标准宣贯、人才培养、品牌创建等方面发挥了重要作用。

这一阶段，中心积极开展各类国际交流，鼓励科研人员参加国内外高水平学术会议。中心先后派员参加了包括国际运输论坛峰会、世界道路协会货运技术委员会会议、联合国气候变化波恩会议、联合国亚太经社会专家组会议在内的系列国际交流会议。通过一系列对外交流，不仅加强了中心与国外科研、学术机构间的沟通和联系，也显著提高了中心员工的业务能力。

这一阶段，中心以“为部服务、为行业服务”为己任，秉承“客观务实、开拓进取”的科研和咨询作风，致力于为政府部门或企业提供高质量决策与咨询服务，取得了规模效益明显提升、科研能力明显增强、科研水平明显提高等多方面的成绩。“城乡交通运输一体化建设理论方法、政策机制与实践应用研究”获得了中国公路学会科学技术奖一等奖，“基于柳州创建‘公交都市’的公共交通发展规划研究与示范”“‘十三五’期交通运输引导新型城镇化发展思路及对策研究”等研究成果获得中国公路学会科学技术奖二等奖。

这一阶段，中心经济规模质量稳中有升，2019 年中心新签合同金额超过 4000 万元，中心决策支撑作用不断提升，行业影响力持续扩大。中心通过加大公益服务的开展和人员保障，与相关业务司局的联系日益紧密，研究人员得到全面锻炼成长，中心在行业重点领域的研究能力也明显增强。

四、结语

回望中心十五年发展，虽一路艰辛，也取得了可喜的成绩。

十五年来，中心先后有 28 名年轻同志被评为副研究员或高级工程师，2 名同志被评为研究员，7 名同志从普通职工走上管理岗位、成为院中层干部。在业务领域，多名同志崭露头角，成为中心各个研究方向的领头人和品牌专家。

展望未来，中心将继续以“为部服务、为行业服务”为己任，构建完善“研究、咨询、服务”三位一体的业务体系，在科技支撑交通强国建设的新征程中继往开来、奋力拼搏，努力实现为部服务再上新台阶、科技创新取得新突破、业务开拓再创新局面！

作者简介

尚晋平，1976年生，副研究员。从事交通运输行业研究工作15年，主持、参与科研项目50余项，涉及道路运输管理、收费公路政策、高速公路运营管理、国家公路运输枢纽规划、综合客运枢纽规划、综合运输体系规划、站场工可及区域交通规划等多个领域，积累了战略研究、交通规划、综合运输、工程咨询等多方面的研究经验，不少课题成果为行业决策者所采用。发表论文19篇，其中EI检索论文2篇、核心期刊3篇。

综合交通运输规划学科的发展与构想

◉ 刘振国

一、背景情况

交通规划是经济社会发展规划的重要组成部分，同时也是空间规划体系的关键环节。2011 年 6 月，交通运输部印发了关于推进综合运输体系建设的指导意见，标志着交通主管部门正式推动综合运输体系建设的开始。2013 年 11 月 26 日，经国务院和中央编委批准，《中央编办关于交通运输部有关职责和机构编制调整的通知》正式印发，形成了交通运输大部门管理架构格局。交通运输部负责组织综合交通运输体系规划编制工作，省、市、县各层级交通主管部门都将开展综合交通运输体系规划编制工作，推进综合交通运输体系建设的职责更加明确。

综合交通运输体系规划是我院综运中心的传统核心业务。随着综合交通运输的发展，团队从单方式的公路网规划、国家公路运输枢纽规划到综合交通运输体系规划，在此基础上开展了大量横向、纵向课题，获得多项省部级科学技术奖和优秀成果奖，组成了一支由多名专业人员构成的实力较强的研究队伍。在综合交通运输规划业务领域，综运中心的成果数量和技术水平处于行业前列，是为部提供技术支持的重要部门之一。

二、主要工作

为部服务及纵向研究方面。团队承担了一批交通网络规划方面的纵向研究课题，并在部级层面参与了大量交通战略规划类研究工作。协助部起草《关于以“四个全面”战略布局为统领 当好经济社会发展先行官的指导意见》，承担“‘十三五’我国综合交通运输体系发展战略重点及对策研究”“‘十三五’交通运输引导新型城镇化发展思路及对策研究”“‘十三五’邮政业发展战略研究”“综合客运枢纽功能匹配及后评价方法研究”和“我国交通白皮书编制相关问题研究”等课题。参与了交通强国课题“城市群及中小城市交通发展研究”。

纵向课题研究还包括“综合运输枢纽与通道布局规划方法研究”“综合运输体系下客运结构合理配置理论与方法”“综合运输体系建设评价研究”“一体化运输客运交通换乘系统规划研究”“西部地区综合客运枢纽规划设计与运营管理关键技术研究”“海南国际旅游岛风景道建设技术研究与示范”“县域交通运输科学发展评价指标体系研究”“城乡道路客运一体化评价指标体系研究”“综合客运枢纽功能匹配及后评价方法研究”“基于 GIS-T 的公路网规划方案优化技术研究”等。

交通规划方法和技术研究方面。团队通过一系列区域和市域的综合交通运输网络规划实践，形成了行业公认的规划编制体例；初步形成综合运输通道、综合运输网络和综合交通枢纽等规划方法和交通需求分析模型技术。针对城市群、城市、城乡不同层次和特点，研究规划的组织方法、组织程序和协调机制，并研究制定相关的政策保障。本研究团队已经开展了“综合运输标准化专题调研报告”“综合交通运输标准体系表”等相关研究工作，正在进行“综合交通运输体系发展规划编制导则”“综合交通运输一体化评价指标标准”“综合客运枢纽级别划分标准”和“综合客运枢纽服务功能与服务规范标准研究”等交通运输规划、评价标准研究工作。

各层级综合交通运输规划研究。完成了多项区域、省域、市域、县域综合交通运输发展规划、布局规划和建设规划，处于行业领先水平。参与部关于京津冀、黄河几字湾等城市群区域交通规划工作；承担皖江城市带承接产业转移示范区综合交通发展规划研究；承担西藏自治区综合运输体系发展研究。承担惠州市、青岛市、唐山市、秦皇岛市、普洱市、衡阳市、阿勒泰地区、霍尔果斯经济开发区、柳州等10余项市域综合运输体系规划，承担北京市、萍乡市、柳州等10余项五年综合交通规划项目，并承担大量城乡交通和县域综合交通体系规划研究。

此外，还开展了多项旅游交通、公路网、运输场站、安全应急、公共交通、城乡交通、现代物流、节能减排等领域的专项规划。

三、下一步工作构想

随着交通网络规模的扩大和客货运输需求特征的变化，交通规划日益面临多方式、多模式、跨区域和服务化的新要求；同时，交通网络对经济社会和空间开发引领将会愈发突出，与产业融合发展不断增强。

（一）工作目标

依托中心综合交通运输业务领域以及交通行业重点实验室，立足于综合立体交通运输体系规划基础理论、战略政策和技术标准，在城市群综合交通网络规划、市域交通网络规划、县域及城乡交通网络、旅游交通以及综合运输网络等研究方向深入研究，取得一批创新科研成果，打造一支人才梯次配备合理、具有一定影响力的综合立体交通运输体系规划科技创新团队。

充分集成先进的技术手段、在线交通仿真技术，综合开展基于GIS的交通运输网络决策支持系统的研发。另外，对于面向中宏观运输网络的仿真，将在引进美国和德国构建的交通需求模型机理的基础上，结合城市群区域性、多模式和综合性等需求进行消化吸收，研究多约束下的交通需求模型。

（二）工作重点

新常态下，我国经济呈现速度变化、结构优化、动力转换的基本特征。未来我国交通总体需求依然旺盛，发展空间不断拓展，交通需求结构将发生较大变化，推进供给侧结构性改革速度加快。新形势下国家宏观调控重点将由需求侧转向供给侧。根据我国土地利用、资源使用、生态环境、技术水平和体制机制障碍等因素，科学规划未来各时期综合交通各子系统的组织结构、产业政策、投资及运营管理模式，精准预测需求侧，科学规划供给侧，保障综合交通可持续与和谐发展。结合中心自身发展基础和行业发展趋势，团队立足于以下研究方向开展研究：

一是综合交通需求预测模型及政策评估仿真技术。依托城市公交智能化行业重点实验室城市交通规划仿真技术平台，建立综合交通运输数据调查、需求预测、网络布局、枢纽布局、运输服务等成套规划模型和方法；建立城市群和城市综合交通运输体系规划以及城乡交通一体化等各层级规划模型和方法。

二是各层级综合交通运输体系规划方法与技术。开展国家区域性战略规划与交通发展跟踪研究、各交通运输方式的发展动态跟踪研究，系统优化与完善综合交通运输规划理论方法，具备更强的承担城市群、城市、城乡等各层级综合交通运输体系规划项目的能力。在综合交通网络布局、综合交通运输枢纽、综合运输服务系统等领域，成为综合交通运输规划方向为部服务的重要支撑团队，重点服务于部组织开展的综合运输体系规划、城市群及重点区域的综合运输体系规划。具备更强的承担公路网、公路交通枢纽、道路运输、公共交通、旅游交通、多式联运等专项规划以及建设规划和综合交通运输相关示范工程实施方案的能力。依托综合交通运输标准化委员会，参与制定并形成规划编制程序和要求、规划方案评价、规划效益评价和编制规划的技术要求等方面标准或导则。针对城市群、城市、城乡不同层次和特点，研究规划的组织方法、组织程序和协调机制，并制定相关的政策保障。

三是承担服务于国家战略的区域型交通网络规划和国家级城市群综合交通网络规划或专项交通规划，探索县域交通网络规划和旅游交通网络新业态的规划技术，在各领域形成有代表性的规划研究成果。积极申请国家级项目，重点在综合交通运输领域申报关键技术攻关课题；支撑交通强国涉及交通网络化方面的研究工作。

作者简介

刘振国，1985年生，高级工程师，研究室主任，注册咨询工程师，院团委副书记。长期从事综合交通运输、公共交通、运输服务及旅游交通相关领域的规划和政策研究，主持和参与过交通运输领域50多项课题和项目，其中省部级20余项，发表学术论文10余篇，获省部级科学技术一等奖2项、二等奖2项、三等奖1项。曾获交通运输部科学研究院青年优秀人才、部直属机关优秀团员等称号。

综合客运枢纽学科的发展回顾与展望

◉ 郑维清

一、引言

综合交通运输体系是铁路、公路、水运、民航等运输方式根据国家经济社会发展需要和交通运输需求，按照各自技术经济特征和比较优势形成的交通运输有机整体，是交通运输发展的必然趋势和高级形式。综合运输体系建设是交通运输部当前重点任务，而综合客运枢纽的建设是完善综合运输体系的重要切入点。它的建设对于提高综合运输服务水平，充分发挥各种运输方式的整体优势和综合效率，加快综合运输体系的形成具有重要意义。

“十二五”以来，交通运输部通过投资补助等政策引导方式积极推动综合客运枢纽建设发展，取得了很好的效果。上海虹桥枢纽、南京南站、深圳北站等一批标志性的综合客运枢纽项目投入运营，极大地方便了旅客出行。伴随着我国综合客运枢纽的发展，我院在综合客运枢纽方面的研究也经历了从开拓性研究到技术成果应用实施，再到开展前瞻性研究的过程。

二、学科发展历程

（一）开拓研究

院在开展公路场站、公路主枢纽和国家运输枢纽规划、设计、运营和管理研究的同时，在国内较早地从现代换乘系统、一体化客运系统等角度开展综合客运枢纽的研究。2005 年，部规划司组织我院开展了“一体化客运交通换乘系统规划”课题，探讨了我国综合客运枢纽发展所存在的主要问题，研究了客运交通衔接的内涵、客运换乘枢纽的基本属性及一体化客运交通的发展要求，并从体制改革、制度建设、技术协调等方面提出了措施与建议。2007 年，交通部西部交通建设科技项目管理中心及时组织我院牵头，联合六个相关单位开展了“西部地区综合客运枢纽规划设计与运营管理关键技术研究”，从综合客运枢纽的规划设计与运营管理等环节开展系统研究，研究综合客运枢纽规划设计与运营管理中的关键技术问题。随着部投资引导了综合客运枢纽的快速建设，为评价枢纽项目建设效果，部规划司组织我院开展了“综合客运枢纽功能匹配及后评价研究”，从管理者、运营者、旅客等多个角度提出了枢纽功能需求，并构建了枢纽布局评价指标体系。

（二）技术应用

2015 年，为发挥标准作为技术基础支撑综合交通运输体系建设发展的作用，交通运输部依托我院成立了综合交通运输标准化技术委员会，并会同国家铁路局、中国民航局、国家邮政局共同制定了首批综合交通运输标准，其中包含七项综合客运枢纽标准，分别是《综合客运枢纽术语》（JT/T 1065—2016）、《综合客运枢纽分类分级》（JT/T 1112—2017）、《综合客运枢纽通用要求》（JT/T 1067—2016）、《综合客运枢纽换乘区域设施设备配置要求》（JT/T 1066—2016）、《综合客运枢纽公共区域总体设计要求》（JT/T 1115—2017）、《综合客运枢纽服务规范》（JT/T 1113—2017）、《综合客运枢纽导向系统布设规范》（JT/T 1247—2019）。七项标准中，我院主持四项、参与三项。综合客运枢纽系列标准覆盖了枢纽定义与分类分级等基础标准，通用建设、规划布局、设施设备配置、导向布设要求等建设标准以及服务标准，填补了综合客运枢纽规划建设及运营领域标准的空白，为综合客运枢纽规划建设提供了技术指引。标准发布后，我院及时组织各省交通运输主管部门相关人员开展大规模的综合客运枢纽相关标准宣贯培训，加快标准落地实施步伐。我院还组织开展了“综合客运枢纽换乘仿真研究”，研究枢纽布局评价及优化方法。同时，我院依托青岛黄岛综合客运枢纽，创建了“高效绿色综合运输枢纽建设与运营科技示范工程”，对近年来的研究成果进行示范应用。

（三）前瞻研究

近两年，随着综合客运枢纽建设步伐的加快，各地积极发展枢纽经济，我院组织开展了“综合客运枢纽促进区域经济发展研究”，剖析枢纽开发存在问题，梳理总结综合客运枢纽综合开发模式，为发展枢纽经济建言献策。同时，国家铁路局委托我院开展了“铁路综合客运枢纽提升服务水平研究”。顺应运游融合发展趋势，我院组织开展“综合客运枢纽与旅游集散中心融合发展研究”。我院也积极组织申报科学技术部2018年重点研发计划“综合客运枢纽高效运行与智能服务关键技术及示范应用”。

三、学科发展趋势

综合客运枢纽是城市综合交通体系的中枢，直接影响着城市交通运输系统的效率、安全、综合服务水平和出行者的出行体验，形成布局合理、衔接顺畅、功能完备、服务优质的综合客运枢纽节点将是未来交通运输工作的一个重点。随着综合客运枢纽的快速发展，多方式综合客运枢纽的协同运行与布局优化将逐渐成为研究的热点，互联网、物联网等信息技术应用成为提升枢纽运行效率和服务水平的关键因素。未来，我们要精准把握趋势，加强综合客运枢纽协同运行效率和服务水平提升的相关研究，进一步提升我院在综合客运枢纽领域的影响力。

作者简介

郑维清，1982年生，高级工程师，注册咨询工程师，现任综合运输研究中心综合交通工程咨询部主任。长期从事综合客运枢纽规划、道路运输发展规划、综合交通运输发展理论与政策等领域研究工作，在综合客运枢纽规划建设与运营管理研究领域具备丰富的理论知识和实践经验，先后主持和参加项目近百项。公开发表学术论文10余篇，编写专著1部，主编综合客运枢纽系列交通行业标准4项，申请国家发明专利2项，获省部级科学技术二等奖1项。

以标准化为抓手 促进综合交通运输体系深度融合

——院综合交通运输标准化工作纪实

◉ 汪 健

一、引言

2018 年 7 月 31 日，全国综合交通运输标准化技术委员会成立大会暨第一次工作会议在京召开，原国家标准化管理委员会服务业部柳成洋副主任宣读了《国家标准委关于成立全国综合交通运输标准化技术委员会的公告》，由此，全国综合交通运输标准化技术委员会（简称“综标会”）宣告正式成立。交通运输部李建波党组出席了大会并做了重要讲话，国家标准委副主任崔钢，部内有关司局、部管国家局有关部门负责同志，以及综合交通运输标准化技术委员会全体委员参加了大会。

作为见证综标会成长的交科院人，宣读的那一刻，我感慨万分，综标会在短短几年里从无到有，离不开决策者的高瞻远瞩，也离不开创业者的只争朝夕。这一切在交科院 60 周年光辉历程中，画下了浓重的一笔。

二、创业难，难于上青天（2013—2015年）

2013 年，那是我来到交通技术咨询中心（原综运中心前身）的第二年，3 月 10 日，国务院发布《国务院机构改革和职能转变方案》，开启新一轮大部制改革。一个春日的上午，时任中心主任的孙小年同志将我叫到了他的办公室，跟我说起了筹备成立全国综合交通运输标准化技术委员会的这一设想："新一轮大部制改革为综合交通运输体系建设提供了新的契机，如何更好地推进综合交通运输体系建设，在体制上融合还不能短期做到的情况下，我认为标准化是一个有力的抓手。"犹记得当时的我很懵懂，毕竟我对标准化这一领域从未涉足，不过我对此却有着无限的热情！

很快，这一设想得到了石宝林院长的高度赞同。在领导的大力支持下，我们正式启动了前期工作，由我和从原标准所调任咨询中心的姜景玲同志正式组建课题组并开始前期工作。我们先后奔赴城市交通研究中心，向时任中心主任的江玉林博士以及负责城市交通标委会的张好智博士请教标委会成立相关流程和要准备的材料，确定了要事先开展综合交通运输标准体系研究的分阶段目标。孙小年主任当机立断，发动了中心几乎一半的业务骨干，成立了综合交通运输标准体系研究课题组，分专业领域开展综合交通运输标准调研工作。2013 年，同志们都奔波在全国各大港口、场站、地市交通运输行业部门，印象中最忙碌的一个月里，我们召开接近 10 场标准需求座谈会，只为梳理清楚标准的需求。2013 年下半年，在完成综合交通运输标准体系初稿和全国综合交通运输标准化技术委员会论证材料的基础上，我们开始了创业征途的第二步：向部主管司局汇报沟通。孙小年主任带着我们先后多次向部科技司领导汇报我们的设想，石宝林院长也多次向部科技司领导汇报，目标在朝着预定的方向一点点的清晰明朗化，工作分两步走，先成立行业综合交通运输标准化技术委员会，再成立国家综合交通运输标准化技术委员会。

适逢其会，2013 年 11 月 26 日，经国务院和中央编委批准，《中央编办关于交通运输部有关职责和机构编制调整的通知》正式印发，确定了交通运输部"负责拟定综合交通运输标准，协调衔接各种交通运输方式标准"的具体职责。研究制定综合交通运输标准体系，成立负责综合交通运输领域标准组织制修订的技术组织成为有效的途径。部正式同意我院组织开展综合交通运输标准体系研究，并启动筹备成立行业综合交通运输标准化技术委员会。经过一年多的艰苦努力，2015 年 8 月 13 日，综合交通运输标准化技术委员会成立大会暨第一次工作会议在北京隆重召开。第一届综合交通运输标准化技术委员会由56名委员组成，交通运输部科技司庞松司长任主任委员，交通运输部科学研究院石宝林院长、国家铁路局科技与法制司曾会欣副司长、中国民用航空局航空器适航审定司杨桢梅副司长、国家邮政局发展研究中心焦铮副主任、交通运输部运输服务司王水平副司长、上海国际港务集团方怀谨副总裁均任副主任委员。秘书处承担单位为交通运输部科学研究院，交通运输部科学研究院交通技术咨询中心李忠奎主任任委员兼秘书长。由此，正式宣告这一创业历程形成了阶段性成果！

三、守业艰，再上新台阶（2015—2018年）

2015年，时任交通运输部部长杨传堂曾对综合交通标准化技术委员会的成立批示“加强、改进交通运输标准化工作是政府工作的重要工作内容，有着规范技术行为、引领行业发展、对标国际融合、推进走出去战略等重要作用，你们一定要不断提高，在这方面做出历史性成绩。”作为一群经验尚浅的综合交通运输标准化人，如何做好综合交通运输标准会工作，成为时任交通技术咨询中心主任、综标委秘书长李忠奎同志不断思考的重要问题。最终得出结论：一是加强落实秘书处建设。一方面进一步扩充标委会秘书处力量，聘任原中国民航科学技术研究院标准所所长刘家伟同志为标委会专职顾问；另一方面强化标委会秘书处工作机制，确定了“专职秘书＋专业秘书”的组织架构，分客运、货运、工程设施三大技术领域设立专业秘书。二是确定这一阶段的新目标。确定筹备成立全国综合交通运输标准化技术委员会。

功夫不负有心人，经过近两年的筹备，2017年6月15日，国家标准化管理委员会发布《国家标准委办公室关于筹建全国综合交通运输标准化技术委员会的复函》，同意由交通运输部正式筹建全国综合交通运输标准化技术委员会；2017年7月28日，开始公开征集全国综合交通运输标准化技术委员会委员；2018年3月2日，国家标准化管理委员会对拟成立的全国综合交通运输标准化技术委员会进行公示；2018年5月25日，国家标准委正式发布《国家标准委关于成立全国综合交通运输标准化技术委员会等 4 个技术委员会的公告》，全国综合交通运输标准会正式公告成立。

四、新起点，展望新篇章（2018年至今）

第一届全国综合交通运输标准化技术委员会由 56 名委员组成，编号为 SAC/TC 571，秘书处由交通运输部科学研究院承担，由交通运输部负责日常管理和业务指导工作，交通运输部科技司司长庞松任主任委员，我院石宝林院长任副主任委员，院综运中心姜彩良副主任任委员兼秘书长。

姜彩良秘书长上任以后，严抓综合交通运输标准制修订质量和进度。一方面强化标准需求源头管理，进一步加强综合交通运输标准需求调研工作，适时组织赴地方、企业实地调研，组织召开各类标准需求座谈会，确保标准制修订的科学性和适用性；另一方面强化标准过程管理，分阶段召开标准进度督导会，听取标准编制单位标准制修订的阶段性成果，适时解决存在的困难，确保标准按质保量完成。经过近一年的发展，综标委在行业的认可度和影响力得到了进一步提升，有力地支撑了综合交通运输体系建设，成为部推进综合运输体系建设的有力抓手，也为我院开展综合交通运输相关领域研究打下了坚实的基础。

五、结语

综合交通运输标准化技术委员会自成立以来，制定发布了 24 项交通运输行业标准，推进了综合交通运输体系建设，以标准化为抓手，在深化交通运输行业大部制改革、促进交通运输行业高质量发展、服务交通强国建设中发挥了重要作用。继往开来，我们将在部的领导下，百尺竿头更进一步，把准需求，放眼国际，提升能力，强化协作，推动综合交通运输标准化工作再上新台阶，为我院发展贡献更大力量！

作者简介

汪健，1983年生，工学博士，副研究员，综合运输研究中心综合运输服务研究室主任，全国综合交通运输标准化技术委员会秘书，综合交通大数据行业重点实验室大数据政策标准研究方向学术带头人，TRB ABC30委员会国际委员，黑龙江省科学基金项目评审专家。主要从事综合交通标准化、旅客联程运输、货物多式联运、综合客货运枢纽工程咨询、综合交通信息化等领域工作。发表论文10余篇，编写专著2部，主编行业标准4项，获省部级科学技术一等奖2项、二等奖2项、三等奖1项。

现代物流中心成长记

◉ 李彦林

物流业是国民经济的基础性、战略性、先导性服务产业，是产业发展的动脉，对畅通物资流通、改善消费环境、提高经济运行效率、提升国家竞争力具有重要意义。目前大家对冷链物流、城市配送、电商快递等耳熟能详，然而在刚刚进入 21 世纪的时候，很多人对物流是什么、交通运输与物流的关系与相互作用等知之甚少，或者是仅仅了解一些简单的概念，更不用说去深入、系统的研究。

2006 年 4 月，在通联大厦一个房间里，放置着几张简易的办公桌和几台老旧的电脑，几个充满活力的工作人员忙忙碌碌，在电脑前敲敲打打。这就是新成立的部门——物流事业部，该部门在院领导的鼓励和支持下成立了。

▲ 物流中心初创地——通联大厦

在当时一切刚刚起步的环境中，大家都对物流业是个什么样的行业一无所知，物流与交通运输有何逻辑关系，物流咨询服务和研究在中国能有多大的市场前景和发展潜力不甚清楚，大家对这个部门除了感到新奇外，更多的是对它究竟能否发展起来存在着担心和疑虑。唯有这个部门的初创者：赖平仲、凌方、张文涛、王娟、陈文等团队成员们对此抱着积极坚定的态度，他们相信物流业将发展成为中国的一个朝阳产业，会得到越来越多的重视和理解，也将会从理念转变为实践，为我国货运行业转型升级带来新动力！

创业的道路是艰辛的。在创业之初，部门领导者和中心的同志们相互鼓励，他们发扬艰苦创业的精神，节衣缩食，严控成本。有时甚至连简单的出行条件都需犹豫再三，如选择坐火车卧铺还是飞机，出差住宿常常价比三家，只为找出性价比高的，以此节约出差成本。他们珍惜每一次客户的信任和委托，为了能得到客户的认可与赞誉，他们反复斟酌、精益求精、加班工作。在日复一日的拼搏奋斗中，这个部门生存了下来，并且状况不断好转，队伍逐渐壮大，条件慢慢得到改善，一批物流园区规划、枢纽布局规划、货运物流发展规划和相关政策研究等成果相继产生，打破了传统思路，并不断求新求变，部门对外的咨询服务渐渐得到了越来越多客户的认同和好评。

2008 年国务院进行了大部制改革，交通运输发展也迈入了一个崭新的阶段。综合交通管理体制取得了重大突破，民航、邮政纳入交通运输统一管理，大部门管理的体制框架初步形成；交通运输转型发展提上日程，综合发展、创新发展、绿色可持续发展日益得到重视。部党组结合新的发展形势和要求，把构建综合运输体系、发展现代物流业作为引领行业发展的两个重要战略抓手，并组织开展了一系列重大课题研究，物流中心发展迎来了第一个战略机遇期。

根据总体安排，物流中心承担了“促进现代物流发展的战略与政策研究”重大课题的主要研究任务。在课题研究过程中，中心同志们怀着极大的热情深入一线调研，广泛查阅国内外各种资料文献，学习现代物流相关专业知识，详细研究论证交通运输与现代物流发展的关系，从国际国内学术研究和产业实践角度，分析我国推进物流业发展的战略思路和相关政策建议。在兄弟院所的积极配合下，由我院牵头的这一重大课题研究取得了一系列成果，成果初步厘清了交通运输与现代物流的关系，系统总结了发达国家在推进物流业发展中的典型做法和相关经验，深入研究了物流业发展的不同阶段和特征，对我国交通运输推进物流业发展提出了有针对性的意见和建议，这些研究成果也为部制定“十二五”发展规划提供了有力支撑，得到了部领导的高度认可和称赞，也推动物流中心的发展站在了一个新的起点上。

2011年春节前后，受多方面因素影响，全国农副产品价格急剧上涨，农产品流通环节多、物流成本居高不下等声音不绝于耳，引起了国务院高度重视。为弄清楚农产品运输成本大小、物流成本各环节构成等情况，在院领导的统一组织下，我中心李彦林、范敏、冯淑贞等同志参加，会同院内其他部门共同组织开展了山东寿光至北京各批发市场的农产品全流程跟踪调查。同志们深入一线，冒着严寒，选择不同路线车辆进行实地跟踪了解，与卡车驾驶员一道亲历了蔬菜从田间地头到千家万户的流通过程。在此基础上，起草了关于农产品物流成本构成分析及对策思路的调研报告。报告以翔实的一手数据，分析了干线运输与两端配送、中间分拨、批发零售等环节的成本情况，对流通过程中成本的转移和结构进行了论证分析，找出了蔬菜物流成本高的主要原因和对策思路，提出了有针对性的意见建议，得到了各方的普遍认同，进一步体现了物流中心敢于拼搏、求真务实、善于创新的研究风格和工作作风。

2012年新一轮大部制改革后，新一届部党组高度重视交通运输在现代物流发展中的基础和先导作用。为进一步促进物流业健康发展，实现交通运输服务提升和转型升级，部里统一组织开展了关于促进物流业发展的大调研活动。物流中心作为核心骨干力量，与部规划院、公路院、水运院等单位组成联合调研组，分若干专题进行广泛的调研论证，涉及物流基础设施、农村物流和城市配送、多式联运发展、物流信息化等各个方面。经过近半年的努力，形成了“一总八专”的丰硕调研成果，并在此基础上起草了大部制改革以来交通运输部首次关于物流业发展的重要文件——《关于交通运输推进物流业健康发展的若干意见》（交规划发〔2013〕349号）。文件首次提出了交通运输推进物流业发展的总体目标及七项主要任务，成为交通运输行业支撑物流业发展、促进有效融合的行动指南和纲领性文件，也进一步激发、调动了全行业对推进物流业发展的热情和动力，同时为物流中心业务发展奠定了坚实基础，开辟了广阔空间，物流中心在交通物流领域根基更加牢固，步伐更加坚实。

党的十八大以来，党中央国务院高度重视物流业在国民经济和社会发展中的基础性、服务性和战略性地位，先后印发了《物流业中长期发展规划》《进一步推进物流业降本增效促进实体经济发展的意见》等重要文件。交通运输行业作为物流发展的先行官，相应出台了货运枢纽（物流园区）建设规划、物流大通道建设规划，进一步鼓励开展多式联运发展，开展无车承运人试点，推进供给侧结构性改革，促进物流业“降本增效”等重要指导性意见和政策举措，交通运输在物流业发展中的地位和作用日益提高，得到社会各界的广泛认同。在这一过程中，我中心作为物流业领域的重要研究力量，自始至终都积极参与重大课题研究和文件起草、政策宣贯、项目实施，并培养了以李彦林、王娟、刘凌、冯淑贞、孙东泉、董娜、杨勇等为代表的研究骨干力量，这些骨干在推进物流业发展中不断锻炼自我、壮大自我。

“小荷才露尖尖角，早有蜻蜓立上头。”14年风雨兼程，14年砥砺奋进，14年激情燃烧，14年发展磨炼，物流中心从无到有、从小到大，从简单地从事工程咨询，到战略、规划、政策、信息智能、大数据、经济运行分析等，伴随着时代进步和物流业发展一路走来。在未来两个百年目标的指引下，围绕交通强国建设，相信物流中心在院领导的指导帮助下，在全体同事继续奋斗、不断创新中，在服务和支撑现代物流发展、综合交通运输体系建设中，将会迸发出更大活力，实现全新的、更大的跨越！

作者简介

李彦林，1974年生，1999年进入交科院工作，2007年加入物流中心团队，现任物流研究中心副主任。长期从事综合交通运输规划、运输枢纽规划、物流和供应链管理、物流发展规划及行业政策研究，主持和参与国家、省部级和地市级综合交通运输规划、物流战略和规划以及重大工程政策咨询研究类项目近百项。

城市交通与轨道交通研究中心发展历程

◉ 彭 虓

城市交通是综合交通运输体系重要的节点和环节，也是客流、货流、信息流交换的关键场所，具有很强的开放性和综合性，其重要性和复杂性不言而喻。回顾过去，从2003年院里开始涉足城市交通研究，到获得瑞典沃尔沃研究与教育基金会资助建立全球十个“未来城市交通”高级研究中心之一，再到交通运输部批准成立第一家从事城市交通研究的科研机构，我们坚持不懈、孜孜不倦地寻求城市交通可持续发展的新方法、新技术和综合解决方案。经过十多年的发展，中心形成了一批卓有成效的研究成果，为交通运输行业发展提供了大量的研究支持。

一、起步阶段（2003—2008年）

2007年我来到城市中心工作，那时中心刚刚起步不久，时时能看到听到中心在创业中的苦与乐，由于城市交通管理职责不在交通部，每次到地方调研时，质疑指责的声音始终不断，也反映出中心创业的各种艰难。

2003年，中心初创团队江玉林博士在周伟院长的大力支持下，带领课题组承担了中国环境与发展国际合作委员会项目“中国未来可持续交通发展战略与政策研究”，以此项目为契机，院里成立了“交通可持续发展研究中心”。2006年，中心成功申请到沃尔沃研究与教育基金会“中国城市可持续交通研究中心项目”（CUSTReC），获得共3000万元人民币的资金支持，为中心成长壮大发挥了重要作用。2008年，中心着手城市交通管理体制改革研究，研究成果支撑了交通部印发的《关于印发〈地方交通运输大部门体制改革研究〉和〈深化中心城市交通运输行政管理体制改革研究〉的通知》（厅函体法〔2008〕172号），为中心城市开展交通管理体制改革提供了有益的参考。中心以城市交通管理体制机制改革研究为切入点，稳扎稳打开展城市交通发展模式、政策法规、标准规范、战略规划等研究。

二、发展阶段（2009—2012年）

在我印象里最深的几件事情之一，就是2009年8月交通运输部批复成立了“城市交通发展研究中心”，中心有了明确的业务范围，也有了对口支持和服务的司局，感觉中心终于有了根基和决策支持的重点。从这一年起，城市中心进一步加大了为部道路运输司提供城市交通决策支持的力度。同年，中心与国务院参事室联合撰写了《关于把公交优先发展战略落到实处的建议》，得到时任国务院总理温家宝的批示，直接促成了2012年《国务院关于城市优先发展公共交通的指导意见》的发布，这是目前我国推进公交优先发展的最高文件。也是第一份以国务院名义印发的关于公交优先发展的政策文件。能够支撑国务院级别政策的出台，这样的成绩和影响来之不易。四年间，中心的条件建设和决策支持工作逐渐开花结果，先后申请了城市交通规划控制与评价实验室、全国城市客运标准化技术委员会、中国城市轨道交通协会运营管理专业委员会等平台，受部委托研发了“全国城乡道路客运燃油消耗信息申报与补贴管理系统”，进一步夯实了开展科学研究和为行业服务的基础条件。受部委托，从2010年开始每年编写《中国城市客运年度发展报告》，为行业管理部门开展城市客运管理、科研机构开展城市客运研究，为企业了解行业发展政策等提供参考。2012年，城市中心支撑部里开展了国家“公交都市示范工程”工作，“公交都市示范工程”成为交通运输部深入推进公交优先发展战略的抓手，极大地促进了全国进一步落实公交优先发展战略。

三、提升阶段（2013年至今）

从2013年开始，城市中心乘势而上，依托国家“公交都市示范工程”，更加全面地支撑部开展公交政策制定工作，同时中心向全国几十个城市提供公交都市建设和公交优先发展的技术支持与服务工作，在行业的影响力进一步扩大，城市中心也成为重要的行业品牌。

这期间，支撑部里发布了《城市公共汽车和电车客运管理规定》《城市轨道交通运营管理规定》两项部门规章，城市客运领域终于有了部门规章，两个规定的出台为规范行业发展提供了坚实的制度保障。同时，城市中心还支撑部里发布了《城市公共交通规划编制指南》《交通运输部关于加强城市轨道交通运营安全管理的意见》《国家城市轨道交通运营突发事件应急预案》《公交都市考核评价指标体系》《关于进一步加强和改善老年人残疾人出行服务的实施指导意见》《绿色出行行动计划（2019—2022年）》《关于鼓励和规范互联网租赁自行车发展的指导意见》《交通运输新业态用户资金管理办法》等指导行业发展的重要文件，中心多年的积淀如雨后春笋般转化成一个一个政策文件，为行业发展做出了巨大的决策支持。

这期间，中心成功申请了“城市公共交通智能化交通运输行业重点

▲ 客标委成立大会

中国公路学会
科学技术奖证书

为表彰中国公路学会科学技术奖获得者，
特颁发此证书

项目名称：公交都市建设方法、政策机制与应用研究

奖励等级：一等

获 奖 者：交通运输部科学研究院

2017年1月16日

证书号：A16-1-036-001

▲ 公交都市建设方法、政策机制与应用研究项目一等奖

中国公路学会
科学技术奖证书

为表彰中国公路学会科学技术奖获得者，
特颁发此证书

项目名称：城市轨道交通新线载客运营条件评估研究及应用

奖励等级：一等

获 奖 者：交通运输部科学研究院

证书号：A15-1-014-001

▲ 城市轨道交通新线载客运营条件评估研究及应用项目一等奖

实验室”“中国公路学会城市交通分会”等平台，为城市中心进一步提高影响力、深入开展科学研究奠定了基础。城市中心还依托全国城市客运标准化技术委员会，发布了《城市客运标准体系（2014 年）》。依托瑞典沃尔沃研究与教育基金会高级研究中心开展 BRT 规划研究、国家公共交通数据库研发等工作，同时，进一步加大走出去力度，先后与美国、欧盟（如英国、德国等）等高校、科研机构、非政府组织等开展合作，进一步强化了国际合作与品牌的交流。

这期间，我深深感受到了城市中心的业务范围不断扩大，而且向纵深方向发展，各类专项的研究不断取得可喜的成绩。中心先后开展了公交场站土地综合开发、城市公交运价调节机制、政府购买公交服务、城市轨道交通安全评估等政策储备，支撑部里开展城市公共交通智能化示范工程，发布了建设指南和技术要求。中心还大力推进绿色低碳交通运输体系、城市综合交通发展规划、城市公共交通规划、BRT 规划、城乡客运一体化规划、城市交通节能减排白皮书、成本规制的补贴制度、交通需求管理、城市交通管理体制机制、城市交通多规合一、停车建设管理、城市群交通发展政策等咨询项目，为行业发展和城市客运管理提供了大量的智力支持和技术保障。

中心发展到今天，我深刻感受到了中心的科学研究实力强大、国际合作基础坚实和取得的成绩斐然。中心人员已经发展到了60人，人员数量较初创扩大了近10倍，中心核心业务涵盖城市交通政策与标准化、城市综合交通规划、城市公共交通规划、城市轨道交通运营、城市交通节能减排、城市智能交通、城市快速公交、城市交通国际合作等。经过多年的发展，中心也取得了多项科研成果，学术论文发表了100多篇，书籍出版了30多部，获得了各种科技奖项10多项。

四、结语

展望未来，我清晰地看到，城市中心正朝着“成为国内著名、国际知名的城市交通领域高端智库和创新基地”的发展愿景大步向前，以科学求实为本，为城市交通可持续发展提供更多、更好的解决方案，为行业管理、技术咨询、技术服务持续不断地提供基础研究支持和决策参考，并促进和支持现代城市交通系统建设与高质量发展。

作者简介

彭虓，1975年生，博士，研究员，就职于城市交通与轨道交通研究中心，清华大学交通研究所博士后。国家科技库专家、国家自然科学基金委专家库专家，研究方向为城市土地利用与交通一体化发展，主持2项国家自然科学基金项目，主持参加30多项部省项目，完成《城市公共汽车和电车客运管理规定》《城市公共交通规划编制指南》等交通运输部政策文件编写工作，参加10余项国家标准和行业标准制修订。发表学术论文30余篇，主编参编专著10余部，荣获科技奖6项。

城市公共交通智能化研究与实践

◉ 刘好德

2008 年大部制改革，国务院将指导城市客运的职责划入交通运输部。于是，我院在城市交通领域系统性地开展了政策、标准、规划、信息化等领域的研究工作，“城市公共交通智能化”学科即是在这一背景下发展起来的。

一、行业发展与学科培育

信息化始于科技，服务于业务，学科发展、行业技术进步和深度应用，得益于院平台的优势，得益于团队敏锐的洞察力与专业能力。

（一）公交信息化发展

我国的城市公交信息化研究与建设是从国家“十五”科技攻关开始的，总体上可以分为两个阶段：

1. 科研驱动为主（2008 年以前）

2002 年 4 月科技部批复“十五”国家科技攻关“智能交通系统关键技术开发和示范工程”重大项目正式实施，北京、上海、天津等十个城市作为首批“智能交通应用示范工程”的试点城市。这一阶段城市公交信息化的发展以科研为主。

2. 业务驱动为主（2008 年至今）

随着科研、试验的成功，城市公交智能化成果从科研阶段逐渐投入应用使用阶段。但城市交通运行环境日新月异，城市公交信息化应用已经不满足于智能化方面的科研成果，城市公交信息化研究与业务的结合度越来越深。交通运输部分别于2012年、2013年面向37个公交都市创建城市启动了两批“城市公共交通智能化应用示范工程”(以下简称“示范工程”)。

（二）公交信息化学科培育

2011年初，城市交通与轨道交通研究中心（原城市交通研究中心）依托战略规划研究方向，在江玉林博士（研究员，时任城市交通研究中心主任）的指导下，率先成立了“城市公共交通信息化研究组”（以下简称“研究组”），当时的成员只有张勇、刘好德、刘向龙、吴忠宜、刘荣先5人。江博士以敏锐的眼光，带领团队快速投入到部开展“城市公共交通智能化应用示范工程”的技术支持工作中，为“城市公共交通智能化”学科的发展抢占了先机。

二、学科成长与人才培养

2011年起，交通运输部实施“城市公共交通智能化应用示范工程”，并在全国36个城市进行试点。

（一）抓住战略机遇，开展APTS顶层设计

研究组积极争取、主动承担了《城市公共交通智能化应用示范工程建设指南》的编制任务。在全国多个中心城市开展大量需求调研的基础上，最后编制形成了“一套体系、一个中心、三大平台”的示范工程建设体系，支撑交通运输部于2014年发布的《城市公共交通智能化应用示范工程建设指南》（厅运字〔2014〕105号）。该指南提出了面向企业运营、行业监管、公众服务三方面用户服务需求，涵盖三大应用平台及其子系统功能的业务应用架构；编制形成了涵盖终端设备、数据资源、通信协议、系统应用方面11项标准与技术要求的APTS标准规范体系。

这批示范工程范围广、规模大，这两套成果在全国范围内面向工程和业务应用，首次形成并推广了我国APTS体系框架（APTS 1.0）。

（二）深耕专业研究，苦练科研内功

2011年，西部交通建设科技项目管理中心首次在城市交通领域支持3项科研项目，城市中心主持的“城市公共交通运营监管信息平台关键技术

研发与示范”喜获立项，为研究组深入开展城市公共交通信息化领域的研究提供了条件。2015 年 4 月 15 日，项目结题验收，同年获得中国公路学会科学技术二等奖，项目研发成果“城市公共交通运营监管信息平台软件”也被收入交通运输部科技成果推广目录。

（三）筹划科研条件，建设行业重点实验室

2011—2014 年，研究组开展实验室建设规划，通过部基建项目、科研项目条件建设等，完成了“城市公共交通智能化技术实验室”的建设并投入运行，并于 2015 年被部科技司正式批准为“城市公共交通智能化交通运输行业重点实验室（北京）”，成为我院首个行业重点实验室，提升了我院城市交通领域的科研实验条件。

（四）坚持公益服务，提升科研水平与质量

2011—2018 年，研究组建设了“城乡道路客运燃油消耗信息申报与补贴管理系统”，支撑交通运输部起草《财政部　交通运输部　工信部关于完善城市公交车成品油价格补助政策加快新能源汽车推广应用工作的通知》（财建〔2015〕159 号）、《交通运输部　财政部　工信部关于印发〈新能源公交车推广应用考核办法（试行）〉的通知》（交运发〔2015〕164 号）等文件，有力地保障了我国城市公交行业的可持续运营。

2018 年，研究组与同济大学等展开合作，项目“城市公交高效运行集成设计与控制优化关键技术”获得 2018 年度中国公路学会科学技术一等奖。

2018 年，部基本建设项目“城市公共交通智能化交通运输行业重点

交通运输建设科技成果推广证书

单　　位：交通运输部科学研究院
成果名称：城市公共交通运营监管信息平台软件
成果类型：技术类
证书编号：2015034
有效期限：2018年12月9日
科技成果具体内容详见交通运输科技信息资源共享平台（www.transst.cn）

交通运输部科技司
2015年12月10日

▲“城市公共交通运营监管信息平台软件”进入推广目录

▲院首个获得认定的交通运输行业重点实验室

中国公路学会
科学技术奖证书

为表彰中国公路学会科学技术奖获得者，特颁发此证书

项目名称：城市公共交通运营监管信息平台关键技术研发与示范

奖励等级：二等

获 奖 者：交通运输部科学研究院

2015年[illegible]月28日

证书号：A15-2-064-001

▲ 城市公交信息化研究成果获中国公路学会科学技术二等奖

中国公路学会
科学技术奖证书

为表彰中国公路学会科学技术奖获得者，特颁发此证书

项目名称：城市公交高效运行集成设计与控制优化关键技术

奖励等级：一等

获 奖 者：交通运输部科学研究院

2018年12月[illegible]日

证书号：A18-1-020-002

▲ 研究成果获中国公路学会科学技术一等奖

实验室”获批启动建设，项目总投资 1610 万元。

（五）重视人才发展，建设科研创新团队

2011—2018 年，“城市公共交通信息化研究团队”从最初的 5 人发展到 12 人，团队成员从最初的中级职称人才起步，到后来已有正高级职称 3 名、副高级职称 3 名、中级职称 3 名，形成了基本合理的梯队结构。

2018 年，院启动了“创新团队”建设，“城市公共交通信息化团队”整合研究资源，创建“城市公交电动化与智能化”研究团队，2019 年 3 月成为首批获院认定的创新团队。

三、重要里程碑

2009 年 6 月 1 日，“城市交通规划、控制与评价实验室”工程可行性研究报告获批复，批复资金 1120 万；

2012 年 11 月 23 日，牵头开展“城市公共交通智能化应用示范工程”标准规范起草工作；

2014 年 5 月 28 日，科研成果支持部发布《城市公共交通智能化应用示范工程建设指南》（厅运字〔2014〕105 号）；

2015 年 4 月 15 日，首个科研项目——西部项目“城市公共交通运营监管信息平台关键技术研发与示范”通过验收；

▲ 院领导与“城市公交电动化与智能化”创新团队部分成员

2015 年 11 月 13 日，科研成果《城市客运监管与服务信息系统　行业监管平台技术要求》等 4 项河南省地标实施；

2015 年 12 月 7 日，科研成果支持部印发《城市公共交通智能化应用示范工程总体技术要求》（交办函科〔2015〕947 号）；

2015 年 12 月 28 日，科研成果“城市公共交通运营监管信息平台关键技术研发与示范”获中国公路学会科学技术二等奖；

2015 年 12 月 10 日，“城市公共交通运营监管信息平台软件”纳入交通运输科技成果推广目录；

2015 年 12 月 23 日，“城市公共交通智能化技术实验室”被认定为交通运输行业重点实验室；

2016 年 10 月 26 日，团队首个咨询项目成果“重庆城市公共交通电子站牌工程项目”获重庆市交通科学技术二等奖；

2017 年 3 月 23 日，“城市公共交通智能化技术实验室工程可行性研究报告”获批复，批复资金 1610 万元；

2017 年 11 月 1 日，科研成果转化的《城市公共交通管理与服务数据交换规范》（JT/T 1137—2017）等 2 项行标实施；

2017 年 12 月 29 日，科研成果“河南城市优先发展公共交通政策及监管技术研究”获河南省交通运输科技特等奖；

2018 年 9 月 27 日，科研成果“河南城市优先发展公共交通政策及监管技术研究”获河南省科技进步二等奖；

2018 年 11 月，科研成果获中国公路学会科学技术一等奖；

2019 年 3 月 26 日，“城市公交电动化与智能化”创新团队授牌；

2019 年 4 月 12 日，“城市公共交通智能化交通运输行业重点实验室”学术委员会议在北京召开。

四、新时代、新征程

过去的 10 年，“城市公交电动化与智能化”创新团队规划和引领了我国城市公交智能化领域的研究与实践。支持交通运输部通过“城市公共交通应用示范工程”撬动了逾百亿的市场，36 个公交都市创建城市通过示范工程建设，提升了公交运营、服务与管理的水平，为“互联网 +”城市公交发展奠定良好的信息化条件基础和数据基础。

近年来，“互联网 +”的发展及大数据、云计算、物联网技术的应用日益广泛。同时，5G、区块链、汽车自动驾驶技术等也成为全球新一轮科技革命与竞争的重点领域。城市出行向电动化、智能化、共享化的趋势发展，以网约、共享、定制等为特征的新业态公交服务不断涌现，城市公交发展进入新的时期。以公共交通为主体的“出行即服务”（Moblity as a Service，MaaS）正在走向全球应用，可以预见，未来公交、未来出行将大有作为。为促进公交服务革新和技术创新，欧盟自 20 世纪 90 年代起开始持续实施科技创新计划和试点，进行欧洲情景下的城市公交系统研究与开发，欧洲未来公交系统 (European Bus System of the Future，EBSF)、智能创新集成公交系统 (Intelligent，Innovative，Integrated Bus Systems Project，3iBS) 和欧洲未来公交系统 2（EBSF 2）等三个连续推进的项目，通过公交系统定义、技术开发、示范应用以及商业推广，不断重塑公交系统内涵，很值得我们借鉴。为此，研究团队启动了我国新一代智能公交体系框架研究工作，提出科技创新驱动下的智能公交系统体系设计思路，通过建立科技创新规划与体系框架反馈迭代的互动演进机制，构建面向未来 5 ~ 10 年的、开放式的、可更新迭代的 APTS 体系框架，支撑各地开发具有竞争力、高品质的下一代城市智能公交系统，继续引领我国城市公交智能化的发展。

总结过去，城市公共交通智能化学科的发展站在新的起点上；面向未来，“城市公交电动化与智能化”创新团队不忘城市公交智能化这一初心和最终目标，将重点围绕电动化、智能化两个技术方向开展研究工作。团队将继续坚持公益性定位，开展前瞻性、基础性、战略性共性关键技术研究，重视人才、重视科研质量，努力打造一流的城市公共交通智能化研究团队，为我国的城市公共交通行业信息化与智能化建设提供坚实的科研支撑。

作者简介

刘好德，1978年生，博士，研究员，城市交通与轨道交通研究中心副主任、城市公共交通智能化交通运输行业重点实验室副主任、中国智能交通协会理事。主要研究领域为智能公交系统APTS、智能交通运输系统ITS与智慧出行MaaS。曾主持和参与国家级省部科研项目10余项，参编国标2部，主持或参与起草行标9部。获国家发明专利2项、软件著作权8项。主编《城市公共交通智能化研究与实践》、参编著作8部。成果获中国公路学会科学技术一等奖1次、二等奖2次，获省级人民政府科学技术二等奖2次。2016年荣获中国公路学会“全国公路优秀科技工作者”称号，2017年荣获“中国智能交通协会优秀青年专家”荣誉，2018年获“中国智能交通协会突出贡献专家”荣誉，2019年获交通运输部“交通运输青年科技英才”称号。

我国城市轨道交通发展与我院城市轨道交通业务

◉ 胡雪霏

城市轨道交通是城市公共交通的主动脉，是建设现代城市的重要基础设施，是便民惠民的重大民生工程。改革开放40多年来，我国城市轨道交通发展取得了巨大成就。目前，规划里程、在建里程、运营里程以及客运量均居世界第一。城市轨道交通在满足人民群众出行需求、优化城市布局、缓解城市交通拥堵、促进经济社会发展等方面发挥着越来越重要的作用。我院自2008年大部制改革后开始开展城市轨道交通运营管理领域的研究工作，是交通运输部批准的唯一一家设有专门从事城市交通研究部门的科研机构。经过十多年的拼搏与积淀，我院在城市轨道交通行业的决策支持、科学研究、技术研发、咨询服务等领域均奠定了一定的基础，并且力争成为城市轨道交通运营行业的标杆与榜样。

一、行业政策逐步完善

改革开放40多年来，随着城市轨道交通产业的发展，国家不断出台相关政策，营造良好的政策环境，以支持城市轨道交通又快又好发展。可以说，没有管理、政策的改革创新，城市轨道交通行业就不可能爆发如此巨大的活力，且难以取得跨越式的发展。

2003年至今是我国城市轨道交通蓬勃发展的阶段，其间，我国陆续出台了《关于加强城市快速轨道交通建设管理的通知》（国办发〔2003〕81号）、《关于优先发展城市公共交通的意见》（国办发

〔2005〕46号）等多项行业发展政策，有序推进轨道交通建设。与行业发展政策及方针相配合，我国城市轨道交通的运营管理政策应运而生。2005年6月，当时指导城市轨道交通运营管理工作的原建设部颁发了《城市轨道交通运营管理办法》（建设部令第140号），这是我国首部关于城市轨道交通运营管理的部门规章，在一定时期内对加强城市轨道交通运营管理起着重要作用。

自2008年交通运输部接管城市轨道交通运营工作以来，我院作为决策支持单位，积极配合交通运输部推出了一系列规章制度和举措，保障城市轨道交通安全运营。2012—2017年，配合国务院和交通运输部陆续发布《国务院关于城市优先发展公共交通的指导意见》（国发〔2012〕64号）、《交通运输部关于加强城市轨道交通运营安全管理的意见》（交运发〔2014〕201号）、《国家城市轨道交通运营突发事件应急预案》等行业政策，加强城市轨道交通运营管理工作。

2018年3月，国务院办公厅印发《关于保障城市轨道交通安全运行的意见》（国办发〔2018〕13号），这是我国国家层面出台的第一个关于城市轨道交通安全运行的规范性文件，体现了党中央国务院对城市轨道交通工作的高度重视和大力支持，对于切实提高城市轨道交通安全运行水平具有至关重要的意义。2018年5月，为进一步落实指导城市轨道交通运营管理工作，强化城市轨道交通运营安全，我院配合交通运输部下发了《城市轨道交通运营管理规定》（交通运输部2018年第8号令），围绕交通运输部对城市轨道交通的行业指导职责，对城市轨道交通的运营管理作出全面规范管理。

2019年，我院配合交通运输部陆续出台《交通运输部关于印发城市轨道交通初期运营前安全评估管理暂行办法的通知》（交运规〔2019〕1号）等9个规范性文件，以及4个配套文件，涵盖运营安全评估、风险隐患、行车组织、设施设备运行维护、应急演练、客运服务、服务质量评价等方面，基本构建了城市轨道交通运营管理制度体系，行业治理能力和水平不断提升。

二、标准化进程不断加快

标准是体现一个国家、行业整体技术进步的基本标志，是一个国家或行业长期以来自主知识产权的体现，是长期工程实践经验的总结和提炼，是与国家经济、社会发展水平相适应的产物。

我国城市轨道交通初期的建设和运营主要参照苏联的标准。1986 年，我国颁布了第一个城市轨道交通国家标准《城市公共交通标志　地下铁道标志》（GB/T 5845.5—1986）；2009 年 10 月 1 日，强制性国家标准《城市轨道交通技术规范》（GB 50490—2009）开始实施，标志着我国城市轨道交通技术法规与技术标准相结合的标准体制开始实施，城市轨道交通标准体系逐步得到完善，走上规范化道路。

城市轨道交通运营管理职能移交交通运输部后，2012 年 4 月，交通运输部组建了全国城市客运标准化技术委员会（SAC/TC 529，以下简称客标委），明确城市轨道交通运营标准由客标委归口管理。我院作为客标委秘书处的依托单位，积极联合委员单位开展标准制修订工作，目前已发布《城市轨道交通试运营基本条件》《城市轨道交通运营管理规范》等 21 项国家及行业标准。此外，借鉴铁路和民航技术标准体系，以运营安全和服务质量为重点，客标委不断建立健全完善城市轨道交通运营标准体系，充分发挥标准在管理中的支撑和引领作用，促进技术进步和服务提升。

三、自主创新逐渐加强

蓬勃发展的城市轨道交通行业带来了巨大的产业机遇，同时也对关键技术升级和装备制造提供了更新的要求和更高的挑战。因此，大力推动科技进步和创新，推动我国城市轨道交通从数量增长型向创新驱动型转变，实现城市轨道

▲ 北京地铁 2 号线列车（已退役）

▲ 北京地铁燕房线列车

交通可持续发展迫在眉睫。

近年来，我国城市轨道交通企业在设备制造和技术研发等领域不断创新，不懈努力，取得了骄人的成绩。例如，2017 年 12 月开通运营的北京地铁燕房线，是我国首条自主研发的全自动运行线路，在核心技术、关键设备、系统设计与集成、标准规范等方面取得了实质性突破。此外，我国北京、上海、广州、深圳、杭州、西安等多个城市利用互联网移动支付技术与公交出行场景、行业生态融合发展连接，推动智慧交通发展，落实绿色出行理念，引领交通出行进入高效、低碳的移动支付时代，让用户享受安全、便捷和舒适的公共出行服务。

四、国际影响力持续扩大

我国的城市轨道交通产业在自身快速发展的同时，积极响应国家“一带一路”倡议，实现出口产品从中低端到高端的升级，出口市场逐渐实现从亚非拉到欧美的飞跃，也实现了从产品“走出去”到产能“走进来”的拓展。目前，中国中车正在加快全球资源布局，已建成马来西亚、土耳其制造基地，开工建设美国城轨、南非机车制造基地，在美国、德国、英国、捷克、瑞士等国组建了联合研发中心。深圳地铁集团有限公司已和埃塞俄比亚、埃及、以色列等国家达成项目合作或签署战略合作协议，力争实现中国城市轨道交通设备与技术的“走出去”。此外，上海、杭州等城市的轨道交通系统在中国国际进口博览会、G20 峰会等大型国际会议期间的出色表现，也打造了专属于城市轨道交通的“中国名片”。

五、结语

我国城市轨道交通运营里程已经位居世界第一，未来一段时间仍将是城市轨道交通建设集中、运营规模迅速扩大的重要时期，更是加快成网、优化结构的关键时期。党的十九大报告提出了建设交通强国的重大战略，城市轨道交通是建设交通强国的重要方面。在城市轨道交通从“大”变“强”的过程中，我们将继续不忘初心，砥砺前行，秉承“创新、优质、协作、奉献”的理念，发挥行业智库作用，为部做好决策支持，与行业共享管理经验，更好地推动城市轨道交通的健康持续发展。

作者简介

胡雪霏，1991年生，研究实习员，毕业于美国伊利诺伊大学香槟分校土木工程专业，硕士研究生。2017年11月起就职于交通运输部科学研究院城市交通与轨道交通研究中心，从事城市轨道交通政策标准研究与服务咨询工作。自工作以来，发表专业论文1篇，参编《城市轨道交通运营发展报告》（2018—2019）、《中国城市客运发展年报》（2018）等专著4部，参与国家重点研发计划“互联网+城市交通网络安全韧性提升技术研究”等多项科研及地方咨询项目。

此行何足贵　但感别经时

——我亲历的交通科技信息化的 25 年发展历程

◉ 童静原

众所周知，交通部科技情报研究所自 20 世纪 70 年代成立以来，就将情报处理作为重要基础职能之一，通过人工手段，对我国和发达国家交通科技论文、文献等资料进行广泛采集、收藏，并对这些文献资料进行标引、查询检索等。当时，我国的科技情报处理工作，除了国家重点的几个情报单位应用了计算机，其余全都使用手工方式处理，耗时费力，查全、查准率很低。而交通科技信息化的一项重要任务，就是要将繁杂的手工处理变为现代化机器自动处理，以利于机器的自动处理、加工、入库、发布和共享。

随着大规模集成电路的发展，20 世纪 80 年代初微型计算机的商业化，信息载体发生了根本的变革。1980 年，我所领导敏锐地注意到此项科技成就，立即成立了计算机研究组，研究微型计算机用于科技文献信息处理的可行性研究工作。尽管当时存在种种质疑，令人意想不到的是，由于我们不失时机地站在了当代技术的前沿和高点，使我们后来一直能引领着科技信息化的潮流。

多年来，在部领导和所领导的大力关心支持下，20 世纪 80 年代，我们有了足够的个人计算机及外围设备，进行了大量试验和探索，终于找到了一条经济、适用的“微机 + 缩微平片机”的交通科技信息处理检索之路。20 世纪 90 年代，我们有了电脑网络、后台服务器、因特网，实现了交通科技信息数据库系统的联网维护、更新和查询。到 21 世纪，部科技情报研究所归入部科学研究院后，交科院逐步发展成为全国交通科技信息集散中心，全国交通科学全文数据库共享平台。此外，我们还为部机关信息化建立了高效、适用的基础网络；建立了全国交通行业视频会议系统；建立了部政府网站，并提供技术支持和日常信息发布等后台信息处理服务。

我自 1980 年入职交通部科技情报研究所至 2005 年退休，亲身参与经历了交通科技信息化从无到有、从弱到强、从单机到网络、从局域网到互联网、从微机检索到国际互联网信息共享平台的发展历程。25 年来，亲自见证了我院老、中、青三代人为交通科技信息现代化呕心沥血、不辞辛劳、勇于探索的献身精神；见证了老一代的睿智、肝胆披沥，艰苦奋斗的创业美德；见证了继承者的开拓进取和承前启后的开拓精神，以及后来者的合作、服务、追求和创新之风。

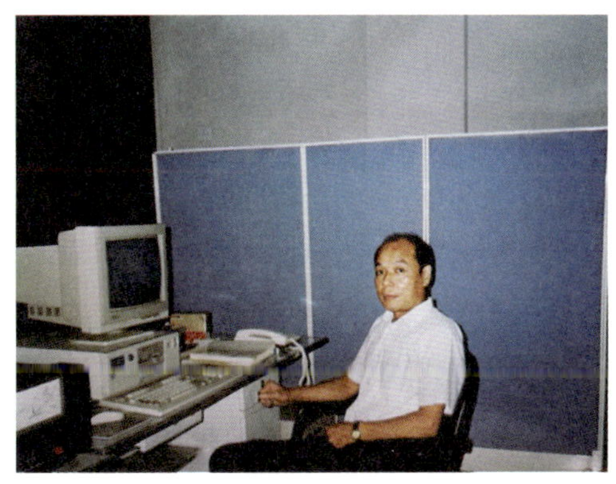

▲ 笔者于交通部科技情报研究所拍摄留念

交通科技信息化的发展历程可分为以下三个阶段：

一、微机检索阶段（1980—1995年）

1980 年计算机研究组由研究员徐如镜领衔，成员有周山、王本华、侯春晖，以及几位新分配的大学生张文涛、金波、张新民等，还有田淘和我从交科院进修班毕业也分配到此。当时条件相当艰苦简陋，办公室和机房是自己搭建起来的，设在当时铁科院食堂二楼的一角。后来组里有了第一台 8086 微机和一台中国台湾出产的汉字机。在人多机少的情况下，实行人停机不停，人员错时工作的办法，夜以继日地练习和程序调试。后来很快在部、所领导的支持下，机器设备不足的状况有了很大的缓解。在主要技术骨干基本都有了自己的个人计算机后，就分工各自研究开发微机检索系统，先后建立了 HRIS（美国公路运输文摘）、AI（美国汽车文摘）、SA（挪威船舶文摘）、MRIS（美国水运文摘）等二次文献检索系统。并通过软盘方式发行，向全国提供服务。

为进一步解决原始文献提供的问题，我们还研究开发了一套微机+缩微平片机的集成模式检索体系。体系中的微机解决了二次文献和一次文献索引号的输出，这也使得我们走出了一条适合国情的经济、适用、有效的科技情报处理新模式。

此阶段，我们还协同国防科工委情报所进行了计算机汉字化的研究开发。同时也为本国交通科技文献的信息化和本单位的图书馆管理系统提供基础条件。

二、网络数据库查询阶段（1995—2000年）

20世纪90年代，微机网络技术已日渐成熟。有了大存储的后台服务器共享和数据库技术，此时局域网可以把数十台甚至上百台微机连接起来，进行信息交换、存储和共享，以完成以往小型、中型机才能完成的工作。数据库技术使数据结构化、规范化、共享化。

采用数据库技术以后，检索系统、图书馆管理系统的检索速度更快、更灵活，数据库建立、变更、修改更方便。与此同时，我们开展了中国

▲1996年信息技术室员工合影

公路文摘和中国水运文摘数据库的建设及图书馆馆藏管理数据库的建设。

但由于局域网的范围所限，优势只能在本所内发挥。全国范围的交通科技服务只能采用数据库光盘的方式发行，分散检索，扩大应用范围。

1995年，在部领导和所领导的支持下，启动了交通科技信息网研究与建设项目，建立了覆盖到全所的计算机网络，实现了全所资源的交流和共享。

1997年，由于因特网技术的发展，我所又紧跟网络技术的新形势，启动了国际联机检索数据库远程终端的建设和因特网接入建设。前者解决了交通行业科技研究人员查询国际大型科学数据库的需求，通过该终端可直接查询INSPEC、SCI、EI、NTIS等国际大型数据库的科技文献资料；后者使我所的局域网成功与国际互联网连接，并拥有了一个C类IP地址（256个合法IP地址）。在此基础上开发建立了"中国交通"网站，对外发布我国交通行业的科技新闻、成果、统计资料、交通政策等信息。

此外，我们还完成了交通科技图书馆的自动化管理系统的建设。

三、国际互联网数据库查询阶段（2000年至今）

进入21世纪，由于网络后台服务器硬件技术的迅速提高，大容量、高速度、分布式后台服务系统大大提高了网络服务能力，也为交通科技一次文献全文入库提供了基础条件。

全文数据库的建设省略了传统二次文献处理过程，使科技文献库的建库效率大大提高，检索手段也大大简化，无须技术人员，普通人就可以通过术语、关键词或题目等进行查询检索，找到自己需要的文献资料。

由此，我们启动了交通科技全文（一次文献）数据库的建设，采集我国交通行业科技出版物中有价值的科研论文、报告、成果、资料等，采用数字扫描、文字识别等技术对历史文献进行数字化处理后入库。与此同时，我们与有关出版单位建立联系，及时取得新出版科技文献的原始资料，并进行入库处理，成功建立了交通科技文献全文数据库。

此外，我们还在部科技司的领导下开展了部机关信息化基础设施改造（一期）和（二期）工程建设，开展了全国交通行业视频会议系统建设，极大提高了部机关的管理效率和管理信息化水平。同时，还开展了部政府网站的建设，并提供网站信息日常维护和对外信息发布服务。自2001年以来，该网站获得历届“国家政府上网工程十佳优秀网站奖”。

我们还参加了科技部组织的国家科学基础数据库（交通）的研究开发并研究建立了交通科技信息共享平台。

20世纪80年代初，我们采用个人计算机进行交通科技信息化探索，尽管在当时看来，此行为相当不理智且懵懂，但通过我们的不断学习、思考、探索、创新，交通信息化不断改变、不断前进。“此行何足贵，但感别经时”。此行虽已久远，但历史表明，正是由于当初不失时机地把握了当代科技前进的方向，站在了科技发展的潮头，才能有我们今天的引人注目的成就，并一直引领着交通行业科技信息化前行。

作者简介

童静原，1945年生，高级工程师。1982年参加“微机与交通计算机情报检索系统研究”开发，获交通部科技优秀成果二等奖。1995年参加“交通科技信息计算机系统建设”开发，获国家科委、科协五部委优秀成果二等奖。1997年完成31个省、区、市的交通科技信息网的网络构架建设。2001年，主持交通部政府网站建设、运行和维护，获“国家政府上网工程十佳优秀网站奖”。2001年始，主持建设交通部机关信息化基础设施改造一期、二期工程。

破解行业难题　释放数据价值

——综合交通运输大数据应用技术行业重点实验室建设纪实

◉ 曹剑东

为解决行业内长期存在的数据资源散、开放共享难、分析应用弱等问题，交通运输部于 2016 年 9 月正式明确由我院承担综合交通运输大数据应用中心工作任务。2017 年 10 月，“综合交通运输大数据应用技术交通运输行业重点实验室”成功获批，成为大数据研究方向首批认定的两家行业重点实验室之一。

实验室聚焦“数据资源管理应用体系与相关标准规范”“大数据动

▲ 实验室授牌

态采集、模型构建与处理技术”以及“基于大数据的综合交通运输监测、分析评估与预警技术”三大研究领域，靶向施策，精准发力，取得了一系列影响大、站位高的研究成果。

一、顶层设计　谋划数据赋能交通发展

实验室深入研究和把握大数据发展规律，在部科技司指导下，编制《推进综合交通运输大数据发展行动纲要（2020—2025）》，实施综合交通大数据发展“五大行动”，构建综合交通大数据中心体系，开启了新时代交通运输信息化发展新篇章。实验室联合行业科研力量，共同编制《国家综合交通运输信息平台总体技术方案》，统筹实施国家综合交通运输信息平台建设，创造性地实现了以决策支持与评价、调度与应急指挥、政务办公管理与服务、信息资源共享与开放、网络安全与运维保障等五大核心功能为主体，以统一门户入口、统一地图服务、统一信息资源、统一基础条件、统一安全防控、统一标准规范等六个统一为核心的信息化建设新格局。

二、政策研究　破题信息资源共享

针对交通运输行业信息资源共享管理制度和技术体系缺位问题，在部科技司领导下，实验室联合行业科研力量，共同编制并印发《交通运输政务信息资源共享管理办法（试行）》，改变了行业信息资源共享“无据可依”的历史，推动信息资源最大限度地“开闸放水”；共同编制《交通运输政务信息资源目录》，全面掌握部省两级信息资源家底，为各级行业管理部门开展信息资源开放共享提供示例；编制《交通运输政务信息资源目录编制指南（试行）》和《交通运输信息资源交换共享和开放应用平台省级工程建设指南》，指导行业内各级相关部门的政务信息资源目录编制以及信息资源交换共享与开放应用平台建设。

三、技术创新　激活信息资源价值

围绕大数据技术研发及应用创新任务，实验室深入研究基于大数据

技术的交通流量分配算法、基于机器学习的高速公路跨省车辆路径追踪算法、船舶航行路线模型及船舶交通流量分配算法等算法模型；提出适用于多维交通场景的大数据应用架构，搭建交通运输部首个全国性的、具有自主知识产权的基于Hadoop架构的大数据平台，实现了600多亿条高速公路通行数据、500多亿条水上交调数据等海量数据的一体化接入、处理、存储、管理及分析，并获得首届全国数据标准化及治理奖十大“优秀实践奖”“数据治理专家奖”和“中国高速公路30年·信息化奖”创新技术奖。

四、数据分析　助力政府科学决策

围绕大数据分析决策技术支持任务，自2016年起，实验室按年度编制《中国高速公路运行分析报告》，从高速公路总体运行、物流通道、城镇群、长江经济带、热点跟踪等多个维度开展系统分析，全面解读中国高速公路运行的特点，从高速公路运行角度展现我国经济发展新特点、物流通道新特征、城镇化发展新趋势、长江经济带战略新动态、行业热点政策新影响；同时，实验室在行业中首次以大数据技术为支撑，实现从行政业务记录数据直接转换生成统计数据，创新性地开发《高速公路运输统计监测月报》《高速公路货运量旬报》等新的统计产品，并由部定期报送国务院和国家统计局，实现了统计理念和统计方法的重大创新，填补了我国高速公路运输量和区域运输量统计的空白，为国家、部领导和相关司局管理决策提供了重要参考。

五、信息发布　服务百姓便捷出行

为践行数据“取之于民，用之于民”的理念，实验室联合百度地图发布重要节假日《出行预测报告》，围绕“堵”“家”“游”和“买”等核心场景，从出行高峰、拥堵收费站、景区流量、热门购物中心等多维度进行预测；联合途歌科技发布《中国一线城市共享汽车出行分析报告》，从诞生历程、用户画像、出行体验、社会价值四个角度，首次分析了当前共享汽车发展的主要特征；联合菜鸟网络、阿里研究院发布《中国智慧物流大数据发展报告》，描绘了中国智慧物流全景蓝图，明确了中国电子商务与智慧物流发展趋势。截至目前，实验室已累计发布各类专业大数据分析报告30余份，得到央视新闻联播、新闻频道、财经频道、人民网、新华网等主流媒体的广泛报道，为百姓出行、新业态发展、行业决策提供了重要参考。

六、合作交流　打造数据创新生态

实验室连续多年主办世界交通运输大会——“综合交通运输大数据应用国际论坛”，邀请数十位国内外知名专家和代表，分别就综合交通大数据治理与共享、综合交通大数据行业典型应用等议题展开交流，为管理部门、研究机构和相关企业提供了一个共创、共赢的学术交流平台；实验室与贵州省交通运输厅、贵州省大数据发展管理局、出行云平台联席办公室共同主办“2017中国‘云上贵州’智慧交通大数据应用创新大赛”，以“数据驱动智慧交通”为主题，吸引了来自海内外的535个项目、171支团队参赛，利用4000多个国家级、省级政企数据集，寻找并解决现阶段交通行业痛点难点问题的新思路、新方法。

▲2018年大数据国际论坛

过去的两年多，实验室探索性地实现了政府数据与社会数据、行业视角与企业视角的融合应用，深化了政企、事企合作力度，为激发大数据潜在价值开辟了广阔的空间。未来，实验室将继续发挥行业大数据应用领军团队的优势，围绕“综合交通运输大数据应用中心”工作任务，深入研究大数据技术，搭好大数据共享开放平台，为政务信息资源共享、公共信息资源开放等工作做好技术支持，引导大数据成熟技术在行业的转化应用，更好地为交通强国建设和综合交通大数据中心体系构建提供有力支撑。

作者简介

曹剑东，1980 年生，博士，研究员，交通运输行业中青年科技创新领军人才。2008 年 7 月毕业于清华大学，现任交通运输部科学研究院信息中心总工、综合交通运输大数据应用技术交通运输行业重点实验室主任。2015 年 11 月至 2016 年 12 月挂职任贵州高速公路集团有限公司总经理助理。主要从事智能交通和大数据相关研究工作，2014 年以来主持或参与完成省部级科研课题 13 项，发表学术论文 25 篇，获得省部级科技奖励一等奖 3 项、二等奖 1 项、三等奖 1 项。

交通运输安全学科发展

◉ 彭建华

交科院是国内开展交通运输安全研究的主要科研机构之一，研究领域广泛、门类齐全，针对交通运输各领域的安全生产理论政策、技术应用等开展了大量研究咨询和科技服务工作，并在综合安全、工程建设安全、危险货物运输安全、水上交通安全等方向形成了一批有影响、有特色的研究成果。2018 年 9 月 17 日，在部党组的关心关怀下，交通运输安全研究中心成立，标志着交通运输安全学科进入新的发展阶段，为交通强国建设提供有力的安全科技支撑。

一、综合安全

随着交通运输行业的快速发展，综合交通运输体系建设步伐加快，新业态蓬勃发展，交通运输各领域安全生产问题日趋复杂，加强综合安全的基础性和理论性研究至关重要。特别是 2018 年交通运输安全研究中心成立，将安全生产理论政策研究作为一项重要职责。为落实好交通运输部赋予的职责要求，我院成立综合安全研究团队，围绕平安交通建设、安全生产规律特征、安全生产国际对标等开展了行业综合安全方面的一系列研究工作。

完成软科学研究项目“平安交通评价指标体系与方法研究”，成果转化形成《公路水路行业安全生产工作考核评价办法》，建立形成了交通运输安全生产考核评价机制。2018 年以来，交通运输部安委办开始对全国省级交通运输主管部门及部属单位开展安全生产考核评价工作，这成为督促各地交通运输管理部门落实安全生产监督管理责任的有力抓手。

起草了《关于深化交通运输安全生产领域改革的新思考》《我国交通运输安全发展水平》等政策建议，深入分析交通运输安全生产面临的新形势、新要求，对标国际领先水平，研判当前交通运输安全发展水平，提出交通运输行业安全生产领域继续深化改革的方向和重点任务。

▲ 开展安全生产考核评价工作

协助交通运输部制定《交通运输部关于推进交通运输安全体系建设的意见》《交通运输部关于推进公路水路行业安全生产领域改革发展的实施意见》《公路水路行业安全生产监督管理工作责任规范导则》等一系列平安交通建设系列重大政策，引领我国交通运输安全生产工作进入法制化、系统化、高质量发展的新阶段。

▲ 陈济丁副院长带队赴广东省交通运输厅开展课题调研

开展交通运输部 2019 年安全研究重点攻关课题“交通运输安全生产阶段性、区域性、体制性和制度性特征及战略对策研究”，研究了交通运输安全生产的规律、特征、现状及问题，分析了面临的新形势、新要求，提出了适应交通强国建设的交通运输安全生产发展目标、思路及战略对策。

▲《中国交通运输安全生产发展报告》图书封面

编制的《中国交通运输安全生产发展报告》，首次从综合交通运输的角度，全面系统梳理新中国成立以来交通运输安全生产领域取得的成效。

二、工程建设安全

随着我国交通运输基础设施建设规模的快速增长，施工安全问题日益突出。2007 年以来，我院将工程建设安全作为安全学科主攻研究方向，先后承担了“西部地区公路水路建设项目安全生产的评价与预警预报技术研究”“内河港口工程安全生产重大危险源及事故隐患防治技术研究”等西部交通建设科技项目，在工程建设安全评价技术、预警预报机制、事故隐患分级等方面取得了一系列创新性成果。

▲ 项目组为成果应用单位进行技术指导

2009 年以来，为推进行业安全风险管理工作，完成了“桥隧工程施工安全风险评估管理制度与试点研究”“复杂条件下港口工程施工安全风险评估制度及试点研究”等重点软科学研究项目，成果转化形成《公路桥梁和隧道工程施工安全风险评估指南（试行）》《港口工程施工安全风险评估指南（沿海码头、护岸及防波堤分册）》等技术指南，推动公路水运工程建设领域建立安全风险管理体系。

安全标准化与安全防护装备是工程建设安全的重要技术手段。基于国家重点研发计划项目“交通运输基础设施施工安全关键技术与装备研究”、交通运输部品质工程攻关行动项目“施工现场安全防护设施标准化”及交通运输行业重点科技项目“广东省高速公路工程施工安全防护设施与装备研究”等项目研究，系统提出了公路工程安全防护的技术要点，建立了公路工程施工安全防护量化标准体系，申请国家专利 12 项，研发了高墩桥梁、长大隧道等工程关键部位的安全防护设施和施工设备 5 台（套），出版了国内首部《公路工程施工安全防护设施技术指南》，有力推动了公路工程施工安全防护水平和能力。

工程建设安全的相关研究成果积极服务于国家重大建设项目，先后

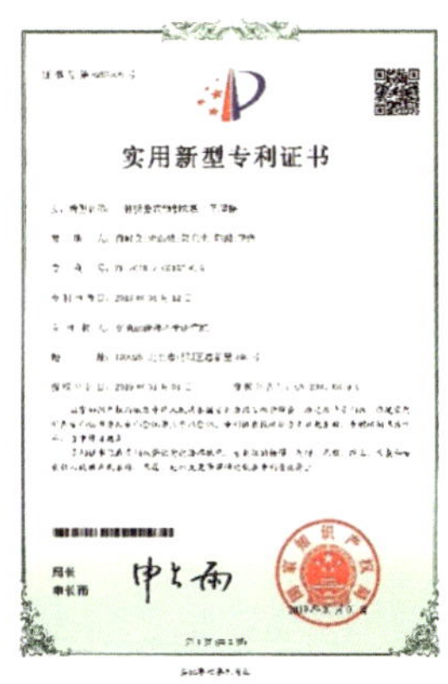
实用新型专利证书

▲ 安全防护设施专利

▲ 世界级工程——深中通道现场咨询

为港珠澳大桥珠海连接线、南沙大桥（虎门二桥）、深中通道、延崇高速公路、北京新机场等一批世界级超级工程提供安全技术咨询服务，有力保障了项目建设安全，为“粤港澳大湾区”“雄安新区”等国家战略建设项目的安全实施贡献了力量。

2019 年院工程安全风险防控创新团队成立，在工程安全政策、法规与标准、风险评估与控制、安全防护设施与装备等方面持续保持领先优势。

三、危险货物运输安全

危险货物运输是我国交通运输安全生产的重点领域，如何保障运输安全、有效应急处置、促进便利运输一直是危险货物运输领域关注的重点难点问题。

2006 年，组织开展了国内首次液化天然气罐式集装箱多式联运试验，对液化天然气罐式集装箱滚装船运输、集装箱船水路运输和公路运输全过程进行安全风险论证评估，创新液化天然气运输方式，降低运输成本，保障天然气运输安全。

▲ 项目组开展国内首次液化天然气罐式集装箱多式联运试验

2010 年以来，编写出版了《危险货

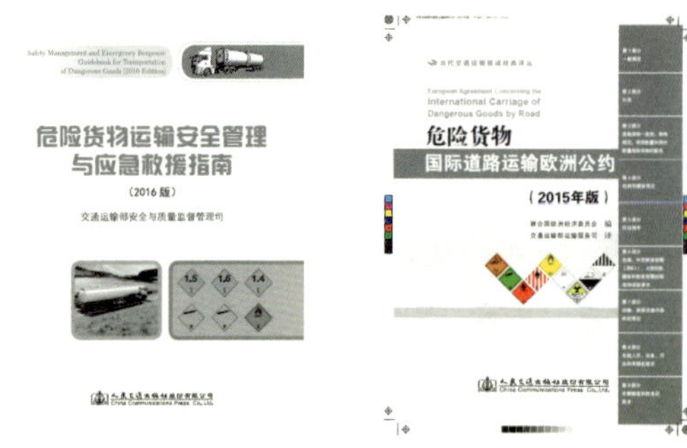

▲ 危险货物运输相关著作

物运输安全管理与应急救援指南》《危险货物国际道路运输欧洲公约》《危险货物运输规则技术指南》《农药安全运输指南》等著作，成果实用性和可操作性强，为行业从业人员普及安全应急知识，在行业内得到广泛应用。

鉴于部分小件危险货物，如果完全按照大批量危险货物进行操作，运输企业承运意愿低，托运企业难以承受与小件货物不匹配的高昂运价，导致谎报匿报为普通货物、快递夹寄危险品等违规运输现象时有发生，开展小件危险货物便利运输技术标准研究十分必要。2012 年牵头制定的《危险货物例外数量及包装要求》和《危险货物有限数量及包装要求》2 项国家标准正式发布实施，规范了例外数量和有限数量危险货物的运输作业和管理，便利小件包装危险货物运输，大幅降低运输成本，经济和社会效益显著。

作为主要起草单位之一，参与制定交通运输行业系列标准《危险货物道路运输规则》（JT/T 617—2018），重构了全链条的危险货物道路运输规则体系，建立了系统的危险货物道路运输豁免体系，创建了全范围的危险货物运输要求索引。标准被《危险货物道路运输安全管理办法》（六部委联合令）、《道路危险货物运输管理规定》《铅蓄电池生产企业集中收集和跨区域转运制度试点工作方案》等法规政策的制修订引用。标准在规范危险货物道路运输行为、提升危险货物道路运输安全管理水平、便利危险货物道路运输发挥了重要作用。

四、水上交通安全

水上交通安全是公共安全体系的重要组成部分，交通运输管理部门作为水上交通安全最主要、最直接的监管部门，如何加强和改进水上交通安全管理，是一个亟须解决的问题。

通过深入剖析我国近几十年水上交通安全事故暴露出的深层次问题，

创新性地提出了水上交通安全管理“四大体系”（责任体系、制度体系、监管体系和教育体系），丰富了水上交通安全管理理论，为水上交通安全管理提供了一个新的理论视角，促进水上交通安全管理由要素管理向体系管理转变。研究成果为交通运输部印发《交通运输部海事局关于建立健全水路交通安全监管体系的通知》提供支撑，得到部领导的批示肯定。

完成我国四种运输方式安全状况研究，针对水路运输安全存在的典型问题和薄弱环节，比较铁路、道路和航空运输，探寻类似的问题及其解决方法，为解决水路运输安全生产典型问题提供了经验和借鉴；通过比较分析四种运输方式（铁路、道路、水路和民航）安全管理要素，总结经验和启示，为提升水路运输安全管理水平提出了新的思路和政策建议。

完成交通运输部重大专项“西部港口物流枢纽安全监管与应急处置技术研究及示范应用”，构建港口物流枢纽安全管理体系框架，提出港口物流枢纽安全管理体系的建立与运行模式，推动物流企业、临港工业企业和港口生产经营单位安全生产管理一体化，促进平安港口建设和港口转型升级。项目形成 1 项地方标准《港口码头安全生产监管与应急救援信息系统技术规范》（DB 45/T 1148—2014）和 1 项软件著作权《港口物流枢纽安全管理与应急救援系统 v1.0》。

作者简介

彭建华，1982 年生，研究员，交通运输安全研究中心理论研究室（综合安全团队）主任。主要从事综合安全、危险货物运输安全、工程建设安全、水上交通安全、应急管理等方向的研究与咨询，获得省部级奖项 12 项，主持或参与国家及省部级行业技术标准 10 项。参与 2015 年第二届世界互联网大会、2017 年金砖国家领导人第九次会晤、“一带一路”国际合作高峰论坛等多次重大活动安保工作的现场督导任务以及长深高速公路江苏无锡“9 • 28”特别重大道路交通事故调查工作。

交通运输应急管理学科发展

◉ 陈　轩

交科院的交通运输应急管理研究团队经过十多年来的孕育发展，逐步成熟，近年来协助中国海上搜救中心（部应急办）、部海事局、部公路局等司局在应急管理政策研究、预案编制、应急演练等领域开展了大量工作，形成了一批影响行业应急发展的成果。团队从组建初期到逐渐具备较强的行业影响力，发展过程历经以下几个阶段。

一、从船舶溢油应急技术起步

从21世纪初到2010年左右，随着我国油品运输量的不断增加，船舶污染风险逐步提高，溢油事故危害触目惊心，我国亟须提升船舶溢油应急能力。在此背景下，部海事局着手开展《中国海上船舶溢油应急计划》《国家水上交通安全监管和救助系统布局规划》的编制，并开展我国沿海几十个船舶溢油应急设备库的前期工作。刘红研究员、耿红副研究员参与了应急计划的编制和布局规划中水上抢险打捞清污装备配置研究，并于此后带领由邱春霞、陈轩、叶赛等同志组成的团队，对全国的溢油应急技术和装备进行了全面调研，承担完成了宁波、舟山、厦门、泉州、钦州等十几个国家船舶溢油应急设备库的工程可行性研究、初步设计和技术规格书编制工程，通过开展以上工作，形成了一

▲ 刘红研究员（左二）带领开展调研

支船舶溢油应急技术研究团队。

二、在船舶污染应急能力建设规划咨询中熟悉应急体系

2009 年，《防治船舶污染海洋环境管理条例》出台，要求沿海设区的市级以上地方人民政府编制防治船舶污染海洋环境应急能力建设规划。同年，交科院与浙江海事局共同开展浙江省船舶污染应急能力建设规划前期研究，课题组将船舶污染应急能力体系作为研究对象，经多次讨论，参考交通运输安全生产和应急体系建设“十二五”发展规划内容，梳理形成了船舶污染应急能力体系，并结合浙江省的实际情况编制了规划文本。此后，团队又承担完成了福建省及其六个市、浙江省四个市、广东湛江、河北沧州等几十个省市级船舶污染应急能力规划，其中福建省和浙江省舟山市的规划均获得水运工程优秀咨询成果二等奖。团队在船舶污染应急能力建设规划项目中，对船舶污染应急能力体系的理解不断深化。

▲ 参加海上溢油应急演习

三、对重大海上溢油应急管理“一案三制”的钻研为学科发展奠定基础

2011 年发生了“7 • 16”大连石化火灾事故，大量溢油泄漏到海上，事故后中编办发文建立重大海上溢油应急部际联席会议制度，面对国家层面的溢油应急资源统筹建设、应急状态下的统一调配问题，交通运输部立项开展“我国重大海上溢油应急处置能力建设与调配机制研究”，由交科院的应急管理研究团队承担研究任务。团队面对这一国家层面的新应急体系、新机制构建问题，对应急管理“一案三制”、特别是应急体制机制开展了深入的理论研究。课题组在王耀兵研究员的带领下，每周开展一次理论研讨，并参加应急管理学会年会以及国家行政学院、中科院大学等单位

▲▶ 参与大连“7·16”事故应急处置

举办的应急管理学术活动，历时半年多理清了应急体制、机制、法制、预案的含义和相互关系，并应用于重大海上溢油应急领域。这半年多时间的理论学习，使大家开阔了视野，应急管理理论水平有了很大提高。该项目成果也得到了主管司局和专家的充分肯定，获得中国航海科技奖三等奖。

四、以交通运输应急预案体系为抓手开展应急管理顶层设计

应急预案体系建设是应急管理工作的主要抓手，2013 年国务院发布《突发事件应急预案管理办法》，对应急预案体系建设的各方面工作提出了系统要求。交通运输应急预案体系在全面性、系统性、预案分类分级、预案衔接等方面有待完善。2014 年开始，交科院应急管理研究团队协助部应急办开展交通运输部应急预案框架体系研究，开展全国性调研、系统梳理国家对应急预案体系建设的要求、其他部委的应急预案建设情况等，分析交通运输应急预案体系存在问题和解决方案，提出了新的交通运输部应急预案框架体系，并得到部领导批示。此后，按照新的预案框架体系，协助部相关司局完成《国家海上搜救应急预案》评估及修订、《交通运输综合应急预案》和《公路水运工

▲ 重大海上溢油应急机制调研

程生产安全事故应急预案》等预案的编制。团队还协助多个省交通运输主管部门构建了应急预案体系。其间，陈轩副研究员主持完成的“我国海上搜救应急预案体系完善对策研究”成果获得了行业广泛认可和应用，获得中国航海科技奖二等奖。

五、多领域应急演练服务全面开展，交通运输应急演练专业团队打造品牌

《突发事件应急预案管理办法》提出了应急演练要求，交通运输部各相关司局越发重视应急演练工作。从 2015 年开始，团队在对应急管理理论、应急预案制修订的基础上，耿红、陈轩、姜瑶、翁大涛、张伟等团队成员协助中国海上搜救中心（部应急办）、部救捞局、部公路局、部运输服务司等司局完成应急演练共十余项，承担演练的策划、脚本编制、视频短片等素材制作、演练评估、演练导调等工作，涉及水上搜救、海上溢油、自然灾害应对、公路抢险、道路运输保障、救助打捞等多个领域，其中协助部应急办连续 5 年开展部省联动应急演练，协助中国海上搜救中心连续 3 年开展国家海上搜救演习、中国—东盟国家海上联合搜救演

▲ 2017 年度公路交通军地应急联合演练

▲ 2017 交通运输系统防洪涝灾害及台风部省联动桌面演练

▲ 中国—东盟国家海上联合搜救实船演练评估组

习、国家重大海上溢油应急处置演习等演习，协助部公路局连续 2 年开展公路交通军地联合应急演练。演练工作多次得到了参演部领导的高度评价，使得团队的应急演练服务成为行业品牌。团队也在应急演练中不断成长，不断总结提高，并协助部应急办编制《交通运输应急演练评估指南》，多领域、多种形式的应急演练使大家对交通运输应急管理工作有了更深刻、更直观、更全面的认识。

六、交通运输应急管理的前沿政策研究标志着团队的逐步成熟

随着对应急管理各方面研究的不断扩展和深入，团队逐渐具备了开展应急管理政策研究的实力，2018 年承担了两项重量级的研究任务。一项任务是协助中国海上搜救中心研究起草提请国办发布的《关于加强我国水上搜救工作的通知》，该文件将为未来一段时间我国水上搜救工作的开展提供指导，是我国水上搜救体系的顶层设计。团队基于多年来对搜救预案体系的研究、搜救行业存在问题的把握等，耿红、陈轩、田鑫、姜瑶、曹巍、翁大涛、刘广强等团队成员协助中国海上搜救中心完成了该文件的起草工作，并于 2019 年 10 月由国务院发布。另一项任务是开展为建设交通强国提供技术理论支撑的“交通强国应急体制机制改革创新研究”。在国家体制机制改革、应急体系改革的大背景下，这项工作非常具有挑战性，潘凤明、姜瑶等团队成员迎难而上，在前期应急管理体制机制理论研究基础上，开展广泛调研，与各司局充分沟通，系统分析了交通强国建设对应急体制机制的要求、梳理了现有应急管理体系的

▲ 赴西沙开展加强水上搜救工作的调研

不适应性，提出了交通运输应急体制机制改革的对策建议，为《交通强国建设纲要》对应急管理方面要求的实施提供有力支撑。能够承担完成这两项任务，也标志着交科院应急管理研究团队的逐步成熟，应急管理学科的初步形成。

七、青春建功，为部应对新冠肺炎疫情研究工作提供有力支撑

2020 年初，一场突如其来、涉及千家万户的新冠肺炎疫情席卷而来，交通运输部启动和升级应急响应，着眼交通运输行业责任与职能，全力做好疫情防控、保通保畅与物资运输保障、复工复产与统筹经济社会发展、系统内部防控等各项工作。团队第一时间跟踪疫情应对相关情况，撰写《日本国土交通省系统内部疫情防控工作简介》等参考材料报部，并得到部领导批示。受部相关司局委托，团队承担了多个以疫情应对为背景的应急管理研究任务。陈轩借调部应急办，开展部应对新冠肺炎疫情工作评估研究，并参与交通运输部应对新冠

▲ 陈轩借调部应急办开展疫情应对评估研究

肺炎疫情行动回顾材料编制、应急管理案例片制作等工作。潘凤明、陈轩、姜瑶、翁大涛、王儒骏还结合本次疫情应对工作，协助部人教司开展交通运输应急管理体系机制研究，协助部运输服务司完成应急物资运输保障等多项研究任务。这些研究和工作任务的开展，为提升公共卫生事件交通运输应急能力提供了有力支撑，也进一步完善了团队的应急管理学科结构。

随着年轻的交通运输应急管理研究团队的成长，交科院应急管理学科将不断完善，成为交科院在交通运输领域的特色学科。团队将学以致用，为推进交通强国建设、完善交通运输应急体系和实现应急能力现代化奉献青春、贡献力量。

作者简介

陈轩，1981年生，研究员，毕业于大连海事大学，2008年进入交科院工作，目前任交科院交通运输安全研究中心总工程师。主要从事交通运输突发事件应急管理、危化品事故应急技术等方面的研究，主持和参与完成课题200余项，获得省部级奖项11项，获得第二届中国航海学会青年科技奖。近年来，承担完成了交通运输部应急预案体系框架设计，参与制修订《交通运输综合应急预案》等多个国家部门预案，并多次担任交通运输部桌面应急演练的“总导调”。

交通环保从出发到辉煌

◉ 李颀君

20世纪80年代开始，我国开始建设高速公路，至20世纪90年代我国的高速公路建设进入了高速发展阶段，建设投资数量之大，开工项目之多，举世瞩目。但随之而来的新问题是工程对环境的破坏和造成的水土流失。

原交科院院长毛文碧先生高瞻远瞩，在保护与发展之间挑战可能，最终找到了那把开锁钥匙。现任副院长陈济丁及他的团队则成了最后的开锁英雄。王阳明说：知是行之始，行是知之成。1996 年，北京运科技贸公司［现更名为交科院环境科技（北京）有限公司］的科研和工程队伍几乎倾巢而出，带着他们的实验室数据，走向前沿，让科研成果落地生根。从此，高边坡绿化作为一个新的名词写进词典，湿法喷播技术从此创造历史。

云南昆曲高速公路，作为他们的第一个战场，成了梦开始的地方。昆曲高速公路也因为“第一个吃到螃蟹”从此笑傲江湖。“大战”之前，厉兵秣马，草种发芽率试验、理想株数试验、阴阳坡试验、不同气候试验、不同坡率试验，都是必不可少的，而这样的试验早已不计其数，目的是找到最理想的配方投入实战。试验的过程是艰苦的，试验的设计者陈济丁备受折磨。失败总是会出现的，理想与不理想，都必须找到原因，这是科研的态度，是对工程的负责。质疑的声音从开始就存在，在试验不理想时，这样的声音又浮出水面。有一种声音极具杀伤，有人认为：云南的自然条件足以在短期内恢复青山，此举毫无必要，是对财力、物力、人力的浪费。陈济丁此时陷入巨大的孤独中，但他没有心碎，只有不眠。在不眠中，他延长了工作时间，让一切加速前行。为了获得更多、更及时、更准确的数据，他的办公室搬到了边坡下的工棚里，边坡的日照条件，发芽时间，雨水多少，都是他需要的数据。

一场大雨之后，两种颜色的水，从排水沟直泄而下，一清一浊，汇集一处，泾渭分明。这是一个壮观的场景，是奖励，也是回答。从此我们身边只剩下一种声音：边坡绿化，保持水土，势在必行，越早越好，越快越好。

大面积施工即将开始。此时，工程施工人员成了工地的主力。在边坡脚下，一台湿法喷播机被安放在卡车上，各种材料依次加入，加水后喷播机不停搅拌，喷播管沿边坡而上直到顶层。工程负责人曹顺利手握长枪，身先士卒。当第一车混合料像一道弧线喷向边坡时，"战斗"正式打响。这一枪是"天下第一枪"，这一枪是开工的发令枪，这一枪开启了一个时代。施工工地，道路艰险，百米边坡，直插云端，新的挑战又在眼前。从此，雄鸡不叫就出发，夜不降临不还家。施工人员就像一群艺术家，将每一处裸露都变成了绿色。

1997年，公司转战云南楚大高速公路，这里成了我们的第二个战场。楚大高速公路的所有高边坡被一分为二。经过了昆曲高速公路的施工，我们成功将覆盖料、保水剂、黏合剂以及部分草种国产化、本地化，合理利用无纺布作为覆盖材料，摆脱了对进口材料的依赖，降低了施工成本。

▲▶ 边坡绿化施工中

▲▶ 施工后边坡

2000年云南大保高速公路，高边坡绿化在各方面都已成熟，已正式成为高速公路建设的一个招标项目，我们被邀请为边坡绿化的总设计单位。这时，很多施工材料，已经市场化、规范化，绿化公司如雨后春笋般出现，加入竞标行列。在新的形势下，公司要提高、要进步、要发展壮大，就需要新的人才。江玉林博士是草业博士，她的到来为公司注入了很多新的理念，使我们在行业的领跑中再上台阶。其中豆科品种的引用，草灌结合的实行，增加了植物多样性和品种竞争，特别是对防止草坪退化起到了扭转。我们的草种配方已经纳入行业规范被广泛采用，并沿用至今。在这之后公司又完成了海南环岛高速公路项目、云南玉元项目、云南元磨项目、云南昆石项目等。几年的奋斗，我们开创了一个领域，带动了一批绿化公司，培养了大量的人才。

创新一直是公司的追求，岩石边坡的绿化很快被排上日程，成为公司的下一个研究方向。目的是让公路上不留死角，全覆盖绿化。客土喷播技术针对的就是岩石边坡绿化。把经过加工的外来土用客土喷播机喷播到石质边坡上，制造一个植物生长的基床。客土中加入黏合剂、保水剂、纤维、肥料、种子等。这个时期的边坡绿化又出现了新的理念，就是尽可能地减少工程防护，边坡无须过度开挖，保留自然性，减少人工痕迹。客土喷播的出现极大地满足了这一理念，将部分以前只能进行工程防护的边坡用客土喷播替代，提高了观赏性，节省了非常可观的工程费用。

2000年公司与日本绿物产株式会社联手，在广东惠河高速公路开始了客土喷播试验工程。当时的分工是：日方企业负责客土材质的配方，我方负责草种配方。工程在信心满满中开始，却在失败中结束，整个边坡颗粒无收，我们受到了前所未有的打击。在最困难的时候，江玉林博士成了扭转危局的关键。她大胆地推翻了日方企业提出的方案和基材配方，一切重来，做了大量的材料分析，十几个小区试验，最终确定方案，取得了成功。当茵茵绿草长满边坡，当边坡的照片登上《惠州日报》时，我们没有微笑，只有苦涩。以后，客土喷播技术就像当年的湿法喷播一样被推广，最后形成了标准、规范。

今天，公路的功能已不仅仅是通达，它还是绿色走廊、景观大道。孔亚平主任带领着团队，在有条件的地区，用公路将周边的景点串联起来，修建慢行车道，修建有鲜明地方特色的驿站、观景台。这样的公路我们给它命名为旅游公路。这是我们奔跑中的又一次撞线，是我们新的名片。2016年4月竣工通车的贵州赤水河谷旅游公路是我们的杰出作品。旅游公路的出现不仅带动着旅游资源，而且推动了其他产业的发展，必将掀起一股新的浪潮，我们骄傲于这样的辉煌。

作者简介

李颀君，1965年生，1982参加工作，1999年至2013年在北京运科技贸公司[现更名为交科院环境科技（北京）有限公司]担任绿化工程项目经理。参与了云南元磨高速公路项目、广东惠河高速公路项目、广东佛山一环项目、广东韶赣高速公路项目的绿化工程施工工作。2013年至今在交科院环境中心工作。

工程中心道路研究室的发展历程

◉闫　瑾

道路研究室是交科院工程技术与材料研究中心的一个部门，于 2018 年 3 月合并组建而成，前身是道路结构与材料研究中心的研究部门，主要负责承担路基、路面、桥梁等方向的科研项目。目前主要以公路建养用环保型路面材料的基础性、关键技术问题为研究方向，以沥青类材料微观结构表征及设计技术为突破点，进行公路建养用新型绿色材料的原创性开发和二次研发改进，规范绿色道路材料的检测与评价技术，支持公路建养技术与材料的推广应用，引领本领域前沿性技术的发展方向。现有正式员工共 10 人，其中博士 4 人、硕士 5 人，高级职称 5 人，试验检测工程师 4 人，专职试验员 1 人。

道路研究室可借助沥青分子工程实验室的全套微观 / 宏观性能测试设备，围绕沥青路面建设养护用的传统材料和新材料，进行基础性研究和多尺度全方位性能检测评价，开展材料研发和二次改进、新材料工程应用及技术咨询等方面工作。

目前道路研究室的业务方向主要包括以下两方面：

业务方向一：沥青路面材料的基础性、环保性研究

- 石料岩性及粒形的路用性能影响规律
- 轮胎-路面交互仿真技术
- 再生沥青微观结构与再生沥青混合料路用性能研究
- 适用于重盐渍土的固化剂研究
- 泡沫混凝土的关键性能研究

▲ 天然岩沥青现场铺筑

▲ 天然岩沥青碾压

- 天然橡胶沥青的性能研究
- 旅游公路自行车道用常温彩色沥青胶结料开发及混合料设计研究
- 基于不同气候分区的天然沥青改性沥青研发及应用技术研究

业务方向二：新材料的推广应用及技术咨询

- 新型常温改性沥青工程应用技术
- 可储式常温改性沥青筑路技术的推广应用
- 新型常温沥青薄层罩面技术在水泥路面加铺中的应用
- 天然橡胶沥青的推广应用
- 活化“湿法”加工天然岩沥青改性沥青应用技术研究
- 泡沫混凝土应用技术

新的部门，新的起点，新的挑战。道路研究室虽然2018年才成立，但成绩显著，天然岩沥青在安徽、湖北、新疆等地广泛推广应用，相关的地标和团标相继制定、颁布及实施，专利及高品质的论文在日积月累的编制及发表中，各类奖项也是接踵而至。泡沫混凝土的研究及应用得到了新疆、西藏等地业主单位的一致好评，多家单位表示有合作意向。常温沥青混凝土筑路技术得到业主单位的认可，对方主动联系、交流相关延续性项目的合作事宜。

团队协作、与时俱进、兢兢业业、技术推广是道路研究室的灵魂，正是因为明确的团队分工、无私的奉献精神、强烈的责任感和日益加强的合作交流，我们才能不断发展壮大。我们的团队成员经历过风吹日晒、严寒酷暑，常年与沥青和各类化学试剂为伍，只为获得最准确的试验数据、指导道路施工，也曾通宵加班加点赶任务，争分夺秒报送材料。每位的默默奉献与付出，都是为了期待的结果。

作为新兴的年轻部门，我们深知机遇与挑战总是并存的，良好的开端仅是成功的一半，只有在总结、积累前期经验的基础上，不忘初心、锐意进取、戒骄戒躁、踏实敬业、主动创新、加强合作，才能为部门的可持续发展贡献自己的一份力量。

作者简介

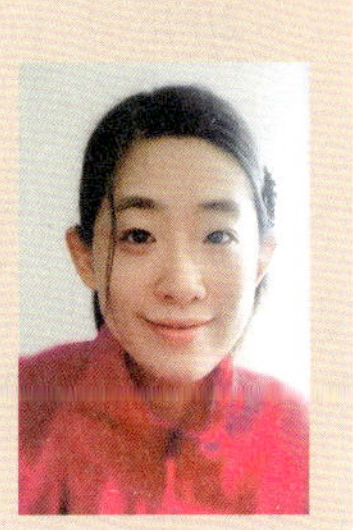

闫瑾，1987年生，桥梁与隧道工程专业硕士，高级工程师，桥隧检测师，自2012年7月来交科院工程技术与材料研究中心工作。

高速公路道路抗凝冰技术发展

◉ 朱宝林

2008 年 1 月中旬至 2 月初，五十年一遇的雨雪冰冻灾害席卷大半个中国。加之恰逢春节期间，在某种程度上加大了自然灾害的消极影响。在这一复合性突发事件面前，我国的公路基础设施严重受损，人民群众基本生活保障受到了极大影响。在此背景下，交通运输部科学研究院道材中心主任魏道新和交科院公路工程科技（北京）有限公司总经理朱宝林团队认识到，若想解决冬季道路抗凝冰问题，就要提高道路交通系统抵御冰雪灾害的能力，最大程度保证冰雪灾害期道路交通的安全、畅通，这必须立刻提上议程。很快，朱宝林博士向中心魏道新主任申请组成了一支涵盖计算机、机械、材料、道路、岩土等领域优秀研究人才的专业技术团队，正式开启了高速公路抗凝冰技术研发的新征程。

为实地走访调研我国冬季冰雪形成机理，南至福建武夷山，北抵内蒙古乌兰浩特，东到山东莱芜，西进新疆乌鲁木齐，祖国的大江南北均留下了团队坚实的足迹。从凝冰自动化处置喷洒设备的研发起步，到新型抗凝冰材料的探索研制，后至高速公路早期凝冰、团雾等气象预警系统管理平台开发，他们一步一个脚印，一路摸索一路前行。为了优化调整抗凝冰材料的配方，他们以试验室为家，强忍刺鼻气味和呛人灰尘，仅沥青混合料试块就制作了好几吨。为了验证研发的设备与材料的性能，他们更是经常在冬季的夜间，冒着彻骨严寒坚守现场，一蹲就是几个小时。

近十年孜孜不倦的艰苦攻关和大量应用试验下，团队终于在高速公路抗凝冰技术上取得了重大的突破和进展，并实现科研成果产业化的成功转化。通过对路面凝冰机理及凝冰形成环境条件的试验分析，团队创新性地提出我国高速公路路面凝冰的环境条件标准。依据车速、路线特点等因素，建立了路面凝冰危险等级标准，通过对海量因子进行研究分析，对关键凝冰因子进行采集，建立了我国高速公路早期凝冰、团雾等气象预警系统管理平台。在此基础上，针对重大路面气象灾害，还提出了高危路段凝冰、团雾等自动化处置技术实施方案。

在云南调研时，他们发现，我国凝冰易发地区尤其是山区桥梁、长大纵坡、超高急弯、背阴等高速公路高危路段交通事故处于多发状态。与其“亡羊补牢”，不如“防患于未然”，所以这项研究的思路应该是精确预知道路的结冰时间，提前处置，把除冰变成“防冰”。依托这个指导思路，他们把融雪剂添加到沥青混合料里直接铺在了新建路面上，形成具有不结冰功能的路面，在毛细管压力及车辆碾压作用下，融雪成分析出，从而降低道路表面水的冰点，抑制道路表面积雪结冰。可是，改性剂如果很快析出用完怎么办，难道还要频繁敲开路面重新翻修添加？新的难题摆在了面前。为此，他们又专门研发了配合改性剂使用的缓释剂和增强剂，在不降低融雪成分浓度的前提下，使改性剂缓慢释放，融雪效果可以持续 14 年。

半幅路面白雪覆盖，半幅路面如漆似墨，一条对比鲜明的试验路段成功验证了新型抗凝冰沥青改性剂的神奇。同时，得益于整个团队的创新理念和不懈研发实践，抗凝冰技术首次提出了凝冰预警及自动化处置成套应用技术，使得道路冰雪处置变被动为主动，显著节约融雪剂的用量，从而减少融雪剂对环境的污染，大幅提高了融冰雪效率，有效推动了我国冬季安全应急保障技术的发展。

梅花香自苦寒来。2016 年 1 月 23 日和 26 日，中央电视台《新闻直播间》及《新闻联播》栏目先后对夏蓉高速公路（贵州省毕节市纳雍县谢立大山隧道入口）凝冰预警与自动化喷洒系统进行了报道。

这是安装在高速公路、城市立交桥、机场跑道上的高效、节能、低成本的新一代全自动融雪剂自动喷洒系统。由路域环境信息采集系统、预警系统、道路凝冰处置系统组成，为管理者的决策提供可靠信息来源，

▲ 哈尔滨黄家崴子路路面工程

并及时有效解决道路结冰问题，提高道路行车安全。

路侧安装的气象传感器自动收集着道路温度、湿度、附近风速等各种气象信息，再用埋在路面下的传感器感知路面冰点，最后综合判断得出结果。预知路面结冰时间后，系统程序会自动控制安装在路侧的装置，在路面结冰前喷洒融雪剂，降低路面冰点，道路管理者可现场控制系统，也可在监控中心或通过手机软件远程监控。作为交通运输部物联网重大专项研究成果之一，在负责项目成果验收的院士专家组看来，这项技术无疑达到了国际领先水平。

长达 36.48 千米的胶州湾大桥上也安装了这套凝冰预警及自动化喷洒系统。统计数据显示，2016 年整座大桥因恶劣天气影响封路 24 次，安装预警系统后，2017 年天气影响造成的封路骤减到 8 次，无一是桥面冰雪造成的，仅通行费就较前一年多收了近千万元。减少公路养护管理部门的经济损失是一方面，特别是，大桥因路面凝冰灾害造成的交通事故发生率显著降低 60%，大大提升了人民群众的出行效率和行车安全。

目前，在院领导的关怀和支持下，这个年轻的团队已建设成为交通运输部科学研究院“卓越创新团队”。研究成果总体达到国际先进水平，2019 年该成果被交通运输部提名了国家科技进步二等奖。道路抗凝冰技术已在我国16个省市68项工程中成功应用，直接经济效益超过2.32亿元，冬季道路交通事故率降低65%，基本消除了凝冰造成的交通封闭，保障了冬季包括春运期间的交通通畅。该成果促进了行业科技进步，经济、社会和环境效益十分显著。

作者简介

朱宝林，1981年生，研究员，北京航空航天大学道路与铁道工程专业毕业，博士，交科院公路工程科技（北京）有限公司副总经理。主持、参与了30多项国家与省部级科技项目，曾主持“高速公路早期凝冰预警及高危路段凝冰自动化处置技术研究”。获2017年度交通行业十大中青年科技创新领军人才，获中国公路学会二等奖3项、三等奖1项，省部级科技进步三等奖2项。申请专利15项，出版专著3项，发表学术论文30余篇。

院交通科技情报工作发展历程与展望

◉张　亚　◉林　垚

一、历史沿革

交通科技情报工作是一项搜集、整理、研究、传递交通及相关领域科技信息的事业，其建立与发展主要经历了4个阶段。

（一）起步初建阶段（1960—1965年）

1958年，在国家“加强科技情报工作”等方针的指导下，交通部所属的主要科研、设计单位先后建立情报室，起步开展国内外科技文献编译、报道等工作。1960年，部属科研单位公路科学研究所、水运科学研究所合并为交通部科学研究院，两所的情报室也随之合并为交科院情报室。1964年，“交通部科学技术情报研究所”成立，所址设在交科院内。情报所下设情报研究室、编译出版室、档案图书资料室，对内是院领导，对外是部直属单位。

其间，情报所主要开展公路、水运领域的文献建设和情报分析工作，包括改进图书管理方法、编制检索工具、与国内有关单位建立情报交换关系、搜集国内外交通专业书刊、编译国外交通发展报告和专题资料等。其中，情报编译工作开辟了国外交通情报的获取渠道，为科研工作的顺利开展提供保障。

（二）徘徊调整阶段（1966—1977年）

在“文化大革命”中，情报所的业务基本中断。直至1970年，交通部抽调干校人员回京，陆续恢复情报工作。1975 年情报所定名为“交通部科技情报研究所”，所内设图书资料室、公路情报研究室、水运情报研究室和办公室。

其间，情报所一方面恢复文献建设、情报刊物报道等工作，另一方面继续开展国外交通情报分析。其目的与作用可分为：一是介绍国外交通发展动态及有关政策技术的情报成果；二是为贯彻执行交通建设方针政策和重大任务开展情报调研；三是根据特定任务展开专题分析。此外，情报所还为满足交通系统对科技情报交流的需求，有计划地组建了全国交通科技情报网。至 1977 年底，共建成 14 个专业情报网，通过研讨会、出版专题资料等形式，为推广技术性成果和经验发挥了显著作用。

（三）改革发展阶段（1978—1999 年）

十一届三中全会后，情报所迎来了新的契机。1978 年，情报所改由部直接领导，为局级单位。1993 年，情报所更名为“交通部科技信息研究所”。

▲ 情报所文献资料图书室

其间，情报所的文献资源在数量和种类上都得到了很大充实。在此基础上，情报所将工作重点放在拓展情报服务和实现情报服务现代化上。在拓展新服务方面，1985 年，设置专利室，承接交通运输专利咨询和代理业务；1988 年，成立翻译室，承接交通运输文献、出国考察、外事活动等翻译工作；1993 年，被批准为交通系统科技查新单位，开始承担各级交通科研项目的查新工作。在服务现代化方面，情报所开展了引入信息技术的研制工作，主要成果包括国家重点科技攻关项目“微机 - 光盘建库和检索软件”（1990 年），开创了我国自建光盘数据库的成功先例等。

（四）发展创新阶段（2000 年至今）

为顺应国家科技体制改革的要求，1999 年底院所重组，信息所与交通部标准计量研究所、交科院机关合并为新交科院，信息所的职能浓缩到交科院下属业务部门信息资源研究室（2017 年重组为科技资源与技术交流研究中心）。

其间，按照科技部、交通部“科技基础条件平台建设”等要求，通过自建、引进、共建共享等多种整合方式，建立“交通科技信息资源共享平台”等系列公共服务平台，面向行业及社会公众提供科技项目、科技成果、仪器设备、科技文献、科学数据等交通科技信息资源数字化、网络化服务。共享平台建设获得 2013 年中国航海科技三等奖。同时，依托公共服务平台及新兴技术，资源室进一步开拓了文献查重、文献收录引用查证、定题跟踪等咨询业务。

二、发展现状

当前，院交通科技情报工作坚持为行业服务原则，立足交通科技信息资源基础性服务和交通情报决策咨询服务。交通科技信息资源基础性服务由情报所的科技文献服务发展而来。以多年馆藏积累为中心，形成涵盖科技文献、科技活动事实、统计资料等交通资源群，通过公共服务平台提供书刊借阅，数字资源移动阅读与下载，国家图书馆基藏图书和 NSTL 科技文献的馆际互借等一站式服务，数据总量达 40TB，日均访问量 3 万余人次。

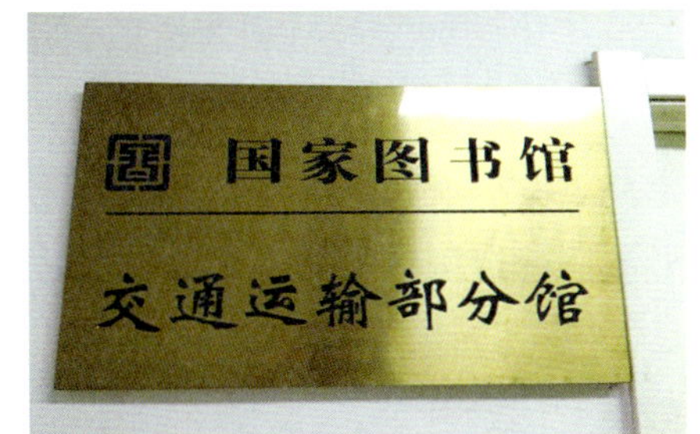

▲▶获“国家科技图书文献中心交通运输服务站”“国家图书馆交通运输部分馆”授权

交通情报决策咨询服务由国外情报分析演变形成，继承了报告编译等传统情报研究，发展壮大为国外交通政策、体制、立法、科技、标准等情报跟踪研究，为行业主管部门提供决策咨询。近3年，此服务形成600余期《世界交通快讯》和20余份编译报告、文章等情报产品，多份成果获得领导批示。此外，针对行业技术预见、企业经营发展等需求，决策咨询服务亦正在向基于科学计量的科技态势分析、竞争情报分析等方向探索。

三、未来展望

随着信息技术的快速发展与应用，交通科技情报工作不再是传统的信息资源采集、加工、编译、检索与获取，而需要在此基础上最大限度挖掘可能蕴含的知识价值，形成知识服务产品，为政府管理、科学研究、技术开发、市场开拓等提供有效解决方案。

• 由科技信息资源基础性服务向知识服务转型，建设交通专业知识资源与服务汇聚平台。

根据交通运输领域知识服务需求，利用知识服务理念、方法以及知识组织等技术，识别并构建隐含于信息资源中的知识对象间的关联关系，形成系统化、网络化的交通知识资源体系与服务系统，提供知识获取、关联分析、趋势预测、热点发现、科技评价等知识服务。

• 提高决策咨询产品的多样性与深入性，提供面向不同主体的差异化知识服务。

决策咨询服务将加大信息编译后的分析研究，开展国际热点对标研究、交通技术前瞻性研究、交通发展国别研究等，开发专题简报/快报、学科/技术领域发展报告、科技管理决策建议等系列知识产品，根据行业不同受众群体的知识需求，主动推送个性化咨询服务。

作者简介

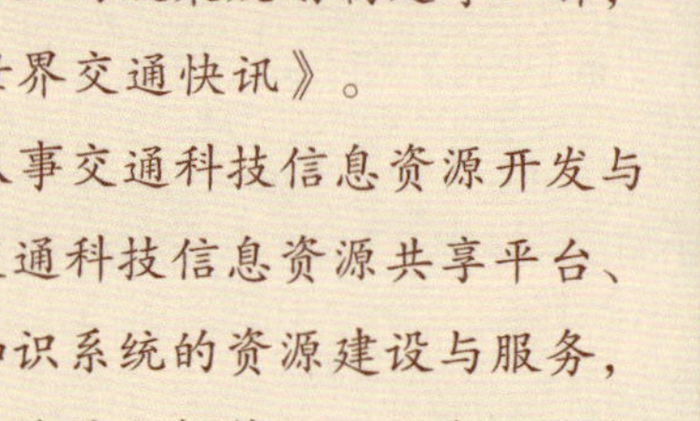

张亚，1977年生，院资源中心信息管理岗位。2006年至今，担任国内外交通信息跟踪研究及科技查新工作，长期为行业提供交通战略规划、科技动态等信息服务，并支撑行业的政策规划制定等工作；编辑完成数百期内刊《世界交通快讯》。

林垚，1982年生，从事交通科技信息资源开发与情报服务工作，曾参与交通科技信息资源共享平台、交通科学数据共享网等知识系统的资源建设与服务，主持信息增值服务、文献计量分析等知识服务方向相关研究。

在市场竞争中创建展会品牌

——交科院会展业务的回顾

◉ 方伟民

伴随着国家的改革开放，交科院科技交流中心的会展业务已走过了三十年的发展历程。本人于1992—2011年近20年的时间里在交流中心任职，有幸参与和见证了会展业务从无到有、从小到大的发展过程。一路走来，经历过许多困难与挑战，但交流中心全体职工依旧坚持不懈地努力，在摸索和探寻中走出初创阶段的困境，在创新与进取中迎来新的发展。

交科院会展业务的起步可以追溯到20世纪80年代。当时国家还处于改革开放的初期，市场经济的体制还没建立，传统的计划经济模式还处于主导地位，科研体制的改革举步维艰。正是在此历史背景下，交通部科技情报研究所副所长杨靖同志和科技交流中心主任宋晓良同志大胆创新，勇于探索，冲破传统科研体制的束缚，积极走向市场开拓会展业务。我所于1987年首次与中国香港新鸿基国际展览公司合作，成功举办了“国际内河航运与柴油机技术展览会暨技术交流会（WATER TRANSPORT 87)”，随后又于1989年举办了“国际公路运输技术与设备暨技术研讨会”。值得一提的是，当时的办公条件还比较落后，没有网络、计算机、传真机等，通信联络仅靠电话和传统的邮件，文件处理靠的是打字机，在如此简陋的办公条件下要举办国际展会，其难度可想而知。虽然这两届展会规模并不大，但在交科院的会展业务发展中具有开创性意义。两届展会的成功举办不仅积累了办展的经验，磨砺了人才，更重要的是在我国会展市场萌发初期抢占了先机，为日后交通会展产业的发展奠定了良好的基础。

进入 20 世纪 90 年代，尤其是邓小平南方谈话之后，中国掀起了新一轮的改革开放热潮。为适应国民经济高速增长的需要，交通基础设施投资力度不断加大，特别是公路建设投资规模显著扩大，从而带动了对先进交通建设技术与设备的旺盛需求。在市场需求迅速扩大之际，也给交通行业专业展会的发展创造了难得的历史契机。经报交通部批准，“第一届国际公路、水运交通技术与设备展览会”（以下简称“交通展”）于 1992 年 10 月在北京展览馆隆重举行。本次展会是新中国成立以来，交通部首次主办的综合性国际展览会。国家领导人和部领导都给予了高度重视。时任交通部黄镇东部长和北京市苏仲祥副市长为展览会开幕剪彩。来自 14 个国家和地区的 200 多家厂商参加了展会，展览面积达 11500 平方米。此次展会在交通部的大力支持下获得了圆满成功。在此后 10 年间，伴随着我国交通基础设施建设的迅速发展，交通展始终保持着稳定发展的态势，吸引了国内众多实力雄厚的生产企业和近 20 个国家和地区的著名公司和国家展团参展，展出面积从最初的 10000 多平方米增长到 30000 多平方米。

▲ 1992 年，第一届国际公路、水运交通技术与设备展览会在北京展览馆隆重举行

但是，会展业务的发展并非一帆风顺。2002 年，随着中国加入世界贸易组织（WTO），特别是国内市场的进一步对外开放，国外一些著名展览公司开始纷纷进入中国展览市场，将国外著名的展会品牌移植到中国，因此对国内的展览市场形成了巨大的冲击。例如世界三大工程机械展览会的主办方德国慕尼黑展览公司和美国工程机械协会为了分享巨大的中国展览市场，于 2000 年先后将 BAUMA 工程机械展和 CONEXPO 工程机械展移植到中国。客观地说，这些历史悠久的国外著名展览公司无论在财力上，还是在品牌影响力和运作专业化程度上都处于绝对优势地位。因此，这些国外品牌展会在中国的相继举办，对交通展筑养路机械部分的组展造成了巨大挑战。从展会的数据可以看出，自 2002 年以后，交通展筑养路机械部分的展商数量和展出面积一直处于明显的下降趋势。面对这种严峻的竞争局面，交流中心并未气馁，而是改变思路，充分发挥行业优势，秉承“立足行业、依托行业、服务行业”的市场化理念，积极开拓市场，与中国公路学会客车分会合作，在 2006 年的交通展上首次增设了商用客车展区，从而大大增加了交通展的展商数量和展出规模。同时又与荷兰 RAI 展览公司合作，于 2007 年将国际著名展览品牌 INTERTRAFFIC 移植到中国，举办了“中国国际交通工程技术与设施展览会”（INTERTRAFFIC CHINA)。随后，在 2009 年，根据市场需求，交流中心与中国公路学会客车分会将商用客车部分发展为定期的国际道路运输、城市公交车辆及零部件展览会（BUS & TRUCK)。目前，上述两个展会单数年独立举办，双数年作为交通展的一部分与交通展同时举办。正是秉承这种勇于改革创新、敢于担当作为的开拓进取精神，交流中心才能在充分发挥自身优势的同时，积极应对市场竞争的巨大挑战，通过主动内引外联，最大限度地减少国外展会对交通展的冲击，使交通展在此后的十多年中依然保持稳步发展。

交流中心作为展会的承办方，始终按照部领导提出的把展会办成“政策对话、科技交流、对外宣传、产品展示”行业平台的指示要求，秉承“面向市场，服务行业”的办展宗旨，以市场化和专业化的运作方式，为参展企业和用户提供有效的交流平台和良好服务。

多年来，主办方充分发挥其在交通运输行业的优势，加强与地方交通管理部门和国内外专业协会、学会的合作，在高质量专业观众组织方面做了大量卓有成效的工作。与此同时，还不断加强与电视台、网站、报纸、杂志等专业媒体的合作，强化多方位、多视角、多渠道的展会宣传报道，扩大了展会在行业内外的影响。随着移动互联网的兴起，交流中心还建立了展会官方的微信公众号，及时发布展览资讯并与客户开展互动交流，为展会的宣传起到了重要作用。

2004 年，经报交通部批准，在交通展举办期间首次创办了“中国交通发展论坛”，旨在推动和促进政府与社会、政府与企业以及政府与社会公众之间的沟通与交流，创新交通发展理念，为交通运输事业的发展创造更为宽松的社会环境和舆论环境。历届论坛均以社会和行业普遍关注的热点为主题，邀请政府官员和国内外相关领域的知名专家学者参加，通过各种形式的主题活动，达到政策对话和对外宣传交流的目的。

作为展会的一项重要活动内容，承办方在历届展会期间，均积极地与相关协会和广大参展厂商合作，举办多个主题的专业技术研讨会和展商的产品推介会，为专业观众了解行业最新科技发展动态，促进新技术、新产品的推广应用起到了重要的桥梁和纽带作用。

回顾三十年来的发展历程，在国内外交通运输业同行的大力支持和主办方、承办方的共同努力下，交科院的会展业务正朝着市场化、国际化和专业化的目标稳步迈进，取得了良好的经济效益和社会效益。迄今为止，交通展已成功举办了十四届，参展厂商逐届增多，展出规模持续扩大，专业观众质量不断提高，已成为交通运输领域最具影响力、规模最大的国际展事，在国内外均享有较高声誉。除了两年一届的交通展以外，“国际交通工程展”和“道路运输车辆展”经过十余年的发展，展出规模稳步增长，在业内受到广泛的关注和好评，已树立良好的展会品牌。

实践证明，交流中心会展业务所取得的成绩得益于国家的改革开放政策，同样也离不开交科院历届领导的鼎力支持和交流中心全体同仁的努力和奉献。值此交通运输部科学研究院成立六十周年之际，当我们在分享三十年来会展业务发展所带来的丰硕成果之时，也应该铭记和感激前辈们创展的辛劳以及所有为交科院会展业务发展壮大做出不懈努力的同志们的无私奉献！

作者简介

方伟民，1951年生，副译审，享受国务院政府特殊津贴，曾任交通运输部科学研究院交流中心主任、交通运输部科学研究院副总工程师。从事展览、展示工作。曾多次承担部领导会谈、出访团组口译和国际会议的同声传译；翻译了大量学术论文、法规和各种技术文献，获交通部科技进步三等奖。共主持和参与了9届交通部主办的“国际公路、水运技术与设备展览会”、5届“国际交通工程技术与设备展览会”的组织工作。

交通运输标准化工作简要回顾

◉ 孙黎莹

交通运输部科学研究院于 2000 年由原交科院机关、情报所和标准所等改革后组建。其中原交通部标准计量研究所成立于 1973 年，是交通部直属公益性事业单位，主要从事交通标准化科研、标准制修订、标准宣传推广以及计量检测。当年五任所长和党委书记分别是：夏桂春、张玉庭，肖秉衡、吴善瑞，王联忠、王华鹏，朱玉孚、王华鹏，袁顺才、孙经铸。在合并前，他们和全所职工一道为标准所的创建、发展做出了很多贡献。经过近 30 年发展，该所也从组建初期的 5 个人逐步发展到上百人；成立科室包括：公路和水运 2 个标准室、信息技术室、综合技术室、计量检测室、情报档案室以及科研、党务、行政等 9 个处室和 1 个招待所。建所 27 年中，经过科研一线和管理服务二线人员的艰苦奋斗与努力奉献，组织、制订及修订了大量的交通运输行业国家标准、行业标准、地方及企业标准，以及计量检测规范规程，为我国公路水运行业健康发展发挥了基础性、指导性、规范化作用。

回顾交通运输标准化研制领域和历程，历史上经历了适应性分散研制阶段、规划性集中和市场化相结合的研制阶段和改革后系统性综合性研制阶段。

1972—1978 年，是适应性分散研制阶段。当时的交通标准化研制主要为适应公路和水运两个行业的发展需求。交通标准的制订、修订均由标准所根据调研需求，向部申报国家标准与交通行业标准（简称“国标”和“部标”）项目，再由部统一安排计划下达项目经费，项目经费当时也十分有限，所研制领域和内容多侧重于公路运输与港航运输领域的汽车、船舶、港口装卸机械、器具及货物包装等专业技术方面。

1979—2007 年，是规划性集中和市场化相结合的标准研制阶段。1978 年党的十一届三中全会全面开启了中国改革开放的新篇章。原标准所根据新的发展需求和相关行业经验，在交通部大力支持下陆续成立“国际集装箱标准化技术委员会”“全国汽车标准化技术委员会”等技术组织；开始走出国门认识和翻译国外发达国家有关标准，并按照既定国策努力与国际接轨，采用和参照这些标准以提高交通标准化水平。重点研制交通标准体系表，前后共研制或修订过 5 个版本，平均每 5 年一次，作为五年规划和年度计划标准项目的参照依据。交通标准体系表由简到繁不断充实调整，提出了一批公路水运基础性、通用性、专业性、门类性及相关性的标准规范；逐步放开市场化、开放性研制标准的尝试，与地方政府、行业协会学会和企业联合开展标准化工作，很好地促进了交通标准化对交通运输业的支撑和发展。

例如，原标准所负责“国际集装箱标准化技术委员会”期间，不仅研制了集装箱标准体系表，引进推广 20 英尺[1]和 40 英尺国际集装箱等系列标准，而且对我国的非标集装箱、托盘及货物单元包装尺寸、港机叉车、吊具有关尺寸都进行了衔接配套性的技术标准调整与修订；有关的货物分类、进出口口岸地名与港口名称参照国外先进标准得到补充调整；影响公路铁路运输货车、仓储堆场等尺寸进行相应调整改变；有关集装箱运输电子数据交换和密切相关的信息标准逐步与国际接轨；极大改善了我国进出口贸易运输协调衔接与口岸通关、港口装卸换装及单元货物配载的运行效率，全面提升了交通运输行业的社会与经济效益。

当时本人从事公路水运客货运输和交通信息化多个专业的标准化工作，主要为快速发展的交通信息化提供支持。例如，参与研制的《公路路线命名编号和编码规则 命名和编号规则》（GB 917）、《公路路线命名编号和编码规则 国家干线公路路线名称和编号》（GB 918）、《干线

---

[1] 1 英尺 =0.3048 米。

公路定位规则》（GB 920）等国家标准，被公路、军队、公安、测绘等各行业有关部门及其信息系统广泛采用。在交通部支持下主编的交通行业标准《公路数据库编目编码规则》（JT/T 132）、公路工程规范《公路数据库指标体系规范》和北京市路政局牵头研制的《公路普查指标与数据项》、工程规范《公路技术属性数据采集指南》等汇编成的《路况普查工作手册》，在2007年全国第二次公路路况和里程普查中，共向各省（区、市）、地区、县公路管理部门和交通局及其养护单位提供上万余份表，对部、省（区、市）、地区公路数据库建设和公路普查信息统计更新发挥了重要指导作用。在此期间，参与研制“交通信息标准体系表”“国际集装箱运输EDI标准体系表”“中国港湾（集团）总公司信息化标准体系表”和有关标准制订修订；参与国家中长期科技发展规划“现代服务业发展科技问题研究”的子课题“物流标准化规划”的研究并编写有关章节；协助交通部审查《交通信息基础数据元》（JT/T 697）等行业标准。

2008—2018年，是系统性综合性标准研制阶段。2008年3月，《国务院机构改革方案》出台，将铁道部、民航总局、邮政部合并到新组建的交通运输部，并将原建设部城市客运管理职责整合划入交通运输部，逐步形成了统一协调的综合交通行业管理体系。2000年，标准所改革并入新组建的交科院。改革开放的新形势对综合交通运输标准化管理与标准制修订工作提出了新要求。交通运输部适时成立标准化管理委员会，及时组织交科院牵头，汇集铁路、公路、水运、民航、邮政等各部门多专业技术力量参与《交通运输标准化“十三五”发展规划》（2015年9月部印发）和《交通运输标准化体系》（2017年4月部与国家标准委联合发布）的系统研究，从政策制度、技术标准、标准国际化、实施监督和支撑保障5个方面建立完善的工作体系，标准化涵盖铁路、公路、水运、民航和邮政各领域，对于推动综合交通运输体系建设，促进各种运输方式协调衔接和逐步融合发展发挥了重要引领和指导作用。

例如，交通运输部在国家标准化管理委员会指导下，负责筹备和组建了“全国城市客运标准化技术委员会”（以下简称“城市客运标委会”）、“全国综合交通运输标准化技术委员会”等新的标准化技术组织。2006—2008年，本人在城市交通研究中心负责并参加了城市交通和统筹城乡“两型”交通发展（国家发改委组织）调研工作，走访12个省20个城市的交通、市政、建设、交通安全管理等部门和城市客运、轨道交通、城乡公路客运、出租汽车企业，起草了城市客运现状调研报告；调研建设部已经和正在制订修订的有关标准，提出提交筹建城市客运标委会申请书的方案并初步确定城市客运标准体系表，为研究城市客运发展政策和标准规范提供了大量参考依据与对策建议。现今成立的标委会，既是行使指导城市客运行业标准技术管理职能的主体，又是进一步落实公共交通优先发展战略所必要的基础。

按照《交通运输标准化“十三五”发展规划》，将建成适应现代综合交通运输体系发展需要的标准化体系，更好地支撑和规范综合交通运输行业的快速发展，满足人民群众日益增长的便捷、高效、安全出行需求，也必将为建设、推动我国由交通运输大国向强国迈进提供坚实可靠的技术保障。

以上回顾内容因年代跨度较大，回忆若有不准确之处，欢迎指正。

作者简介

孙黎莹，1953年生，1975年5月调入交通部标准计量研究所，曾任情报室、信息标准室、综合技术室主任，科研处处长。1996年9月任业务副所长兼纪委书记、党委委员。2000年1月任交通部科学研究院副总工程师。承担或参加制订、修订的科研、标准项目有40多项。其中主编的国家标准和交通行业标准曾获原国家技术监督局科技进步四等奖、交通部科技进步三等奖及交通部科技进步二等奖。审查咨询指导过几十项有关交通的国家与行业标准规范。

现代交通服务业服务标准化工作的思考

◉ 郝喜兰

一、概述

在我国经济产业布局中，交通运输一直是重要的基础产业之一，它发挥着支撑经济发展、引导生产力布局、沟通城乡、保障国家安全和社会稳定的基础性作用。交通运输提供的生产性服务，面向国民经济的所有生产部门，服务过程贯穿于社会生产、流通的各个方面，是与国民经济其他生产部门关联度最高的行业之一；交通运输提供的消费性服务，与人民群众的生活息息相关，服务所有社会群体和个体，惠及千家万户；交通运输提供的公共性服务，表现在促进就业、改善民生、巩固国防等方面，是交通运输助力和谐社会建设的体现。

随着全球服务业的迅速发展，以及围绕服务水平和劳动力素质的竞争，标准化工作的重点也从传统的技术领域向服务领域扩展，为了适应这种新形势，国际标准化组织（ISO）提出“呼唤服务标准”的口号。

服务标准化是通过对服务标准的制定和实施，以及对标准化原则和方法的运用，达到服务质量目标化、服务方法规范化、服务过程程序化，从而最终获得优质服务的过程。

二、对现代交通运输服务业服务标准化工作的几点建议

（一）进行交通运输服务业标准体系的研究与制定

随着全球服务业的迅速发展和围绕服务水平和劳动力素质的竞争，以及传统交通运输业向现代交通运输业的转变，标准化工作的重点也从传统的技术领域向服务领域扩展。必须从适应加入世界贸易组织WTO的高度和市场经济的角度，全方位地对交通运输服务的市场准入、服务目标、服务方法规范、服务过程进行深入的标准化研究，建立科学合理的服务标准化指导标准体系。因此，必须首先开展交通运输服务业标准体系的研究及体系表的制定。

（二）加紧交通运输服务业质量评价和质量指标体系标准的制定

提高交通运输服务业的服务水平， 政府应重视服务中和服务后的客户评定及行业考核与评定，改善目前运输服务管理普遍存在的重引导、轻考核现象。所以，应建立交通运输服务质量指标体系、制定运输服务质量考核、运输服务企业信用评价指南等方面的标准，如《交通运输服务质量评价体系》《交通运输服务质量指标体系》《交通运输企业信用评价体系》等，这些标准是提高运输服务质量管理水平的重要内容之一，主要是评价运输服务企业在一定时期内为客户提供服务的效用及其对客户需求的满足程度，包括服务态度、服务技术、服务设施、服务项目、服务时间等方面。

（三）加强交通运输服务业资质标准的制定

加强交通运输服务业的市场管理，必须严把市场的准入关，配合行政许可法的实施，并制定一系列交通运输服务业的市场准入标准、交通运输服务业从业人员资质标准。

服务提供能力资质标准是针对运输服务设备、设施、用品配置基本条件、数量以及有关服务组织开业的基本条件制定的标准。其基本内容包括服务经营的场地要求；服务设备、设施、用品配置基本条件、数量和技术要求；用于质量评定检测的设施和信息系统要求；服务运营管理要求；服务业卫生、环境保护方面的目标要求；安全防范要求的物质与

措施条件等。

服务从业人员职业资质标准是针对运输服务从业人员的职业素质、职业行为、职业工种数量、工种类别等要求制定的标准。基本内容主要包括服务从业人员的职业素质要求（如业务水平、应对能力、受教育程度等）；服务从业人员行为要求（如文明、礼貌、道德要求，诚实、信用和有效的沟通能力等）；服务从业人员工种的数量、工种的类别和工种执业资质等基本要求。

（四）完善交通运输业运输设备和设施标准

运输设备和运载工具的发展，带动了运输供给能力和运输服务水平的提高，这突出表现为客运高速化、货运重载化和快速化，运输安全技术集成化，运输管理技术信息化和智能化、清洁运输的发展和无公害运输技术的发展等。因此，应进一步补充和完善运输设备和运载工具的标准化，提高交通运输服务业的服务水平和质量。

（五）完善交通运输服务业信息化标准

现代交通运输服务业的发展，离不开信息化技术的支撑，公众出行、物流业的发展等都需要信息化技术的支持。交通运输行业从 20 世纪 90 年代初就非常重视信息标准的建设，制定了大量的代码、信息术语等基础标准，近年来又制定了一些信息安全、信息交换方面的标准。但这些还满足不了传统交通运输业向现代交通运输服务业转变的新需求。需要制定一些物流系统优化设计、物流系统信息共享与集成、资源融合与业务协同、射频识别、交互式出行者信息服务方式、出行者信息服务分类等标准。

（六）完善交通运输服务业服务质量标准

20 世纪 90 年代，交通运输部组织制定了一系列的交通运输服务标准。这些标准一方面已发布实施多年，部分标准过于陈旧，需要及时修订，另一方面随着现代交通运输服务业的发展，对服务质量提出了新的、更高的要求，需要进一步对服务质量标准进行完善。如制定服务规范、操作规范、服务程序等标准，特别是制定新型行业的标准显得更加紧迫，如物流服务质量标准、快件货物运输服务规范、快客运输服务质量标准、货运质量标准等。

（七）加大运营服务标准的制定

随着交通运输基础设施的不断发展，运营服务也已提上议事日程，服务质量受到社会的广泛关注。因此，制定相应的营运服务标准，如营运服务质量要求、收费与停车服务管理标准等已显得至关重要。

三、结束语

我们现今面临着交通传统产业向现代服务业转型，服务业范畴不断延伸和发展，标准重点向服务标准转移的新形势，这给交通行业服务标准的研究和制定创造了良好的机遇。必须把握好这一机遇，合理组织，深入研究，加快推进交通服务领域的标准化工作，扩大服务标准的覆盖范围，建立健全交通服务标准体系，为交通传统产业向现代服务业转型提供强有力的标准化技术支持。

作者简介

郝喜兰，1955 年生，毕业于天津大学船舶设计与制造专业，1978 年到院工作，2010 年 2 月退休，曾担任技术员、所长。期间，还兼任交通部信息通信及导航标准化技术委员会委员等。主持完成了科技部、交通部、地方科研项目 15 项；国家标准制定 17 项、交通行业标准制定 9 项；国家标准、交通行业标准的宣贯 4 项。2008 年获中国标准创新贡献奖三等奖；2005 年获中国航海科技奖三等奖；2007 年获交通部优秀妇女领导干部荣誉称号。

检测公司城市轨道交通新业务开拓之路

◉ 吴高华

“奋力前行十周年，创新发展再起步！”，交科院检测技术（北京）公司的十周年庆典上，公司员工齐声高喊。这一句口号不仅喊出了公司创立以来一路奋斗的艰辛，也表达了对未来发展的美好憧憬和方向规划。交科院检测技术（北京）公司从事高速公路交通工程和产品检测已有十余年，近几年来，公司的检测业绩步步高升，产值达到了成立以来的巅峰，人均产值高达一百多万，成绩可喜。但公司领导班子并没有在这种喜悦之中沉浸太久，而是居安思危，为保证公司检测业务的可持续发展，早早就对未来公司产业升级和转型问题进行了研讨并制定了发展规划。

近年来，随着城市化进程的逐步加速，中国的城市轨道交通建设迎来了黄金发展期。据统计，“十三五”期间，全国城市轨道交通将会有3000公里左右新建成并投入运营，我国城市轨道交通正进入一个蓬勃发展的时期。在这样的背景和考量下，领导决定公司启动开展城市轨道交通检测业务。

实际上，早在2012年，检测公司被称为检测中心，是院的一个下属部门，当时中心就对城市轨道交通的检测进行过探索，申报了交科院科研项目“地铁试运营前信号系统安全检验规程研究”，这是对城市轨道交通检测研究的首次尝试。在全体项目人员的努力之下，按时完成了此课题的研究，并顺利结题。后来，由于中心传统业务繁忙、人员变动等种种原因，城市轨道交通的研究工作没有继续下去，但之前的研究成果并没有白费，为之后的城市轨道交通检测的创业奠定了基础。

2016年，公司聘请了城市轨道交通行业专家马子彦，下定决心要将城市轨道交通检测业务做起来。在公司领导班子的支持下，很快成立了以马总为首的轨道工作小组，虽然一开始工作组只有三人，但与之前业余时间才做相关研究不同，此次是专人专职全身心致力于开拓新的业务板块。

要做城市轨道交通第三方检测，首先是得取得计量认证资质。据悉，当时全国只有上海某公司取得了检测资质，且只含有车辆道岔等部分参数，且拿到资质以来始终没拿到检测合同。在并不明朗的市场前景之下，检测公司对于资质增项的方向做出了两方面的规划，一方面是增项参数内容要有自身的特色，另一方面是基于当时公司现有的设备和技术条件进行资质扩项。若要大规模的扩项全部参数，是需要采购大量的检测仪器设备和深厚的技术积累的，而这些均需不菲的时间和资金的投入。因此，公司决定循序渐进，由易到难，在已有的检测设备基础之上进行参数设计和资质扩项。

城市轨道交通检测的第一次资质建设过程是艰苦的，团队人员在城轨和检测方面的专业知识和经验都缺乏，大家几乎都从零开始学习，一路摸索。大部分检测设备是借用公司交通工程检测部的，而工程部业务繁忙，项目地点多在外地，导致大多数情况下，仪器设备都是处于短缺状态，这对当时的扩项准备工作也造成了很大的影响。同时，检测扩项的试验场地必须得是地铁现场，地铁白天运营，只能晚上停运后进入；又由于涉及每天无数乘客的安全，地铁现场管理十分严格，递交的地铁现场使用申请要经过层层审批，且大部分会被拒绝，资质建设之路困难重重，团队成员曾一度想放弃。幸亏院领导以及院外专家给予了极大支持，公司其他部门也给予了必要帮助，解决了最为棘手的设备和检测试验场地等问

▲ 城市轨道交通检测——地铁实地试验

题，工作小组重拾信心，共同努力之下，最后终于一举拿下了城市轨道交通检测资质。

2017 年是公司城市轨道交通业务发展关键的一年，公司拿到了检测资质（部分参数），且拥有了一定的技术基础。轨道工作组扩大规模，招聘了专业人员，工作组成员达到 5 名。业务分两个方面进行，一边继续资质建设，完善补充资质的检测参数附表，一边开发城市轨道交通业务市场。有了 2016 年那次资质扩项的经验积累，这一次的扩项就得心应手了很多，经过半年多的筹备，顺利地通过了现场评审，取得了城市轨道交通通信、信号、AFC 等多个专业的检测资质，使得公司的资质变得完善，具备了检测城市轨道交通各关键系统的能力。搭建起了城市轨道交通综合业务体系，在城市轨道交通检测、咨询和科研三个方面均实现了业务的突破。典型的案例有：北京地铁 1 号线站台门工程检测项目，“温州市域铁路试运营基本条件编制”咨询项目，“城市轨道交通 AFC 终端测试工具开发”科研项目等。

▲ “温州市域铁路试运营基本条件研究”专家评审会

2018 年是公司轨道业务大张旗鼓开拓发展的一年，公司轨道团队继续壮大，招聘了数名专业人员和行业专家，并将所有人员均投入到市场开拓和现场项目实施当中。公司先后在长春、沈阳、福州等地实现了城市轨道交通业务的突破。在标准编制方面也有所收获，主持了团体标准《城市轨道交通站台门检测技术规范》的编制工作。

城市轨道交通行业会走向何方？城市轨道交通检测业务将如何发展？无论如何，检测公司的城市轨道交通业务还远远没有结束，辉煌的未来在等着我们。但有一件事可以肯定：交科院检测技术（北京）公司不会停下前进的脚步，我们将继续提升自身的技术能力和服务水平，为城市轨道交通行业的发展保驾护航。

作者简介

吴高华，1991 年生，检测工程师，2015 年 5 月入职交科院检测中心［现交科院检测技术（北京）公司］，主要负责交通工程检测、轨道交通检测和科研课题等方面的工作，参与了几十条高速公路的机电和交安检测，并创新性地完成了公司城市轨道交通新业务方面的科研课题和检测项目，2017 年度获交科院“先进工作者”称号。

《交通世界》杂志的创办与发展

◉ 孙军杰

1993 年，全国科技体制改革工作正在如火如荼地进行。当时的交通部科学技术信息研究所制订了“以市场为导向，以服务为宗旨，以效益为中心”的改革方针，时任文献室主任的我，看到阅览室里大量的国内外期刊,就产生了通过创办一本面向市场的期刊迈出改革步伐的想法。经过市场调研和分析，我提出创办一本全新的期刊——《交通世界》，并提交了相应的办刊方案，最终得到所领导的支持和批准。

1993 年 11 月 25 日，北京市新闻出版局批准出版《交通世界》杂志，准印证号码 Z2609-941073。1994 年《交通世界》杂志诞生了！创刊号还打出了自己的广告语：你不知道的，你想知道的，你应该知道的，《交通世界》告诉你!

1995 年 6 月 1 日，国家科委批复同意创办《交通世界》杂志，国内统一刊号为 CN11-3723/U。而后，经过一年多时间试办 6 期内刊后，《交通世界》杂志终于成为国家正式科技期刊，并以新的面貌和姿态投身于市场经济的大潮中拼搏发展。

1996 年下半年，我们认识了一位海外华人，他建议《交通世界》杂志可以做成以介绍汽车为主的大众化期刊，并表示愿意与我们合作。经过反复探讨和研究，《交通世界》杂志社与他注册的文化公司签订了合作协议，自此《交通世界》走上了持续 4 年的大众化之路。

1997 年，《交通世界》改为月刊，增加了彩页，版式设计时尚新颖，内容以国内外汽车为主，图文并茂，特别是采用 8 开本，这在国内期刊出版界独树一帜。同时，加大了投资力度，通过向社会招聘组建起编辑出版团队，疏通了投放全国报刊零售市场的渠道，准备开始轰轰烈烈地大展拳脚。8 开本的《交通世界》一上架就引起注意，很快成了车迷们的新宠。但 8 开本在报摊上占了两本杂志的位置，零售商对此感到不满；图书馆和单位订户也认为这种开本不便上架摆放和装订收藏。于是，《交通世界》一年后又改回大 16 开。后来几年，《交通世界》在市场上占据了一席之地，排名也很靠前，豪华轿车、名牌跑车、越野车、试驾对比……丰富多彩的内容让人目不暇接，人人都觉得精彩可读。由于广告经营暂时跟不上，市场仍需要时间培育。在 2000 年双方结束了这次获利不大的合作。

2001 年，经过仔细调研，我们决定将《交通世界》杂志从面向社会大众回归到面向交通行业，此时，主办单位交通部科技信息所已在事业单位改革中变成交通部科学研究院，《交通世界》杂志的历史翻开了新的篇章。当时高速公路建设正大干快上，工程机械市场需求旺盛，我们就将读者群和广告客户群定为机械制造企业和施工单位，并把积累的有限资金全部投入改版印刷上。新版《交通世界》杂志以全彩页亮相，而文字、图片和排版吸收了原来汽车版本一些生动时尚的特色，主要栏目有：专题报道、车界漫游、机械广场、智能交通、现代高速、绿色先锋、经营方略、科技新潮等。同时，成立由交通行业专家组成的编委会和由交通企业组成的理事会，发行量也足以覆盖交通行业重要部门和企业，于是很快获得了行业的认可，特别是一些外资企业很赞赏杂志的高端性和权威性。为了扩大《交通世界》在行业的影响，我们策划举办了各种主题的论坛、年会，如“中国高速公路发展论坛”“中国工程机械出口与发展论坛”等，并积极参加各种行业展览、论坛、企业活动等。改版后的《交通世界》杂志取得了可喜的成效，收益逐年递增。

2004 年，交通部科学研究院自身的改革不断深入，进入了快速发展期，产值连年翻番。《交通世界》杂志社作为转企改制的先行者，5 月 31 日正式注册为院下属全资企业，完全按企业机制运营，相对从前责权利更加清晰，在自主经营、自负盈亏、自我发展的改革之路上发展更快。《交通世界》杂志社的团队建设也同步向前，严格按照国家劳动法给员工上“五险一金”，在分配制度上执行“效率优先，兼顾公平”的原则，既激励有能力的员工按绩效获得薪酬，又让员工们都享受到改革发展的成果。《交通世界》杂志社就像一个大家庭一样和谐共赢，稳步向前发展。

2005 年，《交通世界》杂志增版扩容，改为半月刊，上半月为“建养·机械”版，栏目包括：机械广场、现代公路、养护天地、桥梁隧道、沥青技术等；下半月为“运输·车辆”版，栏目包括：汽车业界、客车视点、卡车看台、节能环保、物流货运、城市交通、智能交通等。通过细分市场，《交通世界》杂志的内容更有针对性，在交通建设领域和运输领域获得了一致好评，并且进入一个新的发展阶段，取得了更好的社会效益和经济效益。

2009 年，受国际金融危机的影响，《交通世界》杂志的广告也在减少。面对这种艰难形势，我们增加了技术论文的发刊量，既开辟了丰富的稿源，又扩大了杂志在行业的影响，增加了收入。在后来几年中，尽管经济形势起伏不定，行业媒体竞争日趋激烈，但《交通世界》杂志社始终能处变不惊，平稳发展，并连年完成院下达的经济指标。

2013 年，交科院对企业进行改组，《交通世界》杂志社更名为“交通运输科技传媒公司”，统一管理出版《交通世界》《交通标准化》（现更名为《交通运输研究》）、《运输经理世界》《交通建设与管理》四种科技期刊，给这段历史画上了圆满的句号。

作者简介

孙军杰，1953年生，中共党员，大学学历，1976年参加工作，2013年3月退休，行政正处级，技术职称编审。1976年9月武汉大学德语专业毕业，分配到交通部科技情报所，先后从事翻译、情报编译等工作。1994年科技体制改革，发起创办《交通世界》杂志。2000年，任信息资源室主任；2002年至2005年任期刊中心主任；2006年初至退休，任《交通世界》杂志社社长兼总编辑。

不忘初心　砥砺前行

——《交通运输研究》的前世今生

◉ 唐勍勍

自1973年创刊以来，院学术期刊《交通运输研究》（原名《交通标准化》）已历经45年的发展历程。45年来，本刊始终伴随着我国交通运输行业的成长，见证了行业的发展。作为专业学术媒体，本刊从最初致力于宣传、贯彻与交通行业有关的国家标准、行业标准，交流国内外先进经验及科研成果，逐渐演变为刊载交通运输领域新思想、新成果、新技术，推进成果转化，促进人才培养，服务行业健康发展。这是一代代编辑人辛勤耕耘、挥洒汗水，不断学习、主动提升，打造出的一本颇具影响力的专业学术刊物，它发挥着行业科研的引领与推动作用。

一、内部刊物时期：1973—1991年第1期

1973—1983年，本刊定名为《交通标准化》，系内部刊物。从1975年第2期开始，与铁标所分开管理，由交通部标准计量研究所单独主办，编辑部共有5名工作人员，其中有3名编辑、1名编务、1名发行人员。办刊宗旨为：宣传国家在标准化、计量、行业管理方面的方针政策；宣传贯彻与交通有关的国家标准、部颁标准；交流科研成果、先进经验及国内外有关科技情况；介绍交通标准化和计量方面的基础知识。编辑方针为：普及与提高相结合，以普及为主；国内与国外相结合，以国内为主。在刊期方面，1973—1977年刊期不定，五年内出版14期。1978年开始，杂志改为季刊，每年定期出版4期，此外还有不定期的增刊。

1984—1987 年，鉴于办刊宗旨和刊发内容的调整，以及扩大发行范围之所需，杂志更名为《交通标准化与质量管理》，加强了质量管理的报道。1988 年起恢复原刊名《交通标准化》。

1980 年前，本刊全部赠阅各有关单位；自 1980 年起，本刊除部分赠阅、交换外，其余均收取工本费。

二、外部刊物时期：1991年第2期—2014年第24期

《交通标准化》作为面向全国、面向全行业的刊物，内部发行的方式早已不适合时代、行业发展和一直以来所肩负的任务。自 1979 年开始，本刊多次申请转为国内公开发行，但长期未得到解决。经过不懈努力，1991 年 1 月国家科委以〔91〕国科发情字 079 号文批准创办；1991 年 3 月经北京市新闻出版局审核、登记，取得国内统一刊号（CN 11—2815/U），成为全国公开发行的正式期刊。

当时，《交通标准化》的主要栏目包括标准化工作、计量工作、行业管理、译文、标准通报、技术交流等，读者对象主要为全国交通系统及外系统从事交通标准化、计量、行业管理工作的管理干部、科技人员和工人。

在 2000 年前，本刊为季刊，但在 2003 年前经历了由季刊到双月刊的变更，2003 年本刊变更为月刊。此后直至 2008 年，本刊不断适应形势的发展及社会的要求，致力于更好地为广大作者和读者服务，并以高质量的稿件、精美的装帧、翔实的内容、缜密的编辑审稿获得了业界的好评，在宣传交通公路与运输、汽车与船舶、交通安全和计量检测与检测标准工作方面发挥了重要作用。随之而来的是，稿件刊登需求量不断增大，载文量趋于饱和，稿件刊登周期较长。为了满足行业发展需要和专业技术人员的需求，本刊于 2008 年起改为半月刊，直至 2014 年。

在多年的稳定发展期间，本刊取得了骄人的成绩：2006 年在首届建设行业优秀期刊评选活动中获得一等奖；2003 年被评为首届 CAJ-CD 执行规范优秀期刊，并成为中国期刊全文数据库全文收录期刊和中国学术期刊综合评价数据库统计源期刊；自 2001 年组建第一届《交通标准化》

理事会以来，理事会成员单位由最初的 17 家发展到上百家，遍及全国各地；2004 年完成“中国交通标准化”中文域名及英文域名的注册，并开通了“中国交通标准化”中英文版门户网站，实现了刊网融合；2004 年 5 月经登记、注册成为具有独立法人资格的国有企业，经济运行规模不断扩大，有了一定的资金积累，人员编制上也进行了相应的扩充。

2012 年，按照国家非时政类期刊转型发展要求，院着手期刊整合工作。《交通标准化》与其他三本由院主办的期刊一起，加入交通运输科技传媒（北京）有限公司，并继续以始终敬畏、始终执着的态度和热忱为行业的科技传播与发展贡献力量。

三、学术期刊建设初期：2015年第1期至今

2015 年，按院领导打造高水平学术期刊、建设核心期刊的要求，《交通标准化》正式更名为《交通运输研究》，并且调整了办刊方向和工作内容，改为双月刊，月均刊发论文 10 至 15 篇，剥离广告业务，开通网上投审稿系统，实现在线投审稿，组织建立审稿专家库，严格执行三审三校制度。编辑部有 4 名编辑、1 名编务、1 名美编。4 名编辑均为交通领域相关专业硕士研究生，其中 3 人具有出版专业中级执业资格，1 人具有副编审职称，能较好地胜任编辑岗位工作。经过 5 年的砥砺奋进，在院领导、院学术委员会、院科研处、集团公司的指导和院各部门的支持下，经由编委的精心呵护、审稿人的无私奉献、作者的辛勤付出、编辑部的努力耕耘，《交通运输研究》被收录为 2019 版“中国科技核心期刊”（中国科技论文统计源期刊）。

ISTIC

中国科技核心期刊

（中国科技论文统计源期刊）

收录证书

交通运输研究

经过多项学术指标综合评定及同行专家评议推荐，贵刊被收录为“中国科技核心期刊”（中国科技论文统计源期刊）。

特颁发此证书。

www.istic.ac.cn

2019年11月

▲ 收录证书

回望来路，本刊编辑部工作过的历届领导和编辑们脚踏实地、兢兢业业，为刊物的运营和事业的发展做出了巨大贡献。随着移动互联网、人工智能等的飞速发展，学术期刊也迎来了机遇和挑战并存的新时

期。《交通运输研究》在新起点上将继续坚持开拓创新，积极探索先进的办刊理念，打造核心竞争力，进一步提升刊物学术质量和行业影响力，为加快建设交通强国贡献一份力量。

作者简介

唐勍勍，1985 年生，硕士，2013 年加入交通运输科技传媒（北京）有限公司下属学术期刊编辑团队，拥有出版专业中级职称，长期从事学术期刊组稿约稿、审稿、编校、宣发等工作。

交科院公路工程科技（北京）有限公司的发展史

◉ 罗代松

北京交科新材料公司［现更名为“交科院公路工程科技（北京）有限公司”］成立于1988年，主要承接标志标线等交通附属工程的小型现场施工任务。

若说交科院的历史是银河，那么交科新材料公司就是一颗耀眼的星星。2011年院领导决策将交科新材料公司划归道材中心旗下，从此交科院新材料公司开启了一段不平凡的旅程。公司重组后，我被任命为总经理，带领李霖、于会廉两位同志，引领公司走上了进一步发展的快车道。上任伊始，就开始为公司的发展确定四大行动指南“发展目标要明确，指导思想要清晰，战略规划要坚定，行动效果要显著”。

在战略思想上，以道材中心的科技研发为依托，紧密围绕市场需求，研发出一批市场迫切需求的高端产品。2012年交通部质检部门公路工程调研和检查发现，桥面系的防水连接层普遍存在质量问题，层面连接不牢固，防水效果不牢靠，造成新桥通车一两年内出现桥面滑移、裂缝、脱落、桥下渗水、钢筋锈蚀等一系列问题。于是公司经过讨论决定，从这一质量薄弱环节入手，着手研发一种新型的桥面防水材料，同时解决层间连接的问题。这一想法立刻得到主管领导道材中心主任魏道新同志的大力支持，立刻组织力量进行科研攻关，在短短3个月的时间里成功研制出来。经过了一系列试验认证后，终于可以在工程上进行小规模的应用推广。我和李霖同志多次奔走，与赤承高速公路项目办不懈地努力沟通，终于取得了一个标段的试用权。在内蒙古草原上我们用了一个夏天的时间给十几座桥梁铺上了新研制的桥面防水连接层，怀着忐忑的心情等待质监部门的验收和时间检验。在交工检测结果中，我们的连接层抗拉拨强度超过规范规定的数值一倍以上，项目办和质监局的验收人员都十分吃惊，齐声称赞。其他标段的承包商也都来参观和学习，纷纷找我们现场的施工人员要资料和电话。但是防水效果如何呢？这要经过一个冻融循环的时间检验。第二年的冬季我们几个公司的领导来到施工的现场回访，冬季的内蒙古大草原上白雪皑皑，积雪没过了车轮的高度，在车辆无法前行的情况下，我们就徒步前进，走遍了每一座施工后的桥梁，确定无一漏水，证实了我们的材料经受了时间与环境的检验。经此一役，名声大振。此后来自北方几个省（区、市）尤其是内蒙古的订单源源不断，合同额达 240 多万元。

但是我们管理者却在思考如何进入发达省份，如何才能获得有影响力的大型桥梁项目呢？2013 年，一座在建的科技含量极高的长江上的控制性工程——安徽马鞍山大桥进入了我们的视线。当时三塔两跨悬索结构采用世界桥梁最高设计标准，专家委员会主任是交通部原总工程师凤懋润，创造了几项世界第一，采用了多项高科技的施工技术和新材料工艺，其中就包括新材料公司的新型防水材料。此时，我们的产品已经更新到了第四代，并研制出机械喷洒自动化设备，经过五次喷涂，二次喷砂，抛丸工艺，可将桥面所有浮浆、灰尘清除干净，真正做到了一尘不染，方便之后喷涂防水材料。尽管我们有如此高的水平和把握，但是如何让指挥部项目办认可我们的材料，还是一项艰巨的任务。经过数月的对比试验，现场检测，同等条件下盲选、盲试，终于与国内几家先进的企业一同进入第二轮的招标范围，在竞标前一夜我和李霖同志彻夜未眠，一直研究方案中的细节和报价。最终专家组经过严格的评选，交科新材料公司在各方面胜出，以第一名的资格赢得了 800 万元的合同。马鞍山大桥最终因采用新工艺、新材料技术而获得桥梁界的诺贝尔奖、国际桥梁大会最高奖——乔治·理查德森奖。

为了扩大公司的生产经营范围和业务内容，我们在道材中心的支持

▲▶安徽马鞍山大桥桥面防水项目

下进行凝冰预警喷洒系统的推广示范，将公司的经营管理推上了一个新的台阶。2008年的一场冻雨、雪灾让半个中国的高速公路陷入瘫痪，对于这种情况我中心开始研究解决方案，到2013年已经具备一定的研究成果，只差大规模推广示范。云南楚雄—大理—保山高速公路沿线存在多个事故黑点，进入冬季经常封闭，即使这样每年还是造成数十起重大事故，多人死伤。云南公投公司为此向我中心求援，希望我们采用科技化手段解决这一问题。接到这一任务后，我们迅速成立了项目小组，我任组长，李霖、于会廉任副组长。首先，我们沿线进行勘察，找出了三十余处危险路段、常年结冰路段、事故多发路段，针对每个路段设计出不同的方案对策。在冬季来临之前，我们用6个月的时间在每一路段按照方案铺设凝冰预警喷洒设备，并在下第一场雪的时候进行了全线联网调试。在最后几天调试过程中，由于下雪路滑，李霖同志在检查设备的时候不慎摔倒，但他忍着疼痛，坚持工作，直到调试成功，才被送往医院，检查后发现肋骨骨折。像这样的例子在公司的各个项目部层出不穷，大家都是在默默地奉献着，有时忍着病痛也坚持完成工作。正是这样一群爱岗敬业、无私奉献的同事支撑着公司事业的发展。在此后的几个冬季里，该路段的事故率直线下降，有一年的伤亡事故达到零，云南省电视台专门就此报道过，得到了业主的充分肯定。此项目的合同额达到了1500万元。

时间来到了2016年，新材料公司已经发展到了一个新的高度，拥有了多项新材料的产品专利、发明专利、施工工艺和科研成果。总结过去

▲▶ 道路凝冰预警喷洒项目

的历程，我们深知这得益于交科院的产研一体化发展。一直以来，我们以科研为龙头，不断开展多学科的科研攻关，取得成果后根据市场实际需求不断改进，产品依托市场进行升级换代，得到了用户的大力称赞。同时，深耕细分领域里的市场需要，在高端的专业领域占有一席之地。我们一直践行着交科院的宗旨“高端专业智库、一流创新基地、重要服务平台”，为行业、为企业、为地方，尽科研工作者应尽之责。最后，也借此机会向公司所有同事的家属所做出的无私奉献致以谢意！北京交科新材料公司现已更名为交科院公路工程科技（北京）有限公司，愿公司蒸蒸日上，再创辉煌！

作者简介

罗代松，1971 年生，博士，1993 年哈尔滨工业大学公路与城市道路专业毕业，2011 年 5 月至交通运输部科学研究院工作，现任交通运输部科学研究院工程与材料中心总工程师。成绩优异的高级工程师，交通运输部科学研究院学术委员会委员。主持参与多项交通运输部西部交通科技重大专项、省级交通运输科技或咨询服务项目，研究成果获得国家级、省部级等多项奖项。

交通产品认证中心创立回顾

◉艾 红

交科院即将迎来60华诞，作为交科院一名退休职工，我曾与她一起历经了33年的风风雨雨，亲眼目睹、亲身感受了她的发展和变化，有着许许多多难忘的瞬间。

2004年，根据院的安排，我正式参与交通产品认证机构的筹备组建，直到2009年才返回院职能部门工作。从交通产品认证工作的筹备，到成立机构、建立队伍、开拓市场、寻找项目、开展认证，我参与了全过程，作为一个亲历者，回想起那些点点滴滴，依然历历在目，记忆犹新。

一、交通产品认证机构筹备及揭牌过程

当时正值“十一五”的最后两年，也是交通基础设施建设突飞猛进的时期，无论是政府、企业还是广大群众都十分关注建设质量和产品质量，许多行业已经率先建立并完善了产品监督检测认证制度，从源头上为产品质量把关已经成为大家的共识。但由于特定的历史原因，交通系统成了当时仅剩的两个（林业系统、交通系统）没有建立产品认证制度和机构的系统之一。因此，及时抓住机遇，尽快建立并完善交通产品检测认证制度，已经到了刻不容缓的地步。

2003年5月，根据交通部的指示，部体法司组织相关部门启动了交通产品认证的前期筹建工作。2004年4月，部体法司发文正式委托交科院开展交通产品认证中心的筹备工作，同时成立了以部体法司和交科院领导组成的产品认证中心筹备领导小组，以交科院为主导的“中交交通

产品认证中心”的筹备工作正式启动。

其间，筹备工作在翁孟勇、黄先耀两位副部长的亲切关怀，以及体法司柯林春、朱伽林二位司长的指导下，同时在交科院全力以赴的支持和全体股东的共同努力下，顺利进行。在克服了各种困难，终于完成了交通产品认证中心成立的具体组建方案、资金筹集、“非转经”手续的申报，并最终得到国管局的批复。

2004 年 8 月 2 日，由部体法司正式向中国国家认证认可监督管理委员会（以下简称“认监委”）递交了交通产品认证中心设立申请书。

2006 年 9 月，完成了“中交（北京）交通产品认证中心有限公司”的工商注册手续，同时也获得国家认监委正式颁发的认证机构批准书。

至此，便完成了“中交（北京）交通产品认证中心有限公司”全部前期工作，履行了设立机构的全部法律程序义务，具备了成立和挂牌的所有条件。

▲ 交通产品认证中心牌匾

在整个筹建工作的过程中，我们遇到了各种困难，也碰到了许多障碍。至今仍记忆犹新的是“非转经”手续的申报及批复过程。当时申请报告递交国管局后，我们获知得到批复是一个相当漫长的过程，顺利则一年半载，如不顺利，时间很难预估。为尽快拿到批复，我们和部财务司张建宏处长一次次地往返国管局主管处室汇报沟通，希望得到他们的理解和支持。在大家锲而不舍的努力和坚持下，终于争取到向国管局张卫星司长当面汇报的机会，财务司徐文兴副司长和我用了 20 分钟向他做了汇报。时至今日，我对张司长的答复还记忆犹新。他说，按照程序，这个报告短时间根本排不上，但听了我们的汇报，让他对交通产品认证有了新的了解和认知，他们会根据实际情况酌情处理。从“非转经”报告提交到拿到国管局批复，我们仅用了三个月的时间。终于，在 2006 年 10 月 26 日，随着黄先耀副部长和刘卓慧副主任揿起红绸的一瞬间，“中交（北京）交通产品认证中心有限公司”顺利揭牌，交通系统第一个产品认证中心诞生了，为了这一刻，我觉得所有的付出、努力和汗水都是值得的。

在揭牌仪式上，交通部副部长黄先耀、国家认监委副主任刘卓慧以及交通部办公厅、体法司、科技司、财务司、外事司等领导，国家认监委的领导，公路院、中交集团中咨总公司、船级社领导和交通企协等社团领导，都出席了揭牌仪式。揭牌仪式由交科院党委书记李作敏主持，院长周伟致欢迎词，黄先耀副部长和刘卓慧副主任在揭牌仪式上发表讲话，而我则代表认证工作筹备组向大家做了筹备工作的全面汇报。整个揭牌仪式隆重而热烈，揭牌的会场鲜花锦簇，虽是深秋时节，但会场中却是春意盎然，与会者的脸上更是洋溢着兴奋和欢乐的笑容，因为我们深知从那一刻起，标志着交通产品认证工作将扬帆起航，向着新的目标砥砺前行。

二、打基础、拓市场，完成首次认证颁证

交通产品认证中心成立后，我作为第一任主持工作的常务副主任，深知肩上担子的重要和未来市场开拓的艰难。上任伊始，我们重点抓了四方面的工作：一是组建队伍——从零开始，用最短的时间完成人员培训；二是夯实基础——组织专家加班加点完成了产品认证规则，并用最短的时间与6家检测机构签约；三是订立规则——对参与认证的所有人员明确职业操守，严格上岗纪律；四是开拓市场——积极走访产品生产厂家，宣传产品认证的意义，努力实现零的突破。

▲ 交通产品认证检查员培训班现场

创业之初，困难重重，中心全体人员边学边干，经过对市场的分析，确定了首批认证的产品是道路石油沥青，确定首批接受认证的企业是中石

▲ 首批交通产品认证颁证仪式

▲ 2007 年，认证中心全体工作人员合影

油、中海油、中石化三大石油公司。

在不懈的努力下，历经 8 次之多的谈判，于 2007 年 7 月，终于正式与中石油、中海油签订了开展产品认证工作的协议委托书。

首次对中石油辽河公司的现场认证是在部领导、院领导的亲自参与下完成的，认证过程圆满成功。在此基础上，我们再接再厉，一鼓作气地完成了中石油、中海油所属的7个沥青生产企业的29个产品的认证工作。

同时，我们还积极探索为完成认证的企业开展深层次服务。2007年9月21日，我们为首批获得认证的中石油天然气股份有限公司辽河分公司、克拉玛依分公司举行了大型的颁证活动，收到了很好的宣传效果。

那天的颁证现场张灯结彩，喜气洋洋。分管认证工作的黄先耀副部长、刘卓慧副主任、中石油刘宏斌副总裁、北京市交委李晓松副主任、部质监局成平局长等相关司局的领导、获证企业领导以及媒体记者近120多人参加了这一盛会。黄先耀副部长、刘卓慧副主任亲手为两个企业颁发了证书，这也成为产品认证史上最高规格的颁证。会下交流时，刘宏斌副总裁说："今天颁证大会的效果远比我们投入上千万做广告的效果强得多"，这不仅是对颁证活动的评价，更是企业对我们工作的充分认可。

虽然这些往事已经过去了许多年，但每每回想起这些经历，我都抑制不住自己心中的激动和自豪，这也许就是一个亲历者内心永久的印记，终生难忘。

作者简介

艾红，1956年生，中共党员，公共关系专业专科毕业，2012年退休。1978年进入交通部科技情报研究所工作，1990年调入恢复建制的交科院工作，1999年2月在现在的交科院工作至退休。先后在所、院的政治处、党办、组织干部处、荣瑞达公司认证中心等部门工作，曾任交科院机关党办主任，组织干部处处长，重组后交科院党办主任、荣瑞达公司常务副总经理、党办院办主任等职务。2010年获得"感动交科院人物"称号，全国交通系统精神文明先进个人的称号。

第五部分

成果回望

董京生　摄影

交科院对长江口航道治理工作的贡献

◉ 张定邦

一、前言

长江口，这一浩瀚无垠、方圆数百平方公里像大海般的河口，每年靠疏浚亿万吨泥沙来维持仅能通航万吨级海轮的航道，这并不利于改革开放的发展大局。在这种情况下，部党组决策治理长江口航道。

治理航道必须在科学研究的基础上进行，更何况是在长江口这样水文、泥沙复杂的河口！1998 年部党组决定建立长江口深水航道科学研究中心，负责研究长江口航道治理工作。该中心的筹建工作由交科院承担。同时任命张定邦同志兼任该中心主任，乐嘉钻同志由上海航道局调入该中心任党委书记。

中心工作人员是由部在上海的有关单位调入，同时交科院拨 30 人编制指标，另部里再批给该中心 100 人的流动编制，部决定该中心由交科院领导。

二、管理

筹建阶段一切从零开始，全靠各位同志的不辞辛劳、兢兢业业。刘新民（副院长）同志兼中心副主任、党委委员。党委会成员由乐嘉钻、张定邦、刘新民三人组成。

为了完善党政系统架构，院党委决定派艾红、曲虹两位同志负责相关工作，并协助考核调入该中心的人员，她们的工作受到中心的好评。

自此，我开始6年的半个月在上海、半个月在北京的往返工作和生活模式，直至2004年退休。

三、挂牌

经过一年多的筹建工作，试验室能够开始进行试验了。长江口模型试验厅总面积达2.5万平方米，长330米，东侧宽115米，西侧宽50米，试验厅内建有长江口整体模型，是当时世界第一大河工试验厅。

该模型水平比尺1:1000，垂直比尺1:125。模型范围上游至江苏省江阴市，下游至东海30米等深线区域。可用来研究长江口综合整治开发、环境保护中的一系列科学和工程技术问题。

经过与部人劳司协商，该中心最后定名为交通部科学研究院上海河口海岸科学研究中心，该中心后改由长江口航道局领导。中心挂牌时，黄镇东同志亲临中心剪彩。

四、研究成果

经过科学试验研究，长江口航道的治理分三期进行：

第一期工程将航道整治到8.5米水深，使万吨以上海轮可以全天候自由出入长江口。

第二期工程将航道整治到10.5米水深，使3万吨级以上海轮可以全天候自由出入长江口。

第三期工程将航道整治到12.5米水深，使5万吨级以上海轮可以全天候自由出入长江口。

第三期工程方案实施后，长江口航道成为真正的深水航道，实现了世界上大型河流的河口首次大规模整治，此成果获得国家科技进步一等奖。整治后的长江口航道十多年来一直正常运转。上海港年吞吐量一跃达到10亿吨以上，成为世界第一大港，为整个长江经济带的建设和发展做出极大贡献。

作者简介

张定邦，1937年生，苏联列宁格勒水文气象学院水文系河床动力专业毕业，硕士学位，教授级高级工程师，享受国务院政府特殊津贴。曾获国家科学技术进步特等奖等。1974年，在天津水运工程科研所工作，先后任研究室主任、所长等。1989年，在交通部科研院工作，先后任院长、党委书记等，1998年开始兼任交通部科学研究院上海河口海岸科研中心主任。在三峡工程论证阶段任国务院专家组成员。2018年被列入国务院、国家科委“国家专家库”名录。

群策群力　解决汽车冬季启动难题

◉ 王华鹏

每年冬季，祖国的东北地区都是天寒地冻，汽车均面临发动困难这一大难题，因为汽车发动机使用的燃油燃点高，机油冷凝度大，所以低温条件下汽车发动机的启动就十分困难。因此，这些地区的汽车发动机启动普遍采用热启动模式，将发动机的油底壳用炭火烤热，用热水或蒸气将发动机水箱、缸体预热后，再用摇把将发动机曲轴转动一下，如果可以轻松转动，则说明发动机可以发动。虽然这种办法简单可行，但是具有一定的局限性，汽车在车库里才能使用这种方法。而对于部队来说，到站时并没有车库，汽车只能露天停放，于是汽车发动就成了难题，从另一方面来说，交通运输行业每年烧炭消耗能源上万吨，而且还容易引起火灾。因此，研制发动机冷启动就成了当务之急。

1968年，中央四部委下文要求解决汽车冬季启动这一难题，此项任务由交通部牵头，其他部门派员参与。当任务送达交科院后，院领导十分重视，责令汽运研究室组成研究小组，提出研究计划，开赴东北选点试验。

研究小组经过前期研究，最终提供了两种启动液样品，一种是国外的一号液，一种是我们自己研制的二号液。1969年11月，课题组奔赴加格达奇某兵站，开始了选点试验。

在兵站协助下，我们选了三种车型共六辆汽车进行试验。东北冬季寒冷，最低温度甚至达到零下40多摄氏度，一天之内温度最低的时间段是凌晨1点至4点，这虽然是大家睡梦正酣的时候，但也是我们试验的最好时机。为了取得最佳的试验效果，我们抛开了困意。凌晨，受试车辆露天停放，将机油换成 14 号（SC）低凝发动机机油。部队选派优秀的老兵司机负责汽车启动，而我们则负责注入启动液并做好试验记录。多次试验的夜里，天气有时寂静如水无波无澜，有时北风呼啸振人心神，有时鹅毛大雪纷纷而下。在此等艰苦环境下，我们没有选择退缩，而是和士兵一样勇敢地坚持了下来。

在这种极端温度下，我们发现了一些奇特的现象，比如一杯开水泼洒在地，立刻凝结成冰面；室外的塑料薄膜一碰就碎；塑料电线一拉就断……

经过一个多月的多次试验，同时在兵站士兵们的密切配合下，我们圆满完成了试验任务，并取得了令人欣喜的结果。

试验一号液时发现，其在零下 30℃就开始变得不稳定。

试验二号液时发现，其性能优越，偶尔在零下 45℃还能启动。

实地进行汽车启动试验，尤其是在天寒地冻的东北地区，虽然既苦又累，但我们乐在其中，不仅取得了满意的试验结果，还圆满地完成了任务。任务结束后我们离开了兵站，离开了友善的士兵朋友们，离开了风景奇特的加格达奇，虽有些不舍，但也收获了士兵们的友谊以及最重要的试验结果。我们回到北京后，上交了试验报告，随后我们的研制小组也解散了。其中的多数同志，继续赶赴湖北阳新“五七”干校，开始投入新一轮的劳动中。可以说我们“聚是一团火，散是满天星”了。

作者简介

王华鹏，1933 年生。1963 年 3 月由长春汽车运输研究所调入交通部科学研究院，在汽车运用研究室的汽运实验室工作。1969 年到湖北省阳新县“五七”干校劳动。1972 年回到交科院工作。1978 年任公路所汽运室主任。1982 年任公路所副所长。1984 年调到交通部标准所任副书记。1988 年任交通部标准所党委书记。1995 年退休。

标准化推动了交通运输业快速稳健发展

◉ 李武玲

为适应我国“八五”“九五”(1991—2000 年) 期间，社会主义市场经济和交通运输发展需要，明确在交通标准化方面，加强现有标准的实施，特别是强制性标准的实施监督；积极采用国际标准和国外先进国家标准，提高采标率；制定符合生产需要的有前瞻性的先进技术、管理标准；建立层次分明、结构合理、专业配套、技术先进的标准体系和体系表。通过标准化项目的研究、制定和推广应用，加强标准化工作推动了交通运输业的发展。

标准化是提高交通运输生产率和保障安全的重要技术基础。1991 至 1994 年，先后在天津、大连、青岛、广州、连云港、南京、福州、厦门及深圳等 9 个港口的 10 个集装箱公司开展了“集装箱国家标准宣贯研究和推广应用”，重点对《集装箱港站检查口检查交接标准》《机械式冷藏集装箱堆场管理技术要求》，特别是加强《集装箱港口装卸作业安全规程》等强制性标准及《集装箱名词术语》等基础标准共十项集装箱标准进行宣贯推广应用。

举办了多种类型标准宣贯培训班，参加的职工占 10 个集装箱公司总人数的 35%，考核合格率最终达 100%；组织经验交流并逐条落实，各项标准执行率达 95% 以上；培养锻炼了一批标准化骨干力量；根据本公司需要，制定、完善、充实与标准配套的管理制度、标准实施细则、企业标准等。各公司取得了较好的社会效益和经济效益。青岛港冷藏箱堆场利用率由 28% 提高到 65%，冷藏箱故障率由 15% 下降到 5%；天津港集装箱公司改进计算机使用管理，检验箱位准确率达 100%；上海港张华浜集装箱公司设备交接单签单率由原 85% 上升到 90% 以上；厦门港集装箱公司建设了检查口检查桥，实现计算机管理；连云港集装箱公司研制了检查口车辆集装箱监视系统，可在室内进行箱体检查。使用反光涂料标示箱位，保证了夜间作业安全等。

该项目充分表明，标准化是提高交通运输生产速度、效率、安全的重要技术基础。

标准化为交通运输业发展提供了可靠的技术条件。1993—1996 年，开展了“交通标准化体系研究和体系表制定”工作。该课题对交通标准化现状、交通运输业发展迫切需要的标准、需要尽快采用的国际标准和国外先进国家标准、急需与交通运输法规配套的标准、必要的超前技术和管理标准进行了调查研究，并提出了相关内容的研究报告。

在研究过程中应用了标准化的统一、简化、协调、优化原理；标准体系具有的系统集合性、目标性、整体性、可分解性、相关性和环境适应性原理。提出了交通行业标准体系及相应的标准体系表。研究了标准体系表的概念、特征、层次、结构，特别是不同层次标准的单元要素集群、分类及其相关要素。从而，对各标准分体系的界面划分，对标准间的相互关系、制约关系的协调，对标准体系的完整性和各层次、各专业标准的确定起到纲要和限定作用。交通行业标准体系的标准要素集群具有一定的创造性，属国内首创。

交通行业标准体系和体系表逐步得到实施应用，并及时调整，有力地为交通运输业的发展提供了可靠、扎实的技术条件。

标准化是交通运输业先进技术和经验推广再实践的技术依据。1996—1998 年，我国继续不断地进行深化改革。当时，交通部提出在全国交通系统开展个人学习包起帆、集体学习“华铜海”轮、单位学习青岛港的“三学”活动。决定把青岛港先进的管理和技术经验，结合大连、秦皇岛、天津、南京、广州、汕头及全国交通行业各港口的经验，通过总结提高，制定《港口企业管理》标准（交通行业推荐性标准），在交通行业港口推广应用。

该标准内容的特点是：将港口企业物质文明和精神文明同时抓，突出青岛港“以人为本”“苦练内功”的港口企业管理思想；坚持理论与实践相结合，充分体现我国港口管理特征；积极采用国际标准和国内现代化技术管理内容标准，特别是采用国际标准 ISO 9000《质量管理和质量保证》、ISO 14000《环境管理体系》系列标准中的有关规定，力求与国际接轨。

该标准具体涵盖港口综合经营指标和综合评分方法、经营、生产、技术设备、安全、质量、能源、资金成本、环境卫生、人员精神文明建设管理等内容。

各港口结合本港口具体情况，制定本港管理标准实施细则或本港管理标准系列企业标准，与交通行业标准配套使用。

现今，我国已参加了国际贸易组织（WTO），需要遵循国际有关规定。同时，应充分利用国家和交通运输业的先进技术和经验，制定在国际上指标、技术领先的标准，反对国际上不平等的贸易技术壁垒。应努力应用标准化，保障我国交通运输业在国际上的合法权益，为将我国建设成交通强国而努力奋斗。

作者简介

李武玲，1938 年生。1961 年毕业于大连工学院（现大连理工大学）机械系起重运输机械专业（五年制）。1961—1965 年，在交通部船舶设计院任技术员。1965—1990 年，在交通部科技司（局）任技术员、工程师、高级工程师、副处长和处长。1990—1998 年在交通部标准计量研究所任高级工程师，成绩优异高级工程师、副所长、总工程师和巡视员。主要从事交通科学技术、交通标准化的管理和研究。曾获国家科技进步一等奖、三等奖，交通部科技进步三等奖。

物联网技术在路网管理上的探索与实践

——记重大科技专项的四年

◉ 王晓曼

为构建更便捷高效和安全可靠的智能化路网管理和服务体系，交通运输部于 2011 年设立了“基于物联网的公路网运行状态监测与效率提升技术”重大科技专项，着力突破物联网在公路交通领域应用的技术瓶颈。专项涵盖了框架体系、信息感知、信息传输、智能处理以及信息发布等 5 个研究方向共 14 个研究课题及 1 个示范工程，集合了 32 个科研单位、企业、示范单位共同承担和参加专项研究工作。

▲ 重大专项启动仪式

我院作为专项的牵头单位，为了保证专项研究的整体性，联合各参与单位设立了技术总体组和示范工程工作组，由时任交通运输部总工程师的周海涛同志亲自担任组长，技术总体组内设秘书处负责 15 个项目之间的协调和技术衔接，在技术总体组的统筹下，立项之初即组织各项目成员多次到示范工程所在地重庆路网实地调研考察，逐步明确了各项目定位和任务分工。回望专项技术攻关的四年，所有参与成员受益匪浅，看到了科研成果在示范工程上的应用效果，取得了弥足珍贵的经验。

一、先进技术的应用是提升高速公路管理智能化水平的永恒话题

科技作为第一生产力，如何通过技术创新把科研和实际应用结合起来，让成果落地生根，是专项面对的核心问题。

▲ 路段现场的装备测试

随着云计算、大数据和移动通信技术的不断发展，物联网在许多领域的应用都取得了突破。在我国高等级公路网逐步形成的时期，如何提升路网的运行效率，是科研工作者面对的一个新课题。而重大专项的研究，始终围绕推进新一代信息技术在路网管理的应用开展，并首次提出了基于物联网的公路网运行监测与管理的体系架构，突破了公路网交通信息感知、传输、智能处理及发布等一系列关键技术，构建了可测、可视、可控和可知的路网协同管理与主动服务体系，24 项关键技术达到国际领先或国际先进水平，12 类具有自主知识产权的设备和系统成果填补了国内空白，提升

▲ 项目成果

示范路段运行效率达 10% 以上，为物联网技术在公路网监测与服务中的应用进行了大规模的探索与实践。

当时提出的物联网技术架构至今仍然影响着我国智慧高速公路技术体系的发展，专项的成功是交通运输部在“十二五”期间开展公路智能化探索的第一步，不但为后续公路网的智能化建设提供了指导，更重要的是专项形成的自主知识产权的装备、软件等成果，打破了持续已久的由国外产品占主导的局面，为我国自主研发的产品提供了展示的舞台和空间。在此之后，我国路网监测领域的软硬件装备和系统的价格更加趋于合理，更多国产品牌涌现，自主知识产权的成果逐步在智慧公路舞台上绽放光彩！

二、管理模式的优化是保障技术应用效果的必经之路

实现新技术与行业发展的真正融合并非易事，我国的路网管理涉及不同的投资主体、不同的管理部门、不同的管理模式、不同的技术标准等，要提高效率就需步调一致。因此，技术突破之外，还需要从机制体制、标准规范、成本控制等多方面进行优化和创新，尤其是新技术的应用，会反作用于管理部门，促使其改变不适应的运行机制。在专项启动之初，周海涛总工程师与时任重庆交委主任的腾宏伟同志商定，成立示范工程领导小组，由交委李关寿总工程师代表交委负责总体协调。正是这有力的组织保障，才为专项的研究成果在示范工程中落地打下了坚实的基础。在示范应用环节专门开展了示范路网运营管理机制研究，重庆高速集团和高速公路执法大队的领导亲自参加项目研究，把科技创新与体制机制创新有机结合，为专项成果的成功落地提供了良好的执行环境。大家都围绕提升效率这一主题，冲破信息孤岛，消除管理弊端，优化管理流程，有效整合资源，把主动发现的交通事件进行高效处理，整体提升了路网的管理

▲ 专项工作协调会

水平。这一经验成为交通运输领域信息化发展的有益借鉴。

三、多学科合作是智慧高速公路建设的必然趋势

高速公路信息化经历了数字化、网络化阶段，已迈进智慧化的大门。近年来，互联网+、大数据等一批新兴技术逐渐兴起和成熟，对正处于转型期的交通运输行业来说，既是机遇又是挑战。如何把这些技术与交通实际应用结合到位，变成助力行业转型发展的强大引擎，是我们交通运输科研工作者需要长期探索的问题。

今天的交通运输不再是单一学科的独自发展，而是进入了多学科融合的时代。专项的组成团队不仅有交通行业的科研单位，还包括大学、中国科学院以及科技公司。跨界的合作能碰撞出更多创新的火花。例如，物联网的感知技术就应用到了光学、遥感、材料、制造工艺技术等，实现了从天到地的全方位感知，使得管理者对路网状况了然于心。

物联网技术正以风雷之势席卷全球，新的技术进展在快速改变着人们的出行方式。面对新技术的蓬勃发展，需要有眼光，找准技术和应用的结合点；需要有胸怀，海纳百川，为我所用。

习近平总书记指出，要突破自身发展瓶颈、解决深层次矛盾和问题，根本出路就在于创新，关键要靠科技力量。专项实施的意义就在于坚持需求导向，积极探索新技术的应用，利用跨界融合取得创新成果，让路网管理更精准、更智慧，让出行者更安全、更便捷、更舒心。

作者简介

王晓曼，1955年生，中共党员，成绩优异的高级工程师。1982年2月毕业于西安公路学院。1983年3月到交通部公路科学研究所工作，历任研究室副主任、主任、所长助理。1996年12月至2007年8月任交通部公路科学研究所党委副书记兼纪委书记，2007年9月任交通运输部科学研究院党委书记兼副院长。

中国公路行业资源优化研究成果回望

◉ 刘　洋

2006 年，为积极适应全球可持续发展趋势、贯彻落实国家建设节约型社会部署要求，在亚洲开发银行和部的指导下，我院交通发展研究中心牵头，依托“节约型交通行业发展战略研究”等研究成果，积极向亚行申请开展该项研究。针对我国交通资源利用形势严峻、土地资源约束凸显、节能减排任务艰巨等现实情况，以期借鉴国内外公路交通资源优化利用的先进经验，探索行之有效的资源节约型、环境友好型公路交通发展模式，实现公路交通发展对资源与能源的节约利用、优化利用、循环利用，增强发展的全面性、协调性和可持续性。

亚洲开发银行技术援助项目“中国公路行业资源优化研究”（ADB TA NO. 4877-PRC）于 2007 年 6 月 15 日正式启动，至 2009 年 4 月 30 日结束，由亚洲开发银行资助 37.1 万美元研究经费。项目由部综合规划司作为实施机构，由我院具体承担。

该项目是我院承担的第二个亚行技术援助项目，对我院拓展国际研究视野、积累国际合作经验奠定了重要基础。项目在申报之初就制定了完备的技术建议书、财务建议书；申报成功后，与亚行签订了完备的咨询服务合同，详细约定了项目的服务内容、人员配置、研究周期、咨询费用、预算和支出计划等。

项目研究技术力量雄厚，采用专家负责制，由我院交通发展研究中心时任主任李扬研究员担任项目负责人，我院时任副院长石宝林研究员担任核心专家，此外还邀请了来自挪威、英国、加拿大的 3 位国际知名

▲ 开题会

▲ 阶段成果汇报会

▲ 中期评审会

▲ 结题会

专家，以及来自清华大学、部规划院的3位国内知名专家，并依托我院交通发展研究中心，成立了由欧阳斌、刘洋、宋苏、武君婷等多名年轻科研骨干组成的项目支持组，积极配合专家团队开展项目研究。

项目针对“节约集约用地”“实现节能减排”和“提高道路货运效率”3个公路交通资源优化的关键环节，设置了3个子课题，分别是道路规划与土地利用、道路运输管理、能源节约与环境保护。研究贯穿“绿色交通”的发展理念，目标是对公路建设与运输发展中的资源节约与优化利用提出指导方针和政策建议，提供切实可行的公路部门资源节约与优化利用方法，引导建立资源节约、环境友好型公路运输模式。

在研究团队的协力合作下，项目产出了丰硕的研究成果，对系统推进公路行业资源优化利用具有重要的引领示范作用：一是研究制定了公路交通资源优化利用的政策建议与行动计划，共提出8项综合性政策建

▲▶ 项目组开展调研

议，包括改善国家和省（区、市）的综合交通规划、优化公路网络结构、改进项目决策和设计、发展现代道路货运、修订和执行营运货车制造和运营标准、强化交通需求管理、支持交通基础设施建设融资政策创新、强化人力资源培训；提出了落实政策建议的48项行动计划，迄今为止绝大部分行动计划在部级的各项政策和指导性文件，以及在部级、省（市）级的交通工作中得以落实和实施；二是编制了《公路建设项目节能减排测算与评估指南》《公路建设节地指南》《省级道路货运管理信息系统建设指南》《绿色驾驶手册》《道路货运场站开发建设规程》，总结了国内外先进经验，汇总了各类案例和数据，推介了科学的操作规程和行动方案，为公路交通规划、建设、管理部门和广大驾驶者提供了易读的手册和教材，具有良好的示范作用，并得到了有力的宣传与推广，在指导交通运输行业节能减排、节约集约用地以及提高道路运输效率方面发挥了积极的效用；三是依托研究成果出版了专著《中国公路交通资源优化利用》，时任交通运输部副部长翁孟勇亲自作序，部组织召开了隆重的新书发布会向社会进行了推介，亚行官员代表、国家相关部委、交通运输部多位领导和项目专家莅临参会。同时，研究成果于亚行官方网站公开发布。

该项目的成功开展使我院受益良多：一是通过该项目研究，我院培养和锻炼了一批在资源节约、节能减排与绿色交通领域的优秀人才，其中一些项目组的研究人员已入选国家发展改革委自愿减排交易项目评审

▲ 我院研究团队核心成员

▲ 项目组赴亚行总部马尼拉汇报

专家库、交通运输部节能减排专家库；二是项目引进了多位国际咨询专家，带来了国外的先进经验，开阔了我们的研究视野，拓展了研究方法；三是引入国际项目规范的管理方式，我们严格按照亚行技术援助项目规定和合作协议进行项目管理，包括定期向亚行报送项目执行月报，详细编制会议、调研预算，严格执行亚行的报销流程与规定以及合同变更手续等，项目执行过程中处处体现出精细化、规范化原则与精神，让我们感触良多。项目开展过程中，我们也面临着中外专家不同理念的融合与沟通、中外专家的组织协调、项目成果的中英文准确表达与翻译等棘手的问题，在院的大力支持和团队成员的共同努力下，这些困难都得以顺利解决，为我院今后继续开展国际合作项目积累了宝贵的经验。

亚行项目已是十年前的事，现今回想起来，仍历历在目，颇有感怀。2017 年 11 月，亚行的后评估部门来华调查了解交通运输部组织开展的 5 个亚行技术援助项目执行情况，我代表项目组向调查官员汇报了当初提出的 8 项政策建议和 48 项行动计划在这十年间得到了良好的执行落实，对方甚为惊喜，对十年前的项目后续执行能如此到位表示赞赏。我想，亚行项目留给我们的财富，不仅仅是这些实实在在推动了中国公路交通资源优化利用的政策和措施，更重要的是激励与坚定了我们走向国际舞台、传播中国交通经验、提供中国交通方案、展示中国交通文明的信心与恒心。

作者简介

刘洋，1980年生，2006年毕业于清华大学经济管理学院，数量经济学专业，硕士学位，现任交科院发展中心（财金中心）总工程师、支部宣传委员，副研究员，财政部PPP专家库专家。主要从事交通运输经济、资产财税、投融资（PPP）、战略规划、科技政策、绿色交通、港航物流等领域研究。获得中国公路学会、中国港口协会等科学技术奖6项，主编和参与编写专著7部，发表学术论文30余篇，获得院“青年英才”“先进工作者”“优秀共产党员”等荣誉称号。

风景这边独好

——从战略研究看交通运输发展画卷

◉ 赵新惠

客路青山，行舟水前，远路迢迢难见。交通自古敢为先，跨天堑通幽致远。

运筹帷幄，指点江山，不惧料峭风寒。为筑重基涉险峰，叹前路风光无限。

犹记得，初入交科院，始于实习，在2005年寒风萧瑟的冬天。交科院门口因为修建5号地铁线，还是一片半封路的工地，到处是蓝色的铁皮围挡和灰白的飞扬尘土。院里因为办公楼装修，大家蜗居于狭窄的通联大厦办公。那是我第一次踏入交通发展研究中心的大门，一个个互相紧挨着的办公桌后面是一张张热情洋溢的笑脸，外面大雪纷飞，室内却温暖如春。当时正值“十一五”面临开局，资源成为制约经济社会发展的重要因素，国务院适时发布了《关于做好建设节约型社会近期重点工作的通知》，推进“加快建设节约型社会”，交通行业作为资源、能源密集型产业，带头探寻节约发展的新路径。中心受交通部规划司委托开展了“节约型交通行业发展战略研究”，研究成果支撑出台了《建设节约型交通指导意见》，为行业节约利用、优化利用、循环利用资源提供了重要政策指导。恰逢我初来乍到，于是便从收集资料进行文献综述着手，参与到了交通部节约型建设工作中。工作之中，严谨审慎，相互协作;

工作之外，活泼风趣，谈笑风生。这正是这群科研人员留给我的最初印象，而这种一心向学、潜心研究的氛围深深影响着我，也吸引着我。短短的两个月时间，匆匆而过，然心向往之，寤寐求之，故学业初成，投奔而来，亦余心之所善兮，虽九死其犹未悔。

2006 年 7 月，我怀抱一颗初心，欣然而来。当时十六届五中全会明确提出了建设创新型国家的重大战略思想，推动全国科学技术的跨越式发展，走中国特色自主创新道路。基于国家整体战略部署，行业开展了“建设创新型交通行业战略研究”工作，形成的核心成果有《建设创新型交通行业指导意见》《落实建设创新型交通行业工作会议精神的实施方案》等一系列重要文件，成为创新型交通行业建设的纲领，指导行业走上创新促发展的道路，打开了“十一五”大力推进创新发展的新局面。

2007 年初，部党组站在新的历史起点上，为深入贯彻落实科学发展观、构建社会主义和谐社会、建设创新型国家等一系列重大战略思想和部署，努力做好“三个服务”，统筹开展了“公路水路交通由传统产业向现代服务业转型”“资源节约型、环境友好型交通发展模式研究”等重大项目研究工作，探寻行业转型发展的方向和路径。在部科技司孙国庆司长、洪晓枫处长、程天成同志亲自领导和直接参与下，交科院作为第一承担单位，与行业内几家科研单位共同开展研究，经过大范围的片区调研、座谈咨询，无数轮的头脑风暴、讨论修改，支撑出台了《关于加快发展现代交通业的若干意见》《资源节约型　环境友好型公路水路交通发展政策》等重要文件，为行业提出的“三个转变”战略思路提供了有力决策参考，对发展现代交通业、实现交通运输科学发展具有重要的指导作用。在参与研究的过程中，大家废寝忘食、全力以赴，印象最深的是在起草文件的关键节点上，周伟院长、石宝林副院长、周晓航副院长、李扬主任、李忠奎副主任、鲍鑫荣、欧阳斌等项目组成员，在中心的小会议室里彻夜讨论、通宵不眠，累了揉揉眼睛，扭扭脖子，天光渐亮时，看着最终精雕细琢的成稿，大家双眼通红，却相视而笑，可叹是为伊消得人憔悴，衣带渐宽终不悔。

在建设创新型交通行业的战略统领下，近年来中心先后承担了

▲▶ 科研团队通宵达旦、力铸经典

▲▶ 科研工作硕果累累、影响深远

“十一五”“十二五”“十三五”“十四五”行业科技规划、行业技术政策、科技创新体系等相关研究工作，支撑出台了行业五年科技规划、行业技术政策、《关于加快推进交通运输行业科技创新能力建设的若干意见》《关于科技创新推动交通运输转型升级的指导意见》等指导交通科技创新发展的重要文件。而在这日积月累、一脉相承的科技发展研究之路上，我总能想起王先进主任笔耕不辍的场景，每天披星而来，戴月而走，每次路过办公室总能看到他对着电脑敲敲打打。勤奋并不难，难的是天天勤奋，可见评判一位科研人是否足够优秀，勤奋与自律是必备条件。

“十二五”以来，为持续推进交通运输现代化发展，部党组大力推动“四个交通”格局建设。中心在绿色交通发展领域进行了大量研究积累，并受国家发改委委托，牵头并联合 9 家单位开展了“中国交通低碳发展战略研究”工作，欧阳斌主任带领年轻的科研骨干们，奋力进取、深入钻研、精细琢磨，最终取得丰富成果，撰写国家应对气候变化简报上报国务院相关部门，并获得部领导重要批示，为国家及部在交通低碳发展方面的决策提供了良好支撑。

新时代开启建设交通强国的新征程，交通强国作为创新型国家的重要组成部分，既是基础也是引领。为更好地把握交通强国建设的战略方向，部开展了强国建设系列课题研究和专项规划编制研究，我们承担了深化改革、科技创新、现代交通文明、人力资源、财务审计等多个专项研究工作，以及交通强国路径、行业科技创新驱动发展战略等研究工作，全面支撑部开展交通强国建设试点工作，充分发挥行业高端智囊机构作用，为交通强国建设的“四梁八柱”强基固本、增光添彩。

在这里，我们见证了从建设工地到线网纵横的时代变迁；在这里，我们见证了从交通大国向交通强国的发展转变。忆往昔，多少激情燃烧的岁月；看今朝，无限心潮澎湃的向往。惜别离，身边一位位亲密战友投赴了别的战场；流年转，又带来了一张张新鲜面孔，让我们的科研事业不断在更替中创新，在传承中升华。大家栉风沐雨，薪火相传，坚定

▲ 交通发展研究中心科研团队固守初心、砥砺前行

不移地走在探寻行业未来发展的战略研究之路上。这条路，没有捷径，没有终点，没有掌声；而我们，忍耐枯燥，忍耐质疑，忍耐寂寞。愿做春蚕丝抽尽，为叫强国绽新颜。我们相信，只要怀抱初心、悉心浇灌，终有静待花开的那一刻，辛勤汗水、执着求索终将换来繁花灿烂、芳菲满园。回首过去，展望未来，风景这边独好！

作者简介

赵新惠，1981 年生，副研究员，2006 年毕业于长安大学，交通运输规划与管理专业，硕士研究生。2006 年 7 月起就职于交通运输部科学研究院交通发展研究中心，主要从事交通运输政策、战略和规划等研究工作，注册咨询工程师。主持或参与几十项研究工作，曾获得中国公路学会科学技术一等奖 6 项、二等奖 1 项，获得院级征文比赛一等奖 2 项。

交通当好经济社会发展先行官研究核心成果

◉武　平

2014年，习近平总书记多次就交通运输发展有关工作作出重要指示和批示，在部署推进“一带一路”倡议、京津冀协同发展、长江经济带战略等过程中，多次强调交通基础设施建设具有很强的先导作用，明确指出要把交通一体化作为先行领域，加快形成安全、便捷、高效、绿色、经济的综合交通运输体系。李克强总理在2015年政府工作报告中，就改革开放扎实推向深入、协调推动经济稳增长和结构优化、持续推进民生改善和社会建设等政府工作作出具体部署，其中多方面直接涉及交通运输工作，并首次在政府工作报告中明确提出“使交通真正成为发展的先行官”，这充分体现了新形势下党中央、国务院对交通运输工作的高度重视，对交通运输发展的殷切期待。

在上述背景下，部党组高度重视，第一时间决定研究、筹划、落实如何使交通真正成为发展的先行官。2015年3月18日，部印发了《关于坚持以“四个全面”战略布局为统领使交通真正成为发展的先行官的通知》，提出了使交通真正成为发展的先行官的内涵和目标任务。同时，委托我院作为支撑单位，参与起草《关于以“四个全面”为统领使交通真正成为发展先行官的指导意见》（以下简称《指导意见》），并于2015年6月正式印发。《指导意见》一是落实国务院的要求，主动承担党中央、国务院赋予的新使命；二是向党中央、国务院进一步表明新时期交通运输行业在经济社会发展中的作用和价值；三是统一行业思想，凝聚力量，号召全行业将思想行动统一到做好先行官的历史使命上；四是明确做好先行官的主要任务。

为更好支撑《指导意见》编制，我院承担了交通运输战略规划政策研究项目“新常态下交通运输当好经济社会发展先行官思路及对策研究”。项目在深入分析交通与经济社会互动机理、交通与经济社会互动的历史规律，以及借鉴国外互动规律的基础上，结合新常态经济社会发展趋势与要求，提出交通应当做好经济社会先行官的总体思路、战略选择、重点领域等，依托构建的交通先行度模型，测算至2030年交通先行度，并给出相应的发展重点及对策。

特别值得一提的是，项目结合“先行官”内涵，首次提出了交通运输“先行度”概念，即交通基础设施和运输服务能力适当超前于经济社会发展需求的程度。根据量化模型，当交通运输“先行度”为负值时，认为交通运输滞后于经济社会发展，当交通运输“先行度”为正值时，认为交通运输超前于经济社会发展。当先行度在0.3以内，认为是适度超前，当大于0.3，则过度超前，需调整交通运输发展策略，放缓交通运输发展的速度，适当转换或调整发展的重点和方向。

作者简介

武平，1984年生，副研究员，注册咨询工程师（投资），交通运输部科学研究院综运中心综合交通规划室副主任，主要从事综合交通运输发展战略及政策研究、综合运输体系规划、交通和旅游融合发展规划等工作。先后主持和参加项目60项，主持省部级项目16项。出版《综合客运枢纽功能匹配及评价研究》等专著2部，曾获得省部级二等奖3项，参与标准研究1项。

“城乡交通运输一体化”核心成果

◉ 周一鸣

我院“城乡交通运输一体化”创新团队十余年来持续关注国内外城乡交通运输一体化发展，逐年开展专项调研，形成行业发展调研报告，承担了“城乡道路客运一体化评价指标体系研究”“城乡区域交通一体化的重点及对策研究”“城乡客运一体化发展水平评价标准研究”等十余项省部级科研项目，取得了一批具有奠基性和开创性的重大科研成果，并长期为交通运输部和地方交通运输主管部门相关工作提供技术支撑服务，得到了高度赞誉和广泛认可，成为城乡交通运输一体化政策研究与战略规划领域的知名研究团队。

一、技术创新方面

团队提出了推进我国城乡交通运输一体化发展的理论体系、技术方法和政策机制，解决了多项难题并取得了相应的创新成果。

一是建立城乡交通运输一体化基础理论体系。明确了我国“城乡交通运输一体化”的概念和内涵；界定了中央各部门、中央与地方事权划分，厘清了各主体职责分工；根据各地不同发展特征，界定了各种发展类型，设计了不同发展类型适用的发展模式。

二是提出推进城乡交通运输一体化发展的技术体系。研究提出了以基于集成赋权的发展类型量化模型和基于 K-means 聚类分析的发展类型判断模型为核心的发展类型识别技术；从基础设施、服务效果和运营管理三个方面构建了城乡交通运输一体化发展水平评价指标体系，并基于模糊综合评价建立评价模型；提出了城乡客运走廊判定关键技术、城乡货运通道布设关键技术、城乡运输枢纽布局方法、客货运输组织关键技术等推进城乡交通运输一体化发展的实施技术与方法。

三是构建了我国城乡交通运输一体化发展的制度设计和政策策略体系。构建了国家层面政策框架体系，明确了我国城乡交通运输一体化发展的目标、方向、任务和措施；设计了全国城乡交通运输一体化示范工程的推进实施方案，包括总体政策机制架构和实施保障机制；制定了地方推进城乡交通运输一体化发展的政策框架体系，包括规划编制、设施建设、资金筹措、市场运营、组织机制等；提出了县级行政区城乡交通运输一体化建设实施方案的编制方法，针对不同类型的地区提供了可参考的推进方式。

四是提出了我国城乡交通运输一体化考核评价指标体系和标准值。体系架构方面，涵盖了反映地方发展条件、使用者感受和政府保障管理水平方面的指标。

▲ 项目组随部领导调研各地城乡交通一体化发展情况

二、实践探索方面

一是深入参与国家推进城乡交通运输一体化发展相关政策制定。直接参与起草了《关于稳步推进城乡交通运输一体化提升基本公共服务水平的指导意见》（交运发〔2016〕184 号）、《关于积极推进城乡道路客运一体化发展的意见》（交运发〔2011〕490 号）等重要文件，为交通运输部提供了推进城乡交通运输一体化发展基础理论、技术方法、考核评价与试点实践等方面的技术支持，在相关政策制定中发挥了重要作用。

二是支撑和促成了城乡交通运输一体化示范工程的开展。提出的国家城乡交通运输一体化示范工程相关政策机制架构、评价标准和保障机制等建议被交通运输部采纳，支撑了《交通运输部办公厅关于开展城乡交通运输一体化建设工程有关事项的通知》（交办运〔2016〕140 号）等政策文件发布，推进了全国范围的示范工程建设。

三是支撑了全国“城乡交通运输一体化发展水平评价”工作。研究制定了《城乡交通运输一体化发展指标体系》和《城乡交通运输一体化发展指标计算方法》，形成了《城乡客运一体化常用术语》《城乡客运一体化发展水平评价指标体系》2 项国家标准草案，直接参与起草了《关于开展城乡交通运输一体化发展水平自评估工作的通知》（交办运

▲ 公路学会一等奖获奖证书

▲ 出版专著《城乡交通运输一体化理论、政策与实践》

▲ 出版专著《城乡道路客运一体化评价理论与实践》

函〔2019〕752号）、《交通运输部关于开展城乡道路客运一体化发展水平评价有关工作的通知》（交运发〔2014〕259号）。支撑了每年一次的全国“城乡交通运输一体化发展水平评价”工作。为提升评价工作的科学性和可操作性，还开发研制了城乡道路客运一体化评价软件系统，可对某一地区进行发展类型分类、发展模式选择、发展水平评价和发展方向判定，并可对全国相关数据信息进行收集、加工、交换、存储、汇总，进一步提高了评价的准确性和效率，为评价工作提供简便的评价手段，并为部累积相关数据搭建平台。

证书

为表彰中国物流与采购联合会科学技术奖获得者，特颁发此证书，以兹鼓励。

获奖项目：推动城乡客货运输一体化发展的理论与实践研究
获奖单位：交通运输部科学研究院
奖励类别：科技进步奖
奖励等级：三等奖
证书号：CFLP2018-02-03-24

二〇一八年九月

▲ 中国物流与采购联合会获奖证书

四是推动和指导地方推进城乡交通运输一体化工作。为地方城乡交通运输一体化发展提供技术支持服务积累了大量的经验，先后开展了江西、河北、北京、安徽、宁夏、广东等地城乡交通运输一体化发展规划等相关课题的研究编制工作，并通过指导52个区县的城乡交通运输一体化示范工程实践工作，促进了国内城乡基础设施和运输服务网络的建设完善。

三、成果转化方面

团队在城乡交通运输一体化领域获得了省部级科技奖项一等奖1项、三等奖1项；形成了2项国家级标准草案和2项部级规范；出版著作2部，

▲▶ 项目成果支撑了多次相关现场会的召开

发表学术论文20余篇（其中EI检索13篇，核心5篇）；获得计算机软件著作权1项，申请发明专利2项；项目成果被中国交通报等行业主流媒介报道2次；支撑“2016年全国‘四好农村路’运输服务工作现场会”等全国经验交流会2次；开展“全国交通运输局长培训班授课”等国内城乡交通运输培训十余次。

当前我国正处于脱贫攻坚的关键阶段，团队将继续深入推进城乡交通运输一体化发展，落实乡村振兴战略，助推我国基本公共服务均等化水平不断提升。

作者简介

周一鸣，1984年生，高级工程师、注册咨询工程师。长期从事交通运输发展战略规划、道路运输政策等领域的研究。参与了《交通运输部关于推进城乡交通运输一体化发展》等一系列重要政策文件的调研与起草工作。承担完成50余项国家、部委、国际合作、省市的重要课题。获省部级科技成果一等奖1项、二等奖1项、三等奖2项，软件著作权1项，申请国家发明专利4项，以第一作者出版著作2部，发表论文20余篇。

“互联网+”高效物流的新实践

——推动无车承运人创新发展

◉ 李彦林

长期以来，当人们谈及中国公路货运市场特点时，都会不约而同提到几个关键词：“多、小、散、弱”。我国从事公路货运的车辆有1500多万辆，从业人员近3000万人，在众多从业户中，基本是以个体户为主，这一占比多年来始终在90%以上。在普通公众的眼里，道路货运行业形象脏乱差，交通事故频发，从业人员素质不高，恶性低价竞争，不规范、不守法、不诚信等现象时有发生。如何规范有序高效发展，不断提升行业服务能力，降低物流成本，切实改善货车司机生存环境，切实形成行业诚信经营的市场氛围，推动公路货运转型升级和高质量发展，一直是政府管理部门、行业市场和社会公众普遍关注、孜孜以求的奋斗目标。

随着互联网信息技术特别是移动互联网、大数据、人工智能等技术的快速普及应用，现代信息技术加快向交通运输、物流服务等传统行业融合渗透，路歌、货车帮、运满满、云鸟物流、中储智运、货拉拉等一批以互联网大数据为支撑的车货匹配平台、线上线下交易平台、互联网车货交易平台、众包配送等新业态、新模式、新服务风起云涌、蓬勃发展，为传统道路货运行业带来了新鲜空气，

▲ 散乱的公路货运市场

▲ 网络车货交易龙头企业货车

也为人们寻找传统道路货运行业转型升级和运输服务提质增效提供了新思路、注入了新动力。

物流中心作为我院交通物流领域研究和咨询服务的主要部门，深刻理解和懂得行业转型发展的紧迫性、艰巨性，如何破解传统道路货运行业转型升级这一历史性难题，主动顺应未来发展变革趋势，切实找到一个有效途径来改变中国公路货运行业的落后局面，一直是中心的同志们时刻思考的重要命题。

一次到国外学习交流的机会让中心了解到了美国无车承运人这一新模式、新思路。所谓“无车承运人”就是企业并不拥有货车车辆，主要依靠企业先进的组织管理能力、客户服务能力、科技创新能力，充分利用现代信息技术整合社会零散运力资源，为上游企业提供一体化、高效物流服务，并承担全程运输责任，确保货主和卡车司机的利益。在美国最典型的无车承运人企业就是罗宾逊公司。这次考察交流让我们在隐约中感觉到这个模式在中国有着巨大的推广潜力和创新天地。

考察交流结束后，我中心积极组织专人进行了跟踪研究，积极争取院科研基础业务费项目，组织开展无车承运人专题研究，对无车承运人的概念内涵、市场定位、运营模式、管理制度等方面进行了知识和研究储备，最终，以李彦林、董娜、冯淑贞、王硕、王亚楠、闫建朝等为代表的“互联网+”高效物流研究团队初步形成。在广泛收集整理国内外关于无车承运人发展和管理制度等资料基础上，结合国内“互联网+”高效物流的产业实践，中心同事们发表了一系列相关学术文章，并积极向部领导建言献策，建议推动无车承运人试点工作，探索积累发展经验，在行业内引起广泛关注。

机会总是垂青那些有准备的人。2015 年 7 月，国务院印发了《关于积极推进“互联网+”行动的指导意见》，将“互联网+”高效物流列为重点行动之一。2016 年 7 月国家发展改革委印发了《“互联网+”高效物流实施意见》，明确提出要组织开展道路货运无车承运人试点，完善相关管理政策，鼓励利用物联网等先进技术优化业务流程，提高物流流程标准化和物流过程可视化水平，促进公路货运的集约化、高效化、规范化发展。

在各方的共同建议和努力下，2016年交通运输部决定在全国范围内组织开展无车承运人试点工作，并由我中心作为主要技术支持单位。在中心的积极参与和努力下，部印发了《关于推进改革试点加快无车承运物流创新发展的意见》,在全国共筛选确认了283家企业开展无车承运试点工作，积极探索无车承运人在许可准入、运营监管、诚信考核、税收征管等环节的管理制度，逐步建立健全无车承运人在信息共享、运输组织、运营服务等方面的标准规范。

按照部运输服务司统一部署和安排，物流中心承担了试点工作的技术支持和跟踪评估。在中心领导组织下，同事们加班工作，集中优势人员，组织开展了关于无车承运人管理制度、服务标准、税收政策、合同管理等方面的专题研究，从概念到内涵、从理论到实践、从现状到趋势，进行了详尽分析和研究论证。在此基础上，完成了《无车承运人试点工作技术指引》专著，以及无车承运人合同范本、无车承运人管理办法和无车承运人运营服务规范等一系列技术、管理文件的起草工作，对统一各方面认识、推动无车承运人健康发展提供了重要支撑。

为及时跟踪无车承运人试点发展动态，了解企业试点中存在的主要问题和困难，项目组充分利用互联网、大数据分析、模型算法等技术手段，同时与相关单位合作，组织开展对试点企业的跟踪评估，系统总结试点企业领域分类、模式特征、运营规模、业务趋势、规范管理、运营效率、综合效益等情况，并对每一个试点企业整体表现进行排名分析，提出相关的意见建议，连续起草了三期无车承运人试点分析评估报告，并经交通运输部审定后在全行业印发。评估报告以图文并茂的形式、翔实的数据、深度的分析、科学的预判，得到了部领导和广大企业的高度认可和一致好评，一度成为网络信息关注和转发的热点，极大地宣传了无车承运人试点的工作成效和典型经验，使得无车承运人理念不断深入人心，成为广大货运物流企业改善经营思路、加快转型升级的重要参考。

试点两年多来，无车承运人发展过程中面临的困难和障碍也逐步显现。为进一步推动无车承运人这一新兴业态健康持续发展，物流中心继续加强在该领域的研究，并结合试点跟踪评估情况，不断向部建言献策，发挥好智囊团作用。部先后发布了《关于进一步做好无车承运人试点工作的通知》《关于深入推进无车承运人试点工作的通知》等重要文件，持续推进无车承运人试点向纵深发展。依托在无车承运人研究方面的优势，加强与各省相关部门合作，支持推动在地方省份组织开展省级无车承运人试点工作，并承担了有关企业试点方案研究编制等任务，进一步巩固中心在该领域的研究优势。

目前，无车承运人在我国已经落实生根，为传统道路货运转型升级和高质量发展探索出了一条新的路径，并伴随着新一轮技术变革不断创新发展，展现出强大的生命力并不断创新升级，衍生出传统货运＋无车承运、物流园区＋无车承运、城市配送＋无车承运、农村物流＋无车承运、电子商务＋无车承运等新业态、新模式，极大提高了公路货运行业发展活力和创新动力，行业组织化、集约化水平显著提高，整体运行效率明显改善，卡车司机群体得到普遍关注，企业发展面临的税收制度瓶颈逐步破解，市场发展环境不断变好，无车承运人正在以崭新的面貌重塑着市场的形态，呈现出快速发展的良好势头，为交通运输供给侧结构性改革、物流业降本增效发挥着越来越重大的作用。

作者简介

李彦林，1974年生，1999年进入交科院工作，2007年加入物流中心团队，现任物流研究中心副主任。长期从事综合交通运输规划、运输枢纽规划、物流和供应链管理、物流发展规划及行业政策研究，主持和参与国家级、省部级和地市级综合交通运输规划、物流战略和规划以及重大工程政策咨询研究类项目近百项。

交通运输促进物流降本增效的求索之路

◉ 杨　勇

2016年，交通运输部印发《关于推进供给侧结构性改革　促进物流业“降本增效”的若干意见》（以下简称《意见》），从标本兼治的角度，给出了物流降本增效的双药方，抓住了供给侧结构性改革的核心要义。《意见》的出台被媒体列为“2016中国物流年度新闻事件”的第一项。物流中心是《意见》起草的技术支撑单位，当谈起《意见》背后的研究过程时，起草团队吐露了他们的心声：“《意见》的出台响应了当时的社会期待，也契合了行业的发展方向。在舆论热浪之前，我们已经开始探索；在舆论冲击过后，我们仍然持续研究。《意见》既包含着科研人员的担当、也蕴含着行业的历史使命，过程中每一件事情、每一份成果都值得回味与思考。”

一、数据带来的预感

杨勇、王娟、庞晓宇和王肖文是《意见》起草团队的主笔人之一，也是长期服务部综合规划司的公益服务团队，关注和收集国家宏观经济数据已经成为日常工作习惯。2016年1月，国家统计局发布了一组数据：“2015年我国规模以上工业企业利润总额比上年下降2.3%，为多年来首次下降。其中，12月份利润同比下降4.7%”。团队深知，作为国民经济运行的“底盘”，上游产业的下行压力必然将对交通运输和物流产生重大影响。结合2015年12月中央经济工作会议提出的“去产能、去库存、去杠杆、降成本、补短板”五大任务，团队预感未来行业将在“降成本、补短板”两大任务有所作为。

“我们先从数据收集工作做起，看看数据背后有没有规律和事实”。思想达成一致后，团队通过查阅年鉴、政府新闻会、重要领导讲话稿、政府及协会年度报告等方式，系统收集了1400余条数据信息，涵盖宏观经济、三次产业、投资、消费、出口、交通运输、物流等多个方面。通过数据对比发现，进入新常态后，实体经济对物流的可负担性下降、敏感性提高。如果用一句通俗的话来描述，2016年我国企业每一百元的收入中，平均利润只有5.6元，但花在物流的支出就有14.9元，接近利润的2.7倍。而美国企业平均利润为8.1元，物流支出仅7.8元。但是从物流价格来看，我国平均每吨公里的物流活动支出的成本费用年均增长仅2.2%，远远低于通胀率，物流企业的发展趋势日渐走低。经研究后，团队初步得出结论：未来物流领域降成本的出路在于通过效率提升，减少可变成本、摊薄固定成本，要从成本中找出实体经济振兴和物流业转型的双向空间，而不能单纯地进行成本转嫁。

二、紧急安排的任务

2016年4月，部综合规划司委托物流中心开展降本增效的专题研究，并要求在6月前向部党组提交成熟研究成果。时任物流中心副主任的姜彩良同志亲自带队，带领杨勇、王娟、庞晓宇和王肖文组建了研究团队，在部综合规划司借调的刘凌副研究员协助下，紧锣密鼓地开展了调研工作。得益于前期已经有了一定内业研究，团队很快确定了调研方案，将调研重点聚焦在上游企业。在两个月的时间内走访了4省10市83家单位，包括生产制造企业50家，覆盖了家电、食品、玻璃、造纸、饲料、机械、鞋服、建材、酒业、汽车、发电、医药、轮胎、通信电子等21个产业；商贸流通企业8家，覆盖连锁商超、批发贸易、电子商务3类；物流企业21家和物流协会4家。

这次是物流中心少有的以上游企业为主的调研，通过这次调研，拓展了团队的思路，深化了对物流成本的认识。在时任部综合规划司巡视员于胜英同志、时任综合规划处处长李颖同志的指导下，研究团队将调研成果转化为部专题会会议材料，并由于胜英同志向部党组详细汇报了物流成本现状、降本增效的路径等内容。汇报得到部党组高度肯定，指示在翔实的研究基础上形成可以印发的指导性文件，并于三天后上交部务会审议。

三、尽心凝练的成果

三天之后是周一，也就是说，对于研究团队而言，需要用好一个周末的时间形成一个成熟完善的政策文件。“压力很大”，这是团队所有成员的心声。部综合规划司于胜英同志、李颖同志也亲力亲为，带领研究团队修改稿子。没日没夜的两天过去了，字斟句酌的《意见》《落实〈关于推进供给侧结构性改革　促进物流业“降本增效”的若干意见〉三年行动方案（2016—2018 年）》以及编制说明出炉。大家都很疲惫，包括平日总是英俊儒雅的刘凌同志也一脸倦容，但是大家在疲倦中却有着一丝兴奋和等待检验的期盼。部务会上，《意见》顺利通过审议。部领导指示，做好印发的前期准备，要找准国家上位政策出台的契机，及时出台、发出行业的声音。

2016 年 8 月 8 日，国务院印发《降低实体经济企业成本工作方案》。8 月 11 日，交通运输部印发《意见》，是响应《降低实体经济企业成本工作方案》最迅速、最务实的国务院组成部门。《意见》提出，到 2020 年基本建成经济便捷、高效优质的交通运输物流服务体系，明确了交通运输促进物流业降本增效的五大领域 19 项任务，着力推进物流业集约化、智能化、标准化发展。按照《意见》的工作部署，交通运输部持续开展了降本增效工作，2016 年可量化的措施降低物流成本约 560 亿元、2017 年达到 882 亿元，为我国经济转型升级和高效运行注入新活力。

四、后记

成果印发既是上一个阶段的“句号”，也是下一个阶段的“冒号”。文件印发后，研究团队继续跟进深化交通运输促进物流业“降本增效”的相关研究，陆续提交“关于促进物流业‘降本增效’的认识和思考”

"关于促进物流业'降本增效'的对策建议"等报部材料，并最终形成"关于交通运输促进物流业'降本增效'有关情况的报告"报国务院材料，得到部领导高度肯定。回望成果，团队有一个共同的认识："工作要想在前面、做在前面。尤其是做研究，不是灵光一现，而是厚积薄发、探索创新"。未来，还会有更多的政策研究工作，而有了这一次的磨炼，团队将更加充满信心，富有激情，思路更加开阔，为进一步锚固我院行业发展的智囊团、参谋部地位发挥更大作用。

作者简介

杨勇，1986年生，副研究员。2012年7月进入交科院物流中心工作，现任战略规划（智慧物流）研究室副主任，从事交通物流领域的规划、战略、政策研究工作，先后参与起草《关于推进供给侧结构性改革 促进物流业"降本增效"的若干意见》《"十三五"交通运输专项建设规划中期评估调整方案》《推进物流大通道建设行动计划（2016—2020年）》等8项具有重大影响力的行业政策文件，主持和参与省部级课题14项、城市规划项目及工程咨询项目近60项。

公交都市建设示范工程的发起

◉ 陈徐梅

2011 年至今，我院城市中心支撑交通运输部开展了公交都市建设示范工程，在行业内产生深远影响，有力推动了我院城市交通学科的建设与发展。

一、缘起

2008 年国家大部制改革，将指导城市客运的职能从原建设部划转到新组建的交通运输部，城市交通正式纳入交通运输部职能范围，标志着交通运输开始“进城”。这一历史性的转变为我院城市交通板块发展带来了蓬勃东风。

2009 年，经部批准，我院城市交通研究中心正式设立。创业伊始，为支撑部城市客运领域法规政策制定，在时任主任江玉林同志的带领下，城市中心齐心协力、加班工作，主动对接、主动服务，20 个人拧成一股绳，伴随着办公楼 5 层彻夜长明的灯光，策划形成了“国务院文件—法律法规—示范工程—标准体系”为一体的推动我国城市公共交通发展的顶层设计思路，并得到部运输司领导的高度肯定。城市中心瞄准时机，争取国际资金和院基金支持，从国际经验研究着手，向部提出了开展国家公交都市建设示范工程的动议，得到了部运输司领导的肯定，确定了与推动国务院指导意见和公交条例出台同步，推动开展示范工程的思路。经过几轮研究，2011 年底，凝聚了中心汗水的《交通运输部关于开展国家公交都市建设示范工程有关事项的通知》（交运发〔2011〕635 号）

正式印发，明确了公交都市建设示范工程的目标、任务和工作要求，指出国家公交都市建设的核心，即通过实施科学的规划调控、线网优化、设施建设、信息服务等措施不断提高公共交通系统的吸引力，降低公众对小汽车的依赖，从源头上调控城市交通需求总量和出行结构，提高城市交通运行效率，从根本上缓解城市交通拥堵。

2012 年，中心参与技术支持的《国务院关于优先发展公共交通的指导意见》（国发〔2012〕64 号）发布。64 号文作为新中国成立以来首部以国务院文件形式印发的公交优先发展的纲领性文件，对公共交通行业发展起到了统领作用，该文件的印发也使得中心迅速确立行业研究的领头地位。为落实国务院文件要求，交通运输部相继下发了实施意见，并深入推动公交都市建设示范工程，将示范工程作为贯彻落实城市公共交通优先发展战略的重要载体，转变城市交通发展模式的重要抓手，治理城市交通拥堵的有效途径。

二、攻关

为有效指导公交都市创建工作，明确各创建城市考核目标，科学评价公交都市创建成效，为示范工程提供“标尺”，城市中心积极献计献策，确定了“制定指标体系—确定扶持政策—完善标准体系—建立动态监管机制”等一整套完善的政策体系。

一是支撑制定评价指标体系。受部委托，城市中心组织工作专班，开展了指标体系研究，通过借鉴国内外经验和指标实证，先后形成 20 余套备选指标体系，召开大大小小的咨询会和内部讨论会近百次，最终成果支撑部印发了《公交都市考核评价指标体系》（交运发〔2013〕387 号），形成“20+10+ 特色指标”的考核标尺，有效指导各地因地制宜确定创建目标，在行业内外引起热烈反响。

二是支撑制定扶持政策。城市中心通过调研，结合城市关切，推动部制定了《交通运输部关于推进公交都市创建工作有关事项的通知》（交运发〔2013〕428 号），明确对创建城市综合客运枢纽、城市智能公交系统、城市快速公交运行监测系统、推广应用新能源车辆四个方面予以政策扶持，为创建工作的顺利推进提供了动力。

三是完善标准规范体系。城市中心抽调精干力量，就城市智能公交系统建设标准缺乏的问题，研究制定了《城市公共交通智能化应用示范工程建设指南》和城市公交智能化示范工程相关标准 11 项，为 36 个城市开展公交智能化建设提供了技术依据。

四是建立动态监管机制。公交都市建设示范工程是一项长期、综合的系统工程，为了对创建情况进行监测评估和考核评价，中心支持部制定《交通运输部办公厅关于进一步加强公交都市创建工作动态监管有关事项的通知》（厅运字〔2014〕74 号）和《交通运输部关于做好公交都市建设示范工程验收工作的通知》(交运函〔2017〕851 号)，并陆续完成了 20 余个城市的验收工作。中心还开发了“公交都市发展监测与考核评价系统”，开设了专题网站，辅助部开展示范工程动态监管工作。

三、成效

通过公交都市建设示范工程的实施，公共交通优先发展逐渐由行业行为上升为政府行为。“公交优先、绿色出行”的发展理念逐步深入人心，全国城市公共交通客运量从 2011 年的 788 亿人次增长到 2018 年的近 910 亿人次。通过公交都市创建，各创建城市在资金、用地、路权等方面持续加大对公交发展的投入，有效提升了公共交通管理效能和服务质量，取得了大量可复制、可推广的宝贵经验。

公交都市建设示范工程的发展历程伴随着城市中心的建立与成长，同时也是我院城市交通学科发展的缩影，传承了城市中心一代代科研人员栉风沐雨、薪火相传的敬业奉献精神和筚路蓝缕、砥砺前行的开拓精神，值得我们永远铭记。

作者简介

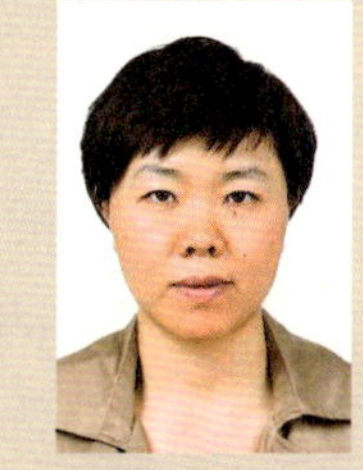

陈徐梅，1983年生，交通运输部科学研究院城市交通与轨道交通研究中心政策标准研究室主任、副研究员。现任世界道路协会城市交通技术委员会委员，世界交通运输大会技术委员，全国道路交通文明畅通提升计划专家组成员，院城市交通拥堵治理创新团队领衔专家。主要研究领域包括城市交通、低碳交通与绿色出行政策、城市拥堵治理等。

缘结农村路　心系强国梦

——交通信息中心农村公路业务领域发展纪实

◉ 刘柳杨

“农村公路关系到农民致富、农村兴旺、农业发展。十八大以来，我国新建改建农村公路127.5万公里，每年新增通客车的建制村5000个以上；全国农村公路总里程达396万公里，99.2%的乡镇和98.3%的建制村通了沥青路、水泥路，99.1%的乡镇和96.5%的建制村通了客车。”

——《人民日报》报道

▲ 贵州省开阳县稻田边的农村公路

“除少数不具备条件的乡镇、建制村外，全部实现通硬化路，新增3.3万个建制村通硬化路。改造约25万公里窄路基或窄路面路段。对约65万公里存在安全隐患的路段增设安全防护设施，改造约3.6万座农村公路危桥。有序推进较大人口规模的撤并建制村通硬化路13.5万公里。”

——《“十三五”现代综合交通运输体系发展规划》

读到这几组摘记，肯定能感受到党和国家对农村公路的高度重视，感受到我国在农村公路方面取得的巨大成就，以及“十三五”期间将要实现的宏伟目标。但是在十余年前，全国农村公路的总里程及其技术状况均一片空白。2003 年，党中央、国务院作出加快推进农村公路建设的伟大决议，随后我部逐步增加农村公路建设的投入资金，逐步掀起了全国农村公路建设的高潮。我所在的部门——交通信息中心（以下简称“中心”）就是在这样的历史条件下结缘农村路，从此心系强国梦。

2005 年是我国农村公路发展史上里程碑式的一年。这一年，《农村公路建设规划》经国务院审议通过；交通部组织开展全国农村公路通达情况专项调查工作；中心作为交通运输行业统计工作主力技术支持单位，受交通部委托，承担起全国农村公路专项调查的具体组织和实施工作，开启了中心农村公路业务领域的发展之路。

万事开头难。中心在部综合规划司统计处的领导下，集中骨干力量攻坚克难，参透了农村公路定义、乡（镇）建制村优选通达路线概念、专项调查范围及内容、数据指标等以前从未研究过的真空地带，用研究成果填补了国内空白，在短短一个多月内制订了专项调查方案，开发了基于手持 PDA（掌上电脑）的电子地图采集软件和属性数据采集填报系统。

功夫不负苦心人。2005 年 9 月，《全国农村公路通达情况专项调查方案》正式印发，农村公路专项调查工作在全国范围内正式启动。一直到 2006 年 12 月，交通部、各省交通主管部门以及中心均付出了巨大的努力，终于完成了全国农村公路通达情况专项调查工作。据交通部 2007 年 4 月发布数据公报显示，截至专项调查时间节点（2005 年 12 月 31 日），符合专项调查方案要求的全国农村公路总里程为 296.5 万公里。其中，县道 50.7 万公里、比 2005 年年报数据（以下简称“年报”）增加 1.3 万公里；乡道为 98.8 万公里、比年报增加 0.65 万公里；首次进行详细调查并正式纳入统计范围的村道（路基宽度≥ 4.5

▲ PDA 的使用

米或路面宽度≥3.0米）142万公里；起通达作用的专用公路（专用公路一般指由工矿、农林等部门投资修建、主要供该部门使用的公路）里程5万公里。在附属设施方面，农村公路桥梁39.1万座，公路隧道1577处，渡口5019处。专项调查工作首次建立了农村公路通达统计标准，首次掌握了村道里程及其详细技术状况。据测算，2005年的全国农村公路通达情况专项调查累计投入工作人员近8.8万人、经费近5.5亿元，所掌握的全国农村公路技术状况和乡镇、建制村的通达、通畅情况，为全国范围落实《农村公路建设规划》提出的农村公路建设目标提供了重要的基础支撑，也为“十一五”“十二五”“十三五”乃至“十四五”全国农村公路建设规划制订、计划编制和近200万公里农村公路的新改建工程提供了决定性的基础支撑。时任部综合规划司副司长的于胜英同志对此项工作做了高度评价，他在多个场合赞赏了我们的工作成果。作为参与这项工作的一名系统软件开发人员，我感到由衷的骄傲！

▲ 调研现场

百尺竿头，更进一步。2007年，中心进一步编制了《全国农村公路基础数据和电子地图更新方案》，在时任开发工程师的黄莉莉、崔应寿等人加入后，中心的农村公路基础数据和电子地图更新系统更加完善和稳定。同年11月，交通部印发了更新方案，拉开了农村公路基础数据和电子地图更新作为一项年度重要统计工作的序幕，时至今日仍在继续实施。自此，全国农村公路基础数据和电子地图年年开展更新工作。截至2017年底，全国农村公路里程达396万公里，相比2005年底，增长了100万公里。农村公路里程的延伸，为广大农民群众提供了便利的交通基础设施；农村公路路面的硬化，改变了广大农民群众的出行方式；农村公路的长足发展，为贫困地区脱贫致富、决胜全面小康提供了坚实的助力。而后，基于项目工作成果总结提炼的《农村公路数据采集与建设项目管理一体化技术研究及应用》，2009 年获得中国公路学会科学技术特等奖。

“以纵带横”一直是中心的重要发展理念。在 2005 年农村公路通达情况专项调查工作启动之际，中心承担了福建、云南、青海等多个东中西部地区省份专项调查工作的方案编制、工具软件开发以及具体的组织实施工作，为中心农村公路业务领域的发展开启了一个良好的开端。良好开局下，中心积极拓展，又先后承担了天津、江苏、重庆、四川、贵州、云南、甘肃、青海、宁夏、新疆、西藏等省（自治区、直辖市）公路基础数据库年度更新业务工作；“十二五”期间，中心延伸开发了部省两级农村公路计划管理信息系统，在北京、河北、内蒙古、黑龙江等 21 个省（自治区、直辖市）推广和应用，进一步拓展了农村公路业务领域的广度和深度。目前，中心的农村公路业务领域已经涵盖了为部日常业务管理技术服务、项目库和投资计划等业务信息化、综合管理、辅助决策系统研发等各个方面，已经形成了一个年新签合同额超 1000 万元、团队人员规模超 20 人的核心业务领域。

习近平总书记对“四好农村路”建设作出重要指示。他强调，近年来，“四好农村路”建设取得了实实在在的成效，为农村特别是贫困地区带去了人气、财气，也为党在基层凝聚了民心。他指出，交通运输部等有

▲ 河北省张家口市草原中的农村公路——草原天路

关部门和各地区要认真贯彻落实党的十九大精神，从实施乡村振兴战略、打赢脱贫攻坚战的高度，进一步深化对建设农村公路重要意义的认识，聚焦突出问题，完善政策机制，既要把农村公路建好，更要管好、护好、运营好，为广大农民致富奔小康、为加快推进农业农村现代化提供更好保障。这是党和国家对农村公路事业发展的总体要求和殷切希望，也是对我们从事农村公路相关业务研发和咨询工作者的鞭策和勉励！

一朝结缘农村路，此心常系强国梦。相信我国农村公路的发展会越来越好，广大人民群众更多享受农村公路带来的便利交通服务；也相信中心的农村公路业务领域随着国家农村公路建设的不断推进，继续发展壮大，也定能继续承载并实现我们所共同追求的交通强国梦。

作者简介

刘柳杨，1980年生，副研究员，2002年进入交通运输部科学研究院工作至今，主要从事交通信息化研究与咨询工作。

注重科研成果落地　支撑我国溢油应急能力提升

——我院船舶污染应急研究成果回顾

◉ 耿　红

我院是最早从事船舶污染应急研究的科研单位，至今已累计完成200多个公益服务、科学研究及规划咨询项目。从中国海上船舶溢油应急计划的研究与制定到船舶污染损害赔偿的研究，从国家、省市溢油应急能力建设的研究与规划到溢油应急设备库的工可与设计，从溢油风险定量化评估研究到风险评估导则及相关标准的制定，从溢油应急技术的研究到危化品泄漏应急技术装备研发，从溢油应急桌面推演的策划到应急实船演练评估，都有我院的足迹与身影。我院从科研入手，注重研究成果的实用性与应用性，多项政策建议被政府部门决策采纳，多项研究成果形成标准规范与规划，多项国家层面大型溢油应急演练策划已成功实施，多项咨询绘就的蓝图已化为一座座国家溢油应急设备库，有力推动了我国溢油应急软硬能力的提升。

一、牵头开展中国海上船舶溢油应急计划研究，支撑计划颁布

自我国参加MARPOL（《国际防止船舶造成污染公约》），特别是OPRC（《国际油污防备、反应和合作公约》）对我国生效以来，行业开展的船舶污染应急领域工作都有我院的研究支撑，其中我院牵头完成的第一项工作就是《中国海上船舶溢油应急计划》的研究编制，经过两年的现场踏勘、体系构建、核心问题研讨、关键技术突破以及最终的汇总

与编制，该应急计划于 2000 年 3 月 31 日由交通部和国家环保总局联合发布。这是中国第一部应急预案，直到 2002 年“非典事件”后，才要求各行业开始编制相关应急预案。

二、研究系列污染损害赔偿国际公约，支撑国内油污基金建立

船舶溢油污染造成环境损害严重。国际上多起重大溢油污染事故促进了系列污染损害赔偿公约的颁布与生效。政府部门需要决策我国是否参加，以及如何解决发生在我国的污染赔偿问题。我院完成了一系列污染损害赔偿国际公约的研究，包括 CLC、FUND、HNS 等，技术支撑了海事部门关于是否加入国际公约的科学决策，支撑了我国船舶油污损害赔偿基金的建立。经过近 20 年的扎实研究，2015 年中国船舶油污损害赔偿基金管理委员会成立，标志着我国船舶油污损害赔偿机制步入新的阶段。

三、研究规划工可编制方法，支撑规划编制、实施与设备库建设

预案出台了，油污基金建立了，还要有能落实的硬件支撑。交通部率先开展了应急能力的建设工作，于 2006 年出台了国家水上交通安全监管和救助系统布局规划，这是新中国成立以来编制的第一个国家级相关规划，我院负责溢油应急能力建设专题，该规划还荣获国家优秀咨询成

▲ 宁波溢油应急设备库

果二等奖。我院研究提出了规划的编制方法，还根据该规划要求，后续承担了宁波、泉州和唐山等地十多个国家溢油应急设备库建设的咨询和设计工作，其中泉州设备库的工程可行性研究是国内首个，我院研究确立了工可编制方法、报告编制思路与模板，目前这些工可和设计方案已批复，设备库已建成落地，大大提升了我国船舶污染应急能力。

四、研究定量污染风险评估方法，在行业广泛应用

应急工作要求反应迅速，应对及时，将应急资源布放在污染高风险区，因此在规划编制与应急能力建设过程中，需要对溢油风险进行评估。我院借鉴国际海事组织提出的综合安全评估方法，引入经济效益分析，确定概率计算方法，从定性到定量不断改进完善，最终研究提出了溢油风险的定量评估方法。目前该方法经过完善写入了《水上溢油环境风险评估技术导则》（JT/T 1143—2017），在规划编制与全国广泛开展的港口船舶污染风险与应急处置能力评估中被行业应用，为应急能力建设与科学布局提供了技术方法的支撑。

五、开展溢油与化学品泄漏应急技术与装备研究

在溢油应急技术与装备方面，国外开展较早，技术较成熟，然而长江等内河是狭长的，不同于大海的广阔无边。江河沿线的社会经济发展情况、地理地貌特征、港口码头分布等复杂因素，共同决定了内河特别是长江三峡库区船舶污染治理不能沿用国外经验，只能因地制宜、自主创新。通过“三峡库区船舶污染防治关键技术研究”和“澜沧江—湄公河油品运输安全研究”等重大科技项目的研究，填补了我国内河溢油应急技术与装备研究的空白。随后率先开展危化品泄漏应急研究，努力攻克行业难题。从污染损害赔偿与评估、应急机制、预防技术、污染应急程序与方法、应急装备和人员防护装备等全方位进行研究，并编制完成了《船载散装液体危化品事故应急手册》，出版《船载散装液体化学品事故应急技术》一书，部分成果达到了国际先进水平，还获得了多项中国航海学会科技进步奖。

六、开展海上应急演练评估方法研究，支撑国家重大演练与评估工作

▲ 2017 年中国—东盟国家实船应急演练

随着应急机制、管理体系与应急能力的建设，经过 10 年的发展，国家应急工作走过了从无到有的阶段，也发现了诸多问题。为使应急预案更加可操，应急管理更加规范，2013 年国务院出台《突发事件应急预案管理办法》，以应急预案为抓手，进一步规范完善应急预案体系，部里委托我院开展交通运输部应急预案体系研究与预案的修订工作，并于 2018 年完成并发布实施。同时为了验证和检验应急预案，近几年开展了多个国家层面重大演练与评估，包括“2016 年珠江口国家海上搜救演习”“中国—东盟国家海上联合搜救实船演练”“2017 年度全国公路交通军地联合应急演练”“2018 年国家重大海上溢油应急处置演习桌面推演”等演练与评估工作，我们团队将情景构建等研究成果运用到演练策划中，实现了研有所用，为部应急工作提供了支撑。

▲ 2018 年国家重大海上溢油应急处置演习桌面推演现场

七、拓展研究水上搜救、水上交通安全与综合交通运输应急，支撑行业指导意见出台

在船舶污染应急研究工作的基础上，我们逐步向交通综合应急、水上搜救和水上交通安全等领域拓展。一是开展交通综合应急体系顶层设计，协助部应急办编制《交通运输综合应急预案》并发布实施，同时协助部相关司局开展公路交通和道路运输等应急保障演练；二是逐步向人命、财产、环境救助与应急研究领域全面拓展，开展了“加强我国水上搜救工作的对策建议及相关意见实施效果评估”研究，协助中国海上搜救中心起草《关于加强水上搜救工作的通知》，该通知已于2019年由国办发布实施；三是逐步向水上交通安全研究拓展，完成了水上交通安全风险管理体系及防控措施研究、水上交通安全管理四大体系研究和提升渡运安全水平对策建议研究等工作，依托课题成果出台规范性文件《交通运输部海事局关于建立健全水路交通安全监管体系的通知》（海安全〔2015〕300号），使科研成果落地。

乘风破浪会有时，直挂云帆济沧海。我院船舶污染应急研究成果在行业中得到了广泛应用，取得了良好成效，相信未来还会取得更长足的进步与发展，为交通强国建设提供更有力的支撑！

作者简介

耿红，1975年生，交通运输安全研究中心副主任、研究员。长期从事交通安全与应急研究工作。先后主持完成了多项国家级和省部级重大科研；撰写的相关对策建议得到多位部级领导的批示；参与撰写安全应急领域行业指导意见4项、溢油应急设备等国标行标7项。2014年被评为“交通青年科技英才”，2015年获“全国三八红旗手”荣誉称号。出版论著译著5部，发表学术论文30余篇，获省部级科技进步奖19项，其中二等奖6项。

工程中心试验检测资质申请历程回顾

◉赵 蔚

根据我院工程科研领域发展需要，2009 年 8 月 5 日道路结构与材料研究中心成立，2016 年底更名为工程技术与材料研究中心。我中心于 2009 年底正式接管院怀柔实验基地，自此，中心踏上了试验检测能力建设的征程。

第一步，依托修购项目，加强基础建设。

在各级领导的关心和扶持下，怀柔实验基地依托“沥青分子工程实验室”“极端气候条件下道路结构性能衰变规律研究项目”和“怀柔基地基础改造项目”等，由中央财政及院拨款近 6000 万元，购置了近 500 台（套）先进的公路检测和材料表征仪器设备，主要包括：落锤式弯沉仪系统、激光路面断面（车辙）测试系统、差示扫描量热仪、沥青热重分析仪、全自动压汞仪、扫描电子显微镜、高速路面透视仪、动态摩擦系数测定仪、激光路面平整度测试仪、X 射线衍射仪、全数字化核磁共振谱仪等国内外先进试验检测设备，并进行了电路、消防、取暖、节能等基础设施改造，实验室内部布局调整及内部装修改造。目前，怀柔实验基地共有试验室 43 间，总面积 1200 平方米，设备 486 台（套），试验室场地、设备均符合公路工程试验检测所需的土工、集料、岩石、水泥及水泥混凝

▲ 怀柔基地改造后照片

▲ 修购项目采购——落锤式弯沉车

土、掺合料、无机结合料、沥青及混合料、金属材料、土工合成材料、防水材料、交通安全设施、路基路面、地基基础、桥梁隧道等25个大类试验检测项目的要求，同时还为我中心的科研工作提供充分的技术支撑。

第二步，依托人才队伍，加强能力建设。

在我院的领导下，中心不断加强科研及试验检测人才梯队建设，中心共有职工43名，其中博士7人、硕士9人，拥有中高级职称者19人，同时与院集团公司下属企业联合，注册持证检测人员51人，其中检测工程师25人（道路专业15人，桥隧专业8人，交通专业2人），高级职称15人（道路专业9人，桥隧专业4人，交通专业1人）。直至目前，中心已经形成了一支包括博士后及留学回国人员在内的研发能力强、检测专业结构合理、研究型的试验检测人才梯队，基本满足了新综甲的人员配备要求。

第三步，响应行业要求，提升资质水平。

结合我院发展规划和我中心的发展方向，经过认真准备和积极投入，我中心在2012年取得了“公路工程试验检测综合乙级资质（综乙）”，2013年取得“实验室计量认证资质证书（CMA）”，2015年完成了“实验室计量认证扩项评审”，2016年完成了“检验检测机构资质认定复核评审”，中心具备了涵盖土、水泥混凝土、沥青混合料、路基路面、桥隧在内的，共27个大项，280个参数。

▲▶ 怀柔基地现场评审照片

随着公路检测和技术咨询市场竞争日趋激烈，我中心依靠综乙和CMA资质拓展业务已举步维艰，资质等级低已是制约我中心发展的最大瓶颈。“公路工程综合甲级资质”的申报工作已停滞多年，2017年8月，部安监司发布了《公路水运工程试验检测机构等级标准》及《公路水运工程试验检测机构等级评定及换证复核工作程序》，这意味着公路工程试验检测综合甲级的申报工作将于2018年初全面放开。

政策颁布以后，我中心积极开展新综甲申报的筹备工作，在院领导及各兄弟部门的大力支持下，中心领导全力组织和督导，中心上下齐心合力，苦练内功，“996”“白加黑”是大家工作的常态。功夫不负有心人，经过大家近一年的努力和拼搏，特别是2019年6月、7月的冲刺，终于啃下了“综甲”和“CMA扩项”两个硬骨头，拿到了公路工程试验检测领域与同行竞争的入场券。

目前，中心已具备公路工程综合甲级试验检测26个大项、519个试验检测参数和检验检测资质认定（CMA）30个大项、662个试验检测参数。下一步，我们将继续秉承“开拓、创新、敬业、求是”的核心理念，以保障行业工程质量、提升行业技术水平为己任，在公路工程试验检测领域大展宏图，努力树立行业品牌，提升行业影响力，做好我院“精干的硬实力”。

作者简介

赵蔚，1981年生，北京化工大学材料加工工程硕士，试验检测工程师，具有十年公路工程实验室管理及相关科研开发工作经历，熟悉怀柔试验基地的整体运行及资质申请维护工作，熟悉公路工程试验检测及材料评价开发工作。主持完成了交科院道材中心综乙资质申报和评审，主持完成了CMA资质申报、扩项和复评工作，参与顺义基地的规划工作，主持或参与专业技术项目32项。获授权和申报专利近10项，在国内外期刊发表论文10余篇。

交科院检测技术公司资质建设历程

◉ 茅　内

2008年8月26日，交通部人劳司签发《关于成立交通部科学研究院交通工程检测中心的批复》（厅人劳字〔2008〕93号）；9月16日，交通部科学研究院发出《关于成立"交通部科学研究院交通工程检测中心"的通知》（交科院人发〔2008〕48号），交科院检测技术（北京）有限公司的前身交通部科学研究院交通工程检测中心正式成立。公司承担交通工程所用产品、设施、材料和实验检测设备的检测工作，为交通工程设施竣工验收提供试验检测数据，开展交通工程检测相关关键技术的研究等工作。

2014年，院交通工程检测中心整体转制为公司。自公司成立之日起，各级领导就高度重视公司的资质建设。为了给资质建设打好硬件基础，公司共有办公及试验用地1500余平方米，并于2018年底扩建至3500余平方米；至2018年底，共购置300余台套设备，设备价值近3000万元；设立了力学室、理化实验室、桥梁支座实验室、机电设施实验室、轨道交通实验室、土工材料实验室、环境条件模拟实验室、光学实验室等多个专业实验室。

拥有了完备的硬件基础，还需打造软件基础，质量管理就是检测机构的软件基础。完善的质量管理体系，是质量管理的核心，是贯穿质量管理和保证行业、国家标准有效执行的关键，也是一项非常复杂的系统工程。对于实验室来说，为满足社会对检测数据的质量要求，必须对影响检测数据的诸多因素，如设备、技术、人员、资源等因素进行全面控制和有效管理，把所有可能影响检测质量的所有环节进行统一协调，并加以控制，从而使质量管理体系适应内外部环境，持续有效运行，并得到不断完善，避免质量事故的发生。

自2008年中心成立以来，质量管理体系作为中心（公司）开展业务的根本，贯穿了质量管理的各个方面。领导班子和全体员工共同努力，不断对体系加以改进，使其持续稳定提高，努力追求更加科学、规范、准确、高效的体系运作。

（一）按照《实验室资质认定评审准则》《检测和校准实验室能力认可准则》《检查机构能力认可准则》的要求，并结合公司自身的实际，编制了适合公司业务的质量手册、程序文件、作业指导书、记录表格等。

质量手册是对公司质量方针、质量目标和管理体系要素的阐述；程序文件是对管理过程和检测过程的描述、要求和规定；作业指导书是详细指导检测工作的技术文件；记录表格是质量活动和技术活动信息的载体，是体系有效运行的依据。

（二）按照基础资源的要求，公司配置不断完善实验室必备的检测条件，包括优化调整试验室布局和办公设施，配备满足要求的合格检测人员等。

（三）建立适应发展要求的组织机构，明确公司主任、技术负责人、质量负责人等相关人员职责，并指定相关专业领域的授权签字人，规范检测程序，优化检测流程，确认检测依据，从而确保检测工作有效协调进行。

（四）按照质量体系的要求，公司有计划地对全体人员进行培训；每年定期开展内部审核、管理评审，实验室间能力验证、比对等，使管理体系更加健全和完善，保证为社会出具准确、及时的检测报告。

得益于基础的不断完善，公司开始申请各项检验检测资质，先后有：

2010年4月，原中心获得中国合格评定国家认可委员会（CNAS）检验机构认可证书。

2010年5月，获得中国国家认证认可监督管理委员会资质认定计量认证（CMA）证书及中国合格评定国家认可委员会实验室认可证书。

2010年10月，获得原部质监总局公路水运工程试验检测机构交通工程专项等级证书。

2013 年 5 月，获得全国工业产品生产许可证办公室（全许办）公路桥梁支座产品生产许可证检验机构资格。

2015 年，原中心在 CMA 资质中扩项了 ETC 及钢结构工程，如视频车辆检测器、汽车号牌视频自动识别系统等产品和项目。

2016 年，原中心开始将资质向公司过渡，同时在 CMA 资质中扩项了轨道交通工程项目。

2017 年，CNAS 继续将资质向公司过渡，在 CMA 资质中扩项轨道交通产品项目和软件测评项目。

2018 年，公司完成全部资质向公司转移的工作。

经过十多年的不懈努力，公司已开展如下业务：

公路交通工程安全设施产品及施工质量检测和验收检查；公路交通工程机电产品及机电系统运行质量检测和验收检查；公路工程产品、原材料及土工合成材料质量检测试验；公路工程、交通工程和轨道工程质量标准、规范的制修订；公路交通工程相关检测技术研究；交通工程技术咨询、技术培训服务；轨道交通相关检测技术研究；轨道交通工程质量验收检测及运营质量检测；公路交通工程质量事故鉴定及仲裁；软件测评等。

交科院检测技术（北京）有限公司十多年来锐意进取、勇于开拓，为交通工程领域广大业主单位、施工单位、生产单位提供了高质高效的服务。我们一直走在时代的前列，为行业质量管理提质增效、推动行业的科学发展作出了重要贡献，得到了行业、社会的高度认可。

作者简介

茅内，1979 年生，交科院检测技术（北京）有限公司质量技术部负责人，高级工程师，检验检测机构资质认定国家级评审员，全国工业产品生产许可证审核员，2007 年入职交科院，从事质量管理工作 15 年，其中从事交通产品检测及认证工作 11 年。

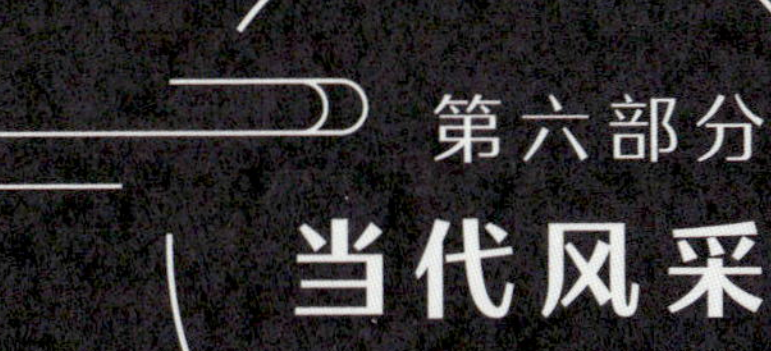

第六部分 当代风采

李 琼 摄影

传承交通运输统计精神　谱写新时代壮丽篇章

◉王　哲

我是2003年进入院信息中心工作的，当时中心人员规模仅十来个人，业务领域还处在成长培育期。十七年过去了，中心团队规模发展壮大到目前的百人队伍，专门从事行业统计及科研工作的占到半数，学科领域更加健全，能够提供从制度设计、调查实施到分析应用、软件研发的一体化解决方案，已经成为行业内权威的统计研究机构和数据中心。这支专业素质良好、综合能力强劲、富有朝气活力的团队，用青春和热血诠释了交通运输统计精神，在奋斗和实践中传承着交通运输统计精神，谱写了新时代交通运输统计事业的壮丽篇章。

我们努力践行改革创新、锐意进取的统计精神。团队始终坚持把创新作为统计事业发展的第一动力，积极运用统计新理念、新技术、新方法，摆脱思维定式、路径依赖和习惯束缚。树立“管理延伸到哪里，统计就跟进到哪里”的工作理念，为适应大部门制改革需求，新建综合交通运输、城市客运等统计，按照国家经济核算要求，新增行业企业财务统计调查，填补了价值量统计空白。积极运用大数据技术，变革统计数据生产方式，实现了利用高速公路联网收费、海事船舶进出港报告等业务记录直接转化生成统计数据的创新，填补了区域运输量统计空白。全力推广企业“一套表”联网直报统计方法，实现了“一数到顶、多级监管、全程留痕、共享共用”，有效减轻了基层负担，极大提高了工作效率。

我们努力践行报实数、讲实情的统计精神。统计是一项诚实的工作，真实准确性是统计工作的生命线，是任何人都不得触碰的底线和红线，不管是主观故意还是客观导致，都是不允许的。团队一直致力于加强交通运输统计数据生产全过程的质量管控。研究建立了行业统计数据质量责任清单，压实了数据质量的领导责任、直接责任和监管责任。建立了重要数据会审机制，按照“初审—会审—审签”的工作流程对主要指标按月会审。全面开展统计工作测评，按照公开透明的原则，对各地综合统计工作按月测评并公布，有效提升了统计工作质量。编制并实施新的公路水路运输量统计方案，利用业务行政记录推算月度波动系数，解决了推算方法不统一等关键问题，同时组织开展运输量小样本抽样调查，对日常统计数据进行核实修正。对沿海港口吞吐量数据先后开展了自查、专项核查等工作，有效净化了数据性质且保证了数据质量。

我们努力践行锲而不舍、钉钉子的统计精神。锲而不舍，金石可镂，面对任何困难和挑战，团队总是迎难而上、勇往直前，朝着既定目标，一张蓝图坚持到底。根据统计报表制度每年要进行一次修订的特点，中心联合北京久其软件股份有限公司共同研发了一套采用柔性软件技术的平台式统计软件，准备在全行业推广。却遇到了意想不到的阻力，基层统计人员不愿意花费更多时间熟悉新软件，他们认为新软件并没有经过

▼信息中心全家福

反复打磨和测评，不会比旧软件好用。为了打消疑虑，中心全员出动，每两人一组到各省进行软件现场演示，耐心回应各种问题，经过真诚沟通、充分交流，基层统计人员终于认识到了新软件的优越性和功能性，新软件得以在全国各省、自治区、直辖市全面推广，统计信息化手段实现了质的突破。

中心武瑞利刚参加工作时，参与了水路运输量统计方法改革研究，承担抽样调查方法的设计工作，首要任务就是要学懂弄通《抽样调查理论、方法与实践》。这是中科院数学所研究生的工具书，对于计算机专业的人来说，有如天书。他便到图书大厦，购买了从大专、本科到研究生的所有数理统计教科书。一个月的时间里，他每天挑灯苦读到凌晨2点，终于阅读完了所购书籍，完成了每个公式的推算，做完了每道习题，期间还多次向书籍作者冯士雍和邹国华老师虚心求教。经过个人的坚持与不懈努力，最终全面掌握了抽样调查理论方法。

我们努力践行勇于担当、甘于奉献的统计精神。统计工作不同于权力岗位，它隐身幕后，责任重、压力大、难度高，特别需要广大交通运输统计工作者担当作为、敬业奉献。全国农村公路通达情况专项调查数据审定阶段，中心抽调三分之一的人力，组成了专门工作组并集中封闭，封闭时间长达50天！面对500G的海量数据，实行“机器不停、人员倒班”的工作制，最忙的时候每天只有2 ~ 3小时的休息时间，最终在规定时限内圆满完成了预期工作目标。大家虽然身体疲惫，但内心充满成就感。

那年，负责投资统计的张若旗正怀着孕，组内新来的年轻小同志刚工作几个月。作为大龄准妈妈，张若旗最担心是宝宝提前出生导致工作不能交接完整。为了新同事能够尽快上手，业务组制定了交接计划，共同心照不宣地利用春节、周末时间赶手上工作，如年月报数据审核、应用需求整理、分析参数修改，张若旗一直坚持忙碌到了预产期才回家，3天后孩子顺利出生。

那年，为制定和评估扶贫政策，亟须建立交通扶贫统计报表制度。在征求意见阶段，项目负责人王涛的爱人生病，需要排队做手术。当时他正在全力筹备召开全国征求意见会，突然被通知爱人入院并第二天手术，与会议时间正好冲突。作为项目负责人，王涛咬咬牙，选择了留下汇报，协调岳父连夜从外地来京，一大早赶到医院签字陪护。舍小家，为大家，身边这样令人动容的事例比比皆是。

新时代赋予新使命，新时代要有新气象。信息中心这支年轻的统计团队，承载着几代交通运输统计人的光荣与梦想，不忘初心，牢记使命，坚定不移深化行业统计改革，坚定不移推动统计创新，加快构建现代化交通运输统计体系，在生动实践中不断弘扬交通运输统计精神，奋力谱写新时代行业统计事业新的壮丽篇章。

作者简介

王哲，1977 年生，2003 年进入交通运输部科学研究院，主要从事交通信息统计领域和运行分析领域研究工作，现任职信息中心副主任。曾获中国公路学会科学技术奖特等奖 1 项、三等奖 1 项。2008 年和 2009 年荣获交通运输部“交通运输政务信息工作先进个人”荣誉称号，2009 年荣获交通运输部“全国公路水路运输量专项调查先进个人”荣誉称号。

争创卓越创新团队　共筑交通强国之梦

◉ 梁晓杰

党的十九大赋予交通运输行业建设交通强国的新使命，而建设交通强国需依靠科技创新。要瞄准世界交通科技前沿，占领交通科技创新高地。在新时代下，为了实现交通强国的目标，首要的是打好科技创新的基础，把握住创新这个基本点。

回顾历史，创新驱动发展。自古以来，科学技术就以一种不可逆转、不可抗拒的力量推动着人类社会向前发展。它不仅极大地推动了人类社会经济、政治、文化领域的变革，而且也影响了人类生活方式和思维方式，人类的衣、食、住、行、用等日常生活的各个方面也在发生重大的变革。几百年以来的经验启示我们，抓住了创新，就抓住了发展，只有牢牢把握住创新，才能为建设交通强国添砖加瓦。

放眼今后，创新引领未来。如今，新一轮科技革命正在孕育兴起，工业4.0开始进入人们的视野。习近平总书记强调，科技是国家强盛之基，创新是民族进步之魂。面向未来的交通强国目标，要增强自主创新能力，最重要的是要坚定不移走中国特色自主创新道路，坚持自主创新、重点跨越、支撑发展、引领未来的方针，加快交通强国建设步伐。

环顾自身，则要坚持创新精神。作为新时代的交通人，我们必须在习近平新时代中国特色社会主义思想的引领下，坚决贯彻交通强国战略，树立科学精神、培养创新思维、挖掘创新潜能、提高创新能力，为建设交通强国提供有力的技术支撑和人才保障，从而实现交通运输由大向强的历史性转变。

近年来，政策法规（港航物流）研究室聚焦交通运输政策制度设计与评估、立法与执法、法治政府部门建设、现代治理、港航管理、水运经济、港口物流等领域，紧紧围绕交通运输部管理工作和行业发展热点、难点，开展了现代交通运输业的法规体系框架研究，《中华人民共和国航运法》《中华人民共和国海上交通安全法》《中华人民共和国航道法》《中华人民共和国港口法》《收费公路管理条例》《道路运输条例》等立法后评估及修订研究，出租汽车管理立法研究，《镇江市长江岸线保护条例》《内蒙古自治区公路工程质量监督条例立法研究》《港口收费计费办法》修订等立法研究工作，以及提升交通运输服务质量服务水平研究、交通运输法治政府部门建设发展报告研究、交通运输信用管理法律制度研究、交通运输政府治理体系研究、交通运输市场监督检查创新机制研究、京津冀交通一体化立法模式创新研究、我国港口服务功能拓展研究、西部港口物流枢纽发展模式研究、通航建筑物行业管理研究、我国自由贸易港探索研究、浙江“三位一体”港口物流服务体系建设研究、湖南交通运输高质量发展研究、日照港口转型升级战略研究、湖北水上天然气加

▲ 交通法规、港航物流与水运经济创新团队

注站布局规划等一系列部与行业创新性重点科研项目，取得的研究成果获得过国务院前副总理马凯同志的重要批示和高度评价，以及省部级领导的高度肯定，获得省部级奖励30余人次。尽管取得了一些成绩，但无论在个人科研创新能力，还是在团队影响力方面，我中心与交通强国建设和我院建设“高端专业智库、一流创新基地、重要服务平台”的发展定位还存在较大差距。

党的十九大报告以历史的最强音吹响了实现“两个一百年”目标、向建设现代化强国进发的号角，也开启了交通强国建设新的征程。创新驱动的实质是人才驱动，产业升级首先是人才升级。政策法规（港航物流）研究团队将以再出发的姿态，以争创卓越创新团队为目标，在继承前人的基础上不断超越，坚持自主创新之路不动摇，以新发展的引领者、新规则的制定者、新路径的开辟者的姿态，为造就具有国际水平的科技领军人才、青年科技人才和高水平创新团队而努力，为建设交通强国和我院建设“高端专业智库、一流创新基地、重要服务平台”做出新的贡献。

作者简介

梁晓杰，1978年生，交通发展（财政金融）研究中心政策法规（港航物流）研究室主任，副研究员。近年来主持提升交通运输服务质量服务水平的抓手研究、交通运输政府治理体系研究、两岸液体化学品准入制度研究、湖南交通运输高质量发展战略研究、中韩班轮航线开放及发展方向研究、十三五期浙江港航发展思路和重点工作研究、宁波镇海大宗货物多式联运研究等省部级、地方科研项目共60余项，获得省部级奖励6项，出版专著5部。

新时代 谱写交科新篇章

◉ 张改平

经过了博士生阶段的风雨洗礼，2016 年 7 月 14 日，在一个倾盆大雨的日子里，我拿着入职材料，怀着无比激动的心情，到交通运输部科学研究院人事处报到，正式成为了一名交科人！尽管四年多过去了，当时的情景恍如昨日，一切都历历在目。就在当天，我结束了全日制在校生的身份，正式成为了一名交通运输行业科研工作者。成为交科人，我才正式开始了对交科院物流研究的求索和探知！

现在想来甚是惭愧，我入职之前对交科院的了解竟少之又少，直到有幸参加了院 55 周岁庆典，为她的生日表演节目献礼，才得知原来她的历史已经如此悠久，这更激发了我探索她的风采风貌的求知欲和好奇心。

多年来，她秉承着“开拓、创新、敬业、求是”的核心理念，不断加强科研能力建设、提升科研成果水平、提高科研服务质量，在交通运输发展的每一个重要阶段，都很好地履行了公益性科研机构的职责，并取得了累累硕果：与 ofo 签订了战略合作协议，发布了首个共享单车出行报告；与滴答出行等发布了中国首个私人小客车合乘发展报告；与阿里研究院等联合发布了中国智慧物流大数据发展报告；与中国经济信息社共同编制中国交通物流发展指数（TLDI）报告；与百度地图联合发布 2019 年国庆节假期出行预测报告等，为综合交通运输体系的建设、现代运输行业的发展作出了突出贡献，为部制定相关政策提供了坚实的技术支撑！

经过了近 60 年的成长，一代代的交科青年职工及中坚骨干始终不畏

▲ 石宝林院长在共享单车出行报告发布会现场

险阻、攻坚克难、开拓进取，目前已形成了交通决策支持、综合运输与现代物流、交通信息化、交通环境保护与安全、城市交通、交通标准计量、检测与认证、工程技术和交通科技中介服务等 8 大业务板块。经过多年洗礼与成长，已经成长为知名的交通运输综合性科研机构。

党的十九大作出了“中国特色社会主义进入新时代”的重大判断，指出我国主要矛盾已转化为人民日益增长的美好生活需要和不平衡不充分的发展之间的矛盾，并提出了建设交通强国的宏伟目标。新时代建设交通强国就是“自身强、强国家”，其核心思想是实现交通运输高质量发展，切实体现新发展理念的发展，就是能够提供更加安全、便捷、高效、绿色、经济的运输服务，就是能够较好满足人民日益增长的多层次、多样化交通运输需求的发展。《交通强国建设纲要》明确提出建设“人民满意、保障有力、世界前列”的交通强国。

随着我国经济发展进入新时代，运输服务也同样进入新时代。我们必须紧跟时代步伐，加快推动运输服务高质量发展。如何建设人民满意交通、打造现代化交通、全面建成现代化综合交通运输体系，实现交通强国的伟大目标，成为新时代赋予我们交科人的崇高使命，我们深感责任重大、使命艰巨！

60 年风雨兼程中，交科人始终如一，愈发坚定，砥砺前行。“雄关漫道真如铁，而今迈步从头越”，前路漫漫、任重道远。新时代下，我们将在两个百年目标的指引下，不忘初心，勇于开拓进取、不断创新，谱写交科新篇章！在新的起点上，我们将与时俱进、厚积薄发、顺时而动、应时而为，面向行业需求、部决策需要，继续在城市交通、交通运输信息化、现代物流发展、交通决策支持、交通安全工程等领域保持特色，扩大优势，积极与国内外科研机构、高等院校与企业等开展务实合作，努力做出创新性研究成果，为交通运输行业发展做好技术支撑和保障，与运输行业发展同呼吸、共命运，为实现交通强国目标、为现代交通运输事业的科学发展做出新的更大贡献！

作者简介

张政平，1984 年生，2016 年毕业于北京交通大学，获经济学博士学位，同年 7 月进入交科院工作，加入现代物流研究中心团队，研究方向为运输经济理论与政策，专注于多式联运、网络货运、城市货运配送及冷链物流等领域研究，主持和主要参与部省级交通及地市级物流战略规划、重大工程政策咨询项目 30 余项，公开发表学术论文 15 余篇。

栉风沐雨六十载　砥砺前行续华章

——我与交科院的编年史

◉ 李　超

60 年在人类的历史长河中或许微不足道，但一代代交科院人肩负国家的使命，胸怀科技报国之心，在牵梦交通强国的征途上风雨兼程，为交通现代化做出了引以为傲的贡献，使这 60 年在交通史上留下浓墨重彩的一笔。交科院人延伸时间的长度，拓展人生的广度，积累知识的深度，丰富经历的厚度，不断推动着全国交通运输事业快速、健康发展。

1960 年，在“向科学进军”指导方针的引领下，我国科技事业进入了蓬勃发展的新阶段。同年，代表交通运输行业的国家智囊、科学先锋——交通部科学研究院诞生了。作为部级直属科研院所，交科院在第一代交科院人开创奋进的精神引领下，在为国服务的使命驱动下团结奋斗、艰苦创新，为日后的发展壮大打下了坚实的根基。这一年是交科院的襁褓之年，而距我出生还有 26 年。

1978 年，邓小平重申科学技术是生产力，国家科技事业将由乱到治、由衰到兴。交科院人乘着改革开放的东风，优化学科布局，积极引进人才，顺应体制机制改革，不断投身到祖国的交通科研事业中。这一年是交科院的弱冠之年，距我出生还有 8 年。

1988 年，国家先后制定了“星火计划”“863 计划”“火炬计划”“攀登计划”、重大项目攻关计划、重点成果推广计划等一系列重要计划，并建立中国自然科学基金，形成了新时期中国科技工作的大格局。交科院此时对口管理了 6 个方面的 24 项职能，以及部属 14 个科研所（院），申请了一项又一项国家级科研项目，为中国交通行业的发展不断贡献力量。这一年是交科院的而立之年，此时我年仅两岁。

1999 年，为顺应国家科技体制改革的要求，交科院有了更加明晰深刻的职责定位，即“开展前瞻性、公益性、基础性科学研究……成为行业创新体系中的重要组成部分”，服务政府、服务企业、服务社会，交科院用创新精神为国家建设建言献策、为行业研究夯实基础、为社会发展贡献智慧，成为我国交通运输事业中一支重要的创新力量。这一年是交科院的不惑之年，此时我 13 岁。

一代代交科院先驱为实现自身理想和祖国交通事业无私奉献，见证和参与了我国交通行业的发展建设。交科院伴随着祖国的发展而成长，在历史长河中留下了自己深深的足迹，并开始迈入全国一流的交通科研院所行列。

2012 年 10 月，我的人生轨迹终于第一次与交科院产生了交集。我只身一人来到内心向往已久的伟大首都，体验了人生众多的“第一次”：第一次出差、第一次汇报、第一次参与项目、第一次加班……这些“第一次”让我对交科院有了直观的认识——这是一个严肃的集体：在科研过程中容不得半点马虎，很多时候，为了一项指标的计算，同事们会聚在一起讨论很久，直到天色变晚也未察觉；这是一个活泼的集体：工作之余，同事们风趣幽默、妙语连珠，交科院设置了瑜伽室、台球室等，还成立了网球、羽毛球、游泳等俱乐部，以供我们切磋技艺，锻炼身体，让我们践行着“快乐工作、健康生活”的理念；这是一个温暖的集体：有同事生病住院，总有职工代表前去探望，过生日时单位预订的蛋糕总会如约而至，同时，院里为生完宝宝的新妈妈们准备了兰馨舍休息室，悉心体贴无处不在；这也是一个坚韧的集体：同事们经常出差在外，甚至有时出差长达几周不能回家，同事们依旧苦中作乐，毫无怨言；这又是一个奉献的集体：一代代前辈和同事们奉献了青春，有些同事为了做好本职工作甚至透支自己的身体，病倒了还不忘工作；同时，这还是一个收获的集体：同事们的劳动心血化作档案室整齐排列的图书、报告，同时，政府企业、行业同仁间相互传播知识和思想，展室陈列着满满的奖状、证书，展示着我们取得的成就和荣誉，承载着行业的肯定和褒奖。

2020 年是我入院工作的第 8 个年头，此时我已由一名懵懂的青年变成成熟的中年男人。从刚入院时的青涩，到现今待人接物的成熟；从刚开始的一无所知，到现在的略窥门径，我在各级领导、同事的悉心呵护关怀下快速成长。回首工作以来，我参与了城市绿色交通运输体系的建立，参与规划了国家城市交通二氧化碳减排路径和措施，帮助城市建立交通运输节能减排统计监测考核体系，协助多个城市申报国家“公交都市”，积极参加低碳交通经验的国际交流……2015 年，我代表院课题组赴印度交流城市交通节能减排经验，当在会场每一位外国专家都认真倾听我的演讲时，我深深感受交科院的平台之高、祖国之强大——没有国家和个人能够忽视来自中国的声音！

入院的 8 年中，我的足迹遍布祖国大江南北——从“大漠孤烟直，长河落日圆”的西北边疆，到“千里冰封，万里雪飘”的北国；从“江从白鹭飞边转，云在青山缺处生”的西南边陲，到“绝知蓬岛异尘寰，弱水相望万里间”的东部沿海。“读万卷书，行万里路”，我正是在这“知行合一”的历练中，对自己的工作、岗位有了更加深刻的认识、更加深入我心的自豪。

2020 年，交科院迎来 60 岁生日。60 年一个甲子，对于一个人来说，意味着进入一个轮回，而对于交通运输部科学研究院，这只不过是又一个新的起点。他将继续践行“科技强交、造福社会”的发展使命，在新时代下续写新篇章。《礼记·大学》说“修身、齐家、治国、平天下”，宇宙浩渺，古往今来又有几人能实现自身的抱负？有幸能将自身的人生价值与祖国交通事业的发展相结合，继续传承交科院人精神，我愿继续谱写与交科院的“编年史”，用余生陪他走向新的辉煌——当未来有人问我“你曾是一个优秀的交通科研工作者吗？”我会说：“或许不是，但我曾奋斗在一个优秀的交通科研集体。他们并肩、他们无畏、他们在一起战斗，他们是交通运输部科学研究院！”

作者简介

李超，男，1986年生，2012年毕业于瑞典布罗斯大学，资源再生与可持续发展工程专业，硕士研究生。2012年10月于交通运输部科学研究院城市交通与轨道交通研究中心工作，主要从事交通规划与管理、交通运输节能减排相关研究。

记 2005 年的夏天

◉ 路敖青

夏末一日，阳光明媚，妻儿早出，屋中唯我一人，难得慵懒！一周疲惫让我任性地倒在床上。一首老歌从收音机中悠悠传出：“Yesterday, all my troubles seemed so far away. Now it looks as though they’re here to stay…”

一首歌，勾起了一段久远的记忆，我躺着让记忆随音乐流淌，让往事在我脑海里回放……

一、道路运输改革调研组赴调研目的地

2005 年盛夏，云南炙热阳光打在 G320 的路面上，一辆面包车载着“亚洲开发银行技援项目：道路运输改革”调研组赶往下一个调研目的地——大理，汽车广播中的 *Yesterday* 让来自加拿大的货运专家 Fred Nix 和来自英国的客运专家 Richard Iles 兴奋跟唱起来。当时，我国西部地区快速交通还未成网，省会城市去往地市或县城往往大费周章，但漫长的路途却为国内外专家们的交流提供了更多机会，艺术、人文、地理、宗教成为调研路上的谈资，Fred Nix 的大器晚成、Richard Iles 公交司机兼职的经历也让国内同行啧啧称奇。由四位中方专家和三位国外专家组成的“道路运输改革”项目组，从那次调研起建立起了超越工作的友谊。

那年夏天，几个研究团队因国际合作项目走到一起。那年夏天，我开启了人生中的多个首次。那年夏天，很多人和事均发生重大改变。

▲2005年夏，“道路运输改革”项目组赴云南、甘肃、黑龙江调研前机场合影（左起，董静、岑晏青、刘革生、Richard Iles、路敖青、Fred Nix）

二、敬业、专业且高效专注的导师John Lee

时值盛夏，北京已开启“桑拿”模式，通联大厦的空调系统突发故障，不能运作了。我开始汗流浃背，甚至汗珠顺着脖颈滴下，办公室混沌的空气和急剧升高的温度让我烦躁不安，而我抬眼却瞥见坐在窗边的John Lee——一如既往、坐姿笔直地坐在电脑前敲敲打打，完全不受外界环境变化影响。

“高效”“专注”“职业”是我对共事近一年的项目组长的印象。工作繁重，他高效而不慌乱；中西方文化和制度差异巨大，他克制应对而不失原则；组内观点不统一，他文雅处置而不失专业。无形之中，John通过他自身的职业素质教会了我职业生涯中最重要的一堂课：如何做一个合格的科研人员，如何去承担和管理一个项目。那年夏天我心中已将John视为自己的人生和职业导师。

三、中国的物流发展现状和存在的问题，以及未来的发展方向定位

“道路运输改革”项目中重要一环是，通过调研让国外专家尽快了

解中国道路运输发展实情，并提出可行的建议。“这些不是物流，没有有效组织。”货运政策专家 Fred Nix 在对云南、甘肃和黑龙江的 18 家调研企业和“物流园区”进行了深入了解后，表达了他对中国当时的物流现状的看法，因为这与他印象中的物流完全不一样。

没有国际项目经验、不了解中国体制，这是 Fred 的短板，但是他可以“毫不留情”地发表对中国货运和物流发展的看法，略带主观地保持他对货运服务和物流组织理解的“职业操守”，事实上是有利的。项目后期，报告货运部分的内容是由 John Lee 负责完成的，但他在最终报告中仍保留了 Fred 对当时中国货运发展的客观评述：“中国的货运生产能力比西方国家要低很多，差距为几个数量级。”

“这些公司运输效率如此低，为什么还会被冠称为物流企业？”“中国的货运市场是开放的，但为什么没有发挥应有的（调节）作用？”。Fred 很困惑，提出了他对中国物流企业的质疑和中国市场调节作用的疑问。资历尚浅的我也同受困扰，我道出“发展初期”“尚在推进”这些理由时，同时也非常好奇 Fred 所秉承的 logistics 到底是什么？它跟货运有什么区别？适合 logistics 发展的土壤应该是什么样子？从那时起，我决心探寻什么是真正的物流！

四、明白了建立自信的重要性，以及自信的前提

某天，交通部 2 号会议室里，我正向部领导和亚行官员汇报货运调研的情况，因为不够自信而十分紧张，汇报做得并不好，我至今还能记起当时脸上的灼热和额头的汗水。

会议茶歇，Fred 面露疑惑，对我说：“路先生，你要自信，无须紧张。知识你已掌握，情况也足够了解，只要放松就能流畅地表达出来的。”而我清楚，我还没办法做到自信，因为我当时只是机械地转达别人的知识和别人了解的情况。

过后我自省了，明白只有自己真正地掌握知识，同时对事物有自己独立的认知和见解，才能够建立起足够的自信！

五、2005年后信息中心的发展，以及自己的个人成长

道路运输改革项目，促成了一类市场的孵化，见证了调研组的进步，也加速了员工个人的成长。

▲《中国道路运输政策改革》中英文版著作

对于信息中心来说，2005 年，是里程碑式的一年，这一年，交科院正式申请注册成为亚洲开发银行短名单咨询机构，信息中心迎来了国际领域科研项目合作的高峰期。2005 年、2006 年相继开展了“道路运输改革”和“农村运输服务可持续发展”两项亚行技援项目。“道路运输改革”项目被交通部推荐为优秀国际合作科技项目；2007 年承担了美国高速公路管理局的“盐田港疏港公路案例研究”；2009 年承接了亚行贷款项目“黑龙江农村客运改善项目”。

对于我来说，2005 年，也是意义重大的一年。这一年，在国内外资深专家指引下，我有幸对中国道路运输发展情况进行了全面和系统地的认识；这一年，国际合作项目真正打开了我国际化的视野；这一年，我也找到了自己的职业方向，最终选择赴德国学习。

一曲终了，我远眺窗外。回顾了往昔，我决定不再慵懒。收拾妥当，以积极的心态拥抱生活，与妻儿一同去感受这美好早晨。

作者简介

路敖青，1978 年生，副研究员。2003 年起在交通信息中心工作，2005—2007 年赴德国学习。先后主持和参与了 30 余项科研项目，其中主持 10 余项，参与 20 项，项目涉及部重点科研项目、亚洲开发银行项目、美国联邦公路管理局政策处国际项目，以及省市两级交通主管部门委托的规划类、科研类和工程咨询类项目等。截至目前，共有著作 3 部，发表论文 7 篇，相关标准 1 本。

旅游公路调研组诗

◉ 孙国超

其一・敬黄河[1]

我并非出于猎奇
沟壑纵横的黄土地
的确使我耳目一新
城市待久了
也并非会变得麻木
您的雄奇伟岸
已使我思绪泛滥
温一壶永和老酒
敬黄河母亲
一敬您哺育之恩
炎黄子孙生命摇篮
华夏文明流长源远
再敬您恢宏气势
黄土直立百里画壁
浊流浩荡九曲连环
三敬您大爱无边

❶ 注：2017 年 11 月中旬，作者开展了山西省全域旅游公路规划调研，行至乾坤湾登高望远，深深被母亲河的博大宽宏所震撼，了解到当地的永和老酒土产，想象着借此来表达内心崇高的敬意。

▲ 敬黄河

麒麟巨石乾坤和气
九州祥和国泰民安
午后的阳光，正暖
岁月的笼罩下
您如此安然
安然像母亲嘴角的微笑
安然如此刻拥入您怀抱的我
将这水光山色斟满酒杯
一饮而尽

其二·老樟树[1]

几场春雨过后
天气暖和了许多
婺源的油菜花儿听说开了
开得争相斗艳、热火朝天
几个匆匆的看客这样聊着
从我身下路过时，头也没抬
没事儿，习惯了

---

[1] 注：2018 年 3 月 26 日，作者开展了抚河流域生态文化旅游公路调研。沿线青山绿水、生态和谐，农村劳动力却严重流失，经济贫困，发展落后。相信旅游公路建设定会促进生态保护，带动沿线经济，为地方居民提供属地就业。途中遇到一棵老樟树，她就像位孤独的留守老人，在为我们执着地守护着这片热忱的土地。

▲ 老樟树

漫长的守候，我习惯了一个人的安静
就像习惯了河畔的炊烟、乡土和村庄
我呀，没事的时候就晒晒太阳
把压箱底儿的薄衣服翻出来
祛祛潮气和霉味儿
赶在梅雨来临之前
大堤上的行人三三两两
没人愿意停下来听我说句话
时间久了也不知道如何开口了
我天天就在这里盼啊、望啊
好多人走了就再也没有回来
他们应该是在遥远的地方安了新家吧……
他乡漂泊的孩子
什么时候累了、倦了就回来吧
若是久了记不起回家的路，不怕
远远地就能看到这棵屹立的老樟树
树下曾是我们起初的家

其三 · 石房子[1]

我想垒一座石房子
不求多大
背靠大山、面朝阳光就好
它要有光彩的外墙

---

[1] 注：2018 年 7 月下旬，作者赴泽州开展旅游公路项目调研，深入太行山，路侧废弃的石砌村落错落有致、极具特色。拟利用废弃村落打造特色驿站，唤起游客乡村回忆。

不需靓丽
就用各种各样的石头堆砌
给它扮上美丽的装饰
不要华贵
丝丝草绿便是最好的点缀
小小的院子啊
最好有棵核桃树
择一片最浓郁的树荫下放上石凳
对了，窗户一定要小小的
夜深时月亮会来轻声叩击我的窗子
悄悄地把村头贪玩的孩子送回家中
偶尔，天也会下雨吧
我看到窗外的石阶上零落的苔藓
那一定是你来过的足迹
我想，如此便健全了

其四·暮[1]

眼前，这灿烂的晚霞
是怒放的生命
血染了天边那一抹绯红
当夕阳把村庄的身影拖得冗长
短促的色彩斑斓在暮色中埋葬
那是夜迈着轻盈、稳健的步子
他安然入座了
看，天上的星星亮了

▲ 石房子

[1] 注：写于2018年11月初，吉林省抚松县。十一月的抚松白天很短，下午四点已近黄昏，项目组完成一天调研任务返程时夜幕早已降临。此诗赠以虽常年四处奔波劳苦，但对待工作热情饱满依旧的同事。

▲暮

是谁在远方燃起了烛火吧
这微弱的光亮
掀起了孤独连同夜的沉默
但我不能沉默
听，是谁在耳旁笙箫放歌
踏着这寂寥的夜色，一闪一闪
在精神抖擞地跳跃

作者简介

孙国超，1992年生，2017年7月入职环境中心景观研究室，现就职于交科院环境科技（北京）有限公司，从事旅游公路策划、设计等工作，爱好诗歌、运动。作品《秋辞》（外一首）曾获"远洋杯"大好河山张家口青年诗人诗歌大赛二等奖。

诗两首

◉ 周红萍

菩萨蛮·乡村

纵横行走在中国，
立体交通成网络。
乡镇美丽多，
山水任葱茏。
交旅待融合，
乡村振兴中。
敢叫天地阔，
游人从此稠。

一剪梅·青山

大好河山多斑斓，
南北横断，东西纵远。
山水林湖谁不赞？
青山悠悠，绿水澹澹。
大漠高山与江南，
身在旅途，心在故园。
若以乡愁寄河山，
畅了交通，美了旅游。

作者简介

周红萍，1972年生，2012年10月入职交通运输部科学研究院，研究方向由桥梁设计转向交通安全领域，目前从事旅游公路规划研究工作。

交通运输部政府网站：从无到有 从有到优

◉ 贾小利

19 年，一个呱呱坠地的婴儿已长成栋梁青年；19 年，76 个季节更迭，时代悄然完成并转变；19 年，交通运输部网站走过了从无到有的发展历程，在政府网站发展史上写下了浓墨重彩的一笔。19 年，交科院人为交通运输部政府网站的发展壮大默默奉献了青春。

2001 年 6 月 18 日，交通部政府网站正式发布上线，建设独立站点、启用正式域名，开通了交通部在互联网平台的“第一窗口”。同时，由交科院组建的“网站工作部”挂牌成立。

网站工作部最初只有 3 名工作人员。网站没有政务信息来源，工作人员就去各司局“跑文件”“要文件”，再手动录入后台系统进行编辑发布。网站的新闻则从交通报扫描、二次校验、编辑发布，部政府网站最早的信息内容就这样产生了。

在这样的努力运营下，2003 年，交通部网站被信息产业部、国家经贸委、政务上网工程服务中心授予“政府上网工程网站建设示范单位”，成为交通行业最具权威、最有影响力的一流政府网站。

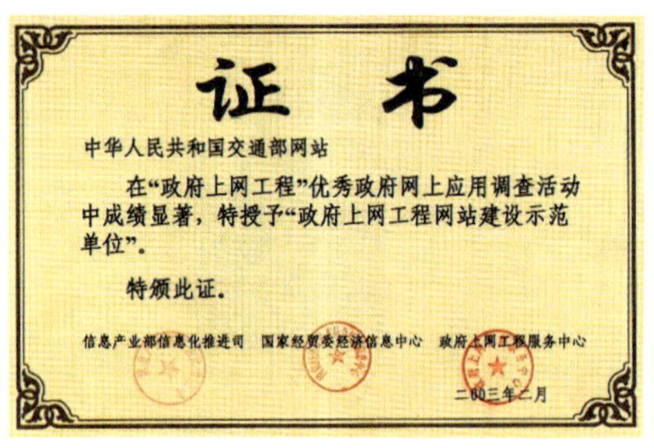
证 书

中华人民共和国交通部网站

在“政府上网工程”优秀政府网上应用调查活动中成绩显著，特授予“政府上网工程网站建设示范单位”。

特颁此证。

信息产业部信息化推进司　国家经贸委经济信息中心　政府上网工程服务中心

二〇〇三年二月

▲ “政府上网工程网站建设示范单位”称号

2005 年，第四届中国政府网站绩效评估中，交通部政府网站首次进入部委政府网站前 10 名，网站前期建设初见成果。2005 年 8 月，时任交通部

▲ 新版网站开通仪式现场

部长张春贤同志对网站建设提出希望："努力把交通部网站建设为政务公开的一流窗口，公共服务的共享平台，政民互动的便捷桥梁，让社会公众关注交通，走近交通。"

为尽快把部网站建设成优秀的政府网站，并成为部在互联网的第一窗口，为社会公众和行业提供全面的网上信息服务，2006 年 8 月，网站工作部着手进行改版工作。为了赶进度，7 名工作人员在不到 6 平方米的狭小办公室，整整加班一个多月。当时正值炎炎夏季，办公室没有空调，大家热极了就到窗外天井平台办公；电脑设备老旧，无法安装制图软件，大家就托人情、找熟人帮忙作图；一个月多加班熬夜，入夜就直接留宿在办公室，3 把椅子搭成床，甚至"抢占"凉快的窗台。就是在这样人力和硬件严重不足的艰苦条件下，大家合力完成了部政府网站第四次改版。

2006 年 9 月，部网站改版工作完成，时任交通部副部长翁孟勇同志出席了部网站改版上线发布会。他听取了改版工作汇报，亲自启动了代表新版网站的"魔球"。

功夫不负有心人。2006 年 12 月，在第五届中国政府网站绩效评估中，交通部政府网站从部委网站第10名跃升至第4名，比上一年度的整整前进了6名！从交通行业的优秀政府网站成长为全国优秀政府网站。成绩的背后，是部科技司的正确领导，是交科院全院上下的大力支持，也是网站工作部不分昼夜艰辛的付出。

2010年，部政府网站开通近10年，时任交通运输部部长李盛霖同志为部网站写下寄语：不断提升网站服务能力和水平，为推动政务公开、建设服务型政府部门，做好“三个服务”，促进现代交通运输业发展做出新贡献！

秉承这个理念，网站工作部不断积极进取、勇于创新，不断改进工作方式，采用新方法、新技术，将学习、探索、应用、变革贯穿到网站建设中，使得网站建设不断处于“动态”更新中，持续为行业与公众提供更加优质的服务，并获得社会广泛认可。

如今的交通运输部网站已经成为国内一流的优秀政府网站，2016—2020年已连续五年位列国务院组成部门网站第2名，智能答复、交通智搜、交通智数和在线访谈等成为品牌精品栏目，在大力宣传交通运输成就、提升政府网上服务能力、增强政府部门透明度、引领行业政府网站不断深入发展等方面做出了积极贡献。

网站工作部也从最初的3个工作成员发展成现在由网站管理人员、技术人员、内容编辑人员、美编人员组成的13人团队，先后荣获交科院建院50周年“优秀团队”、交通运输部“政府网站共建工作先进单位”、交科院“创新发展年”活动“公益服务团队”等称号，这既是工作成果的体现，也是部里和院里的认可与支持的表现。

党的十九大做出了中国特色社会主义进入新时代、我国社会主要矛盾已经转化为人民日益增长的美好生活需要和不平衡不充分的发展之间的矛盾的重大判断，指出人民在民主、法治、公平、正义等方面的要求日益增长，明确提出建设交通强国。简政放权、放管结合、优化服务等改革不断推动政府职能发生深刻转变，要求政府部门深入推进“互联网+政务服务”，使更多事项在网上办理，力争做到“只进一扇门”“最多跑一次”。要加强政务服务标准化建设。这些均对进一步做好新时代网站建设工作、提升网站服务水平提出了新的更高要求。

当前，大数据、云计算、移动互联等新技术方兴未艾，国家对政府网站新的建设要求，使得网站建设管理工作面临更多机遇与挑战。要求我们牢固树立“四个意识”，贯彻落实中办、国办有关要求，积极对标《政府网站发展指引》等国家政策文件，建设优质高效的政府网站，打造群众满意的网上政府。

前一个19年，是从无到有、从有到优的19年。未来的10年、20年，又将是一个持续创新、不断发力、再创辉煌的时期，网站工作部将持续做好部政府网站的建设运维工作，为交通运输行业继续贡献积极力量！

作者简介

贾小利，1982年生，交通运输部网站工作部副主任，从事政府网站研究与运维工作。自2010年参加工作至今，竭力与网站工作部团队一起将交通运输部政府网站打造成为全国一流的优秀政府网站。交通运输部网站连续多年名列部委网站第二名，多次获得部领导表扬，受到行业与社会广泛认可。

温暖相依

——交科院伴我成长

◉ 刘梦迪

俊鹘横飞遥惊岸，大鱼腾飞欲凌空。风雨一甲子，砥砺六十载。60年一甲子，在人类历史长河中，只是短暂的一瞬间，然而对于交科院而言，则是其历经磨难谋生存、助推祖国交通事业发展的六十年。现如今交科院已逐步发展成为适应交通行业公益性、基础性、服务性特点的，适应政府、企业、社会需要的新型科研机构，成为行业创新体系中的重要组成部分。

自2011年成为交科院一分子，我时刻能感受到来自这个大集体无微不至的关怀和照顾。在日常工作中，我也得到了中心领导、同事对我的悉心指导和无私帮助。中心会展部的工作重心主要集中在交通展的策划与运营，由交通部主办、交科院承办的国际交通技术与设备展览会，自1992年第一届至今已成功举办14届。该会展为推动国际交通科技交流，引进国外先进技术与装备，促进交通科技成果转化，加快新技术、新产品的推广应用发挥了积极作用；同时也为交通行业企业搭建产品展示和技术交流的权威平台。由交科院主办、我中心承办的两个专业展会——国际交通工程、智能交通技术与设备展览会和国际道路运输、城市公交车辆及零部件展览会，也受到了行业内专业人士的一致认可，成为行业规模最大、最具影响力的交通类专业展会。我很荣幸能够有这样的机会更加近距离而全面地了解并走进整个行业，为交通事业做出一份努力。

经过9年的时间，我已经从初来乍到时的不知所措，成长为现在的独当一面，从“不知怎么干”到“主动思考干”，这充分体现了我中心“传帮带”教授的特点，既是方式和方法传授，更是氛围和风气的带动。整个展期我们互相协作，各尽其职，为了呈现出完美的展会形象在展前加班是家常便饭。我们承担着从筹备到布展的大部分工作，将展前策划、宣传物料设计制作、观众展商邀请、参展单位确认、物资运输、布展、展会服务人员沟通等一切前期工作落实，为展会顺利进行奠定坚实基础。这几年来，大家认真执着的态度感染着我，合理分工、团结合作的精神感动着我。领导亲力亲为，对下属关心体贴；不同岗位分工为了同一个目标，互相协助；老同志耐心教授，在前进的方向上给予指引；同事间彼此鼓励，紧张工作中点缀小小幽默。正是这些小而温馨的片段展现出的细微情感，让我们的队伍能够更加团结一致，坚定勇敢地迎接一次次的挑战，并且在过程中我们一直不断成长与壮大。

我中心有多名党员同志，在与她们交谈的过程中，我经常感觉到自身政治觉悟等差距的存在。院里时常组织政治理论学习和党员活动，此举恰好提供了平台，让我们这些群众有机会学习到党的各类规章制度以及最新理论成果，可以和更多优秀党员一起交流思想，开拓工作思路，

▲2018 年国际交通技术与设备展览会工作照

▲▶职工小家

不仅提高了政治素养，也丰富了见识，体会到祖国强大的同时感受来自党组织的关怀和温暖。

除了完成基本业务工作，我中心还积极参加院组织的各类活动。建设“职工小家”，参加趣味运动会、健身俱乐部、健步走等活动，使大家在紧张工作的同时得到身体上的锻炼，以户外团队游戏为载体，促进同志们增进友谊，增强团队协作意识；节庆日、员工生日、炎夏的礼品、困难职工补贴、慰问偏远山区儿童、组织全院干部职工献爱心等活动，也充分体现着我院对每一位员工和困难群众无微不至的关怀。我院充分发挥先进典型的模范带头作用，以榜样的力量教育员工、鼓舞员工，帮助员工树立正确的人生观、价值观、道德观。

时光匆匆，我们一路走来，一路成长，一路收获。挥汗如雨，那是盛夏劳动的果实；与同事们谈笑，体验另一种生活，看到同事们的温和笑脸，终于明白，原来平凡的岗位也可以获得无限满足。对于大多数默默无闻的员工们来说，他们或许没有傲人的学历，没有惊人的业绩，没有耀眼的光环，或许不善言辞、行事低调，但从不说空话，遵章守纪，兢兢业业，平凡而努力。在他们身上我感受到一种敬业奉献的执着追求。一个集体的稳定、发展、壮大，归根结底是要靠我们这些普通员工，我们这些年轻人才是集体真正的中流砥柱。当我们肩膀上的责任凝聚起来的时候，就汇集成了整个集体的责任，使团队的发展更稳定、更出色。

为顺应改革要求，中心与院信息资源室合并，成为科技资源与技术交流研究中心。中心在继续秉承“产品展示；技术交流；对外宣传；行业对话”的十六字定位基础上，加强与院各部门的融合，打造更出色的会展平台。回顾过去，我们为取得的成绩感到自豪；展望未来，我们更加感到任重而道远。交科院过去六十年的成绩为我们今后的发展奠定了良好的基础。今后，我们要更加清醒地认识到面对的新机遇新挑战，在固有传统之上，开拓创新、迎接挑战，继往开来，砥砺前行。

作者简介

刘梦迪，1988 年生，院科技资源与交流中心员工，负责国际交通工程、智能交通技术与设施展览会的组织招展及现场实施工作。自 2011 年参加工作至今，共参与了 9 届展会。我院与荷兰 RAI 国际展览公司共同举办的 Intertraffic China 吸引了来自世界各地数百家交通工程企业及专业观众的参与，并逐渐发展成为亚太地区规模最大、影响力最广的专业展事。

爱岗敬业　从我做起

——检测公司孟宇先进事迹

◉ 张　斌

没有豪言壮语，没有大张旗鼓，没有惊天动地，他却用自己的实际行动，奋战在平凡的工作岗位上，勤恳耕耘；不言艰辛，不表成绩，扬扬头，他总是走在队伍最前列；用一步一个脚印和一滴滴辛勤的汗水，演奏了一篇篇无私奉献、追求卓越的华章！这，就是交科院检测公司的孟宇同志。

一、勤勤恳恳，不辞辛劳，是他的基本准则

▲ 孟宇同志与同事们实地检测

入职多年来，他从不懈怠，无论寒冬酷暑，都不能阻挡他坚定的步伐。他几乎每天都是最早到达工作岗位且最晚离开的人，周末加班，也是家常便饭。在他的脸上，你永远看不到疲惫之色，总是一副精神抖擞，意气风发的模样，他笑称这是对工作的热爱使然。

交科院检测公司的项目遍布在全国各地，很多时候都需要异地工作。由于人手紧张，他经常需要几个地方来回跑。有时前一天晚上刚飞到某目的地，第二天他便起早前往现场检测，工作结

束后一般都入夜了，为了赶进度，他不辞辛苦，马不停蹄地飞往下一个目的地。一次辗转五六个城市出差对于他来说并不稀奇，他简直堪称现实版的空中飞人。但这一切在他眼里，都好似稀松平常，他从无怨言。

二、工作为重，舍小顾大，是他的心中信念

孟宇同志在工作中不仅总是身先士卒，而且还多次带病工作。就在前几天，他得了重感冒，发着烧，咳嗽得特别厉害，同事都劝他休息几天，把工作往后推一推，他听了只是一笑置之，拒绝了。他简单的吃了退烧药就又匆匆赶去和业主谈项目了。这已经不是第一次了。去年，他颈椎病犯了，甚至连简单的扭头动作都要小心翼翼，一个角度不对就疼痛难忍，甚至每次坐立都十分吃力，医生表示骨病要靠养，建议他最好静养一周。可是，恰巧湖北有个紧急的项目需要他现场指导，他便不顾疼痛，凌晨四点就从北京飞到了襄阳，投入到了细碎而繁忙的现场工作之中。

记得有次，他的孩子生病了，他实在不放心，便去医院探视，当时孩子发着高烧，稚嫩的小脸烧的红扑扑的，迷迷糊糊地躺在病床上输着液，他看在眼里疼在心里，甚至希望病痛可以转移到自己身上。当时很想守在孩子身边，但是他却不能这样做，公司有个重要的项目还未完成，若他不在，整个项目将会因此延期。他想到这里，咬咬牙，跟家人一番交代，跟医生护士沟通道谢后，就又回到了工作岗位上。为了不给其他同事添麻烦增加工作量，为了不影响项目的进度，为了不耽误了公司的工作，他选择了“舍小家，顾大家”，完美诠释了他爱岗敬业的精神！

三、笃实好学，无私奉献，是他的工作风骨

孟宇同志的专业知识扎实，被同事誉为活知识库，是检测公司的中流砥柱。他的业务能力娴熟，在他的带领下，公司相关业务持续扩大。虽如此，他还是会不断学习，充实自己，力争走在工作领域的前沿。新的技术，他会认真学习直至掌握，新购置仪器设备，他也会先研究如何操作，最终做到应用自如。引用他的话来说，作为交科院的一员，首先知识储备和技术上要过硬，而要想工作得心应手，一定要不断学习和创新。

▲ 孟宇同志指导同事看图纸

更加值得称赞的是，孟宇同志不光自己学习，也非常乐意将自己的宝贵知识以及经验分享及传授给他人。虽然培训并不是他的本职工作，但他却常常悉心指导他人。新人到岗，难免会无从下手，作为领导，他从不居高，常常从图纸如何看懂，到设备如何应用，到现场如何检测，再到报告如何撰写，他都亲身教学传授，事无巨细，不厌其烦。老员工工作过程中遇到的问题，他也会设身处地帮忙解决，从来不吝传授。用部门内部人员的说法，就是有困难便找孟宇。

他就是这样一位用自己的实际行动帮助周围的人，也影响着周围人的好同志，这不仅是一种传帮带的精神，更是一种无私的奉献精神！

正所谓一分耕耘一分收获，孟宇同志平日里的点滴都看被他人看在眼里。他连年被评为“检测公司优秀员工”，2016 年，他又被评为“交通运输部优秀共产党员”，受到如此殊荣，他受之无愧！因为，爱岗敬业是他最忠诚的承诺，无私奉献是他最深情的战歌！

作者简介

张斌，1989 年生，2015 年 4 月入职检测中心（现检测公司），作为一名检测方面的工程师，主要负责交通工程检测相关的工作。在公司五年多的时间里，参与了数十条高速公路的机电和交安检测，并具有创新性地完成了公司电子不停车收费方面的科研课题和检测项目。

海南项目纪实：扎根扶贫第一线

◉ 周　超

作为交科院科技集团的成员企业，工程咨询公司积极响应党和国家号召，深入交通扶贫第一线，参与海南省农村公路交通扶贫六大工程。心中多一分对百姓的牵挂，就多了一份前行的力量。项目一开始，我司就派人驻扎在琼海市，全身心投入建设中，只为造福百姓。

项目开展期间，交通运输部科学研究院副院长陈济丁、交科院科技集团公司总经理陆旭东对我公司驻琼海项目指挥部进行指导和慰问。我公司董事长石文学多次深入一线与项目部职工进行沟通和交流，为公司在琼海交通扶贫中的工作出谋划策。指挥部建立之初，时任公司总经理郭振友在驻地现场工作 30 余天，作为公司总工程师，我一直坚守在工作一线，这些均彰显了院、集团、公司领导对海南省交通扶贫项目的重视。

围绕 2013 年 4 月习近平总书记视察海南时，提出的“加快建设经济繁荣、社会文明、生态宜居、人民幸福的美好新海南”的重要指示，我公司果断把握市场机遇，以六大工程建设为契机，以服务好业主为原则，协助发展琼海市交通事业，把握新目标、新理念、新方略，真抓实干，为全力协助琼海市建设“产业强、城乡美、百姓富、社会和”的海南东部中心城市贡献出工程咨询人的智慧和力量。为确保工程的质量和工期，琼海市交通运输局积极采用“代建、监理一体化”模式推进六大工程建设，对管理模式进行创新和优化，给农村公路的建设和管理提出新的思路和高度。细微之处显专长，在代建过程中，我公司还站在进度和质量控制的角度，对一些施工组织方案、设计图纸进行了优化。在施工过程中，对于一些路段设计提出合理化建议，有效地控制了项目造价。此外，公司还参与了通村硬化路工程的勘察设计工作，为此地农产品运输提供良好的农村公路设施。帮助百姓脱贫致富既是我们的使命，也是我们的愿景。

琼海市下一步将以六大工程基础设施建设为契机，在完善交通基础设施、完善社会服务功能、提供社会保障服务等的基础上，进一步完善和提升琼海农村公路品质，更好地服务于全域旅游。琼海市计划创建全域旅游示范区，必须打造一批会讲故事、会开口说话的生态路和文化景观长廊，通过文化来唤醒人们对交通的记忆，公路通达能够让人们享受旅程的美好。工程咨询一直以“怀匠心、践匠行、做匠人”的“工匠精神”为引领，在严保工程质量、安全的前提下，凝聚共识，内外兼修，争创品质工程、精品工程，为琼海的交通事业贡献力量。

我公司将着眼于设计业务的开拓，尤其是绿色公路、旅游公路的设计项目，旨在低碳理念的指导下，以碳平衡为基本原则，综合运用各种绿色技术与环保措施，使公路在决策、设计、施工、运营、管理整个生命周期中，都能达到经济效益和环境效益的可持续发展，具体发展指标可概括为“四个一流”，即“技术一流、人才一流、管理一流、服务一流”。

“以公路设计‘种绿’，以代建监理‘撒绿’，坚持绿色引领”，是工程咨询未来的发展理念。为更好地服务全域旅游，我公司将以海南省农村公路交通扶贫六大工程为契机，深入贯彻落实《国务院关于推进

▲ 周超（左一）参加项目检查现场会

▲ 周超在河滩进行外业桥梁选址勘察

海南国际旅游岛建设发展的若干意见》《海南国际旅游岛建设发展规划纲要（2010—2020）》及《海南省人民政府关于加快公路建设的决定》等相关文件精神，紧密围绕“田园城市、幸福琼海”这一绿色发展主题，在设计中倡导“借景”，避免“造景”，追求自然朴实，真正体现琼海市地域、人文特点，致力构建琼海市快进慢游的旅游综合交通网络。

作者简介

周超，1983年生，高级工程师，毕业于长春工程学院，目前任工程咨询公司总工程师兼设计部经理，从事设计工作10余年，担任过多个设计项目的总负责人，具备丰富的设计经验和扎实的专业水平，2017年被评为院先进个人。

感动交通　感动你我

◉ 李发英

我出生于甘肃省祁连山脚下的一个偏远山村，生活的艰辛让我加倍珍惜读书和工作的机会。2001 年，刚刚大学毕业的我作为技术员在一项水利改建工程附属工程中进行坡面防护，由于缺乏经验，加之自身工作不够细心，交工验收时被发现坡面非常粗糙，顺直度达不到验收标准，受到了省质监站的严厉批评。这件事对我产生了极大影响，我开始重新审视自己，不断严格要求自己把工作做实做好，坚决不在自己参与建设的项目上留下任何遗憾。

2006 年，我进入工程咨询公司，接连在雅西高速公路、金武高速公路、兰永一级路、雅康高速公路和成宜高速公路从事监理工作，职务从高级驻地监理一步步升至总监理，积累了丰富的山区高速公路建设经验。在 2016 年由交通运输部和中华全国总工会主办的“2016 年感动交通年度人物”推选活动中，我有幸成为 50 名“2016 年感动交通年度人物”之一，而这次评选活动也让我开始认真地去回顾我在监理工作中的点点滴滴。

一、管理的用心人

为了专心做好监理工作，我多次放弃休假机会，春节期间也坚守在工作岗位上，只依靠电话联系安慰牵挂的妻女和身患重病的父母。2016 年我母亲因病住院，直至手术时我才赶到年迈的母亲身边，手术结束后我也仅仅陪伴了母亲三天。作为一个儿子我是不称职的，但我仍愿意全身心地投入到监理工作中，同时也深深感谢家人对我的理解和支持。

我深知，抓好总监办的内部管理是做好监理工作的关键，因此我采取了一系列措施强化内部管理。雅康项目的现场环境比较艰苦，“山高路远坑深”，监理驻地办设置在偏远的山沟，堵车、山体垮塌、连续阴雨天气等情况时有发生。为使每个员工有一个良好的工作状态，一方面加强对员工的关怀，通过配备齐全的办公、生活设施设备及业余生活器材，提高工资待遇，明确休假制度（每月休假4天，外省职工每两月休8天）以保证员工安心工作；另一方面加强教育培训，提高执业水平，“打铁还需自身硬”，只有自身强了才能管理别人、管好项目；同时健全管理制度，明确责任分工，提高工作成效，明确监理人员的岗位职责和岗位分工，建立质量、安全责任制，层层签订责任书，按照工作分工签订质量责任卡，并配套奖惩措施，及时组织考核，激励监理人员履职尽责。

二、质量的把关人

我始终认为，教育培训工作要落实到一线操作人员，不能按照我们技术人员的思维去教育，能亲手示范的不能只依靠动口，照本宣科的教育是起不到作用的，施工质量取决于一线工人的操作，他们有丰富的经验，要多与他们交流才能找到问题的根本原因，因此，我经常带领监理人员到现场指导，言传身教。施工过程中，我们多次深入一线，与施工人员了解、讨论施工难点，解决实际存在的问题，使施工方案更切合实际、具有可操作性。

南坝子天全河大桥悬臂段施工中，我组织5个特殊桥梁施工作业班组工人，在70多米高的块件上，亲手示范，言传身教，解决了竖向预应力低回缩锚具二次张拉质量不稳定的问题。

前硐沟大桥墩高60.6米，采用翻模工艺施工，施工过程中我每到施工现场，首先要和操作工人进行交流，询问模板作业过程中存在哪些不便操作的问题，以及有没有更好的建议。翻模组装时一般采用打孔螺栓连接，但是在调整尺寸时，因螺栓孔在几次翻模组装后，均会发生部分变形，导致每次组装模板后都需矫正模板，费事费力。在听取现场工人反映的意见后，我与施工单位磋商，建议增加模板边角厚度，同时工厂矫正模板，钻孔穿销，每次模板拼装时，先安装定位销，后连接螺栓，避免了因模板变形造成的尺寸变化，减少模板现场矫正次数，提高了工作效率。

三、安全的带头人

前碉沟大桥必须采用电梯作为上下通道，为确保设备运行安全，在电梯安装完成投入使用前，我组织项目经理、现场监理、电梯厂家技术人员一道率先乘坐电梯，测试电梯运行状况，将第一批进场的电梯退场，更换为新电梯和新轨道。我要求现场监理和技术人员每天乘坐电梯时必须检查电梯电机运行状况及轨道齿块磨损情况。同时每周我也必到现场，乘坐电梯巡视主墩施工情况，并检查电梯运行状况。

▲ 李发英（左三）深入一线指导施工

▲ 李发英（右）检查施工安全

2016 年 7 月 9 日 12 时，天全县紫石乡境内 G318 国道里程桩号 K2700+700 处（雅康高速 C12 标安乐 1 号左线大桥 3 号墩至 4 号墩之间），国道临河侧下挡墙因洪水冲垮约 25m，路面板悬空，面临塌陷。G318 为连接川藏的主要通道，同时该处险情危及上游 C13、C14、C1 合同段生活物资及生产物资供应。

总监办接到险情后，我在第一时间向建设单位及当地交通主管部门进行报告，同时赶赴现场，组织雅康 C12 合同段项目负责人全力配合当地政府部门抢险，抢险过程中关键时刻冲锋在前，组织协调抢险物资调配，参与抢险方案制定，指导抢险队伍有条不紊地开展抢险工作。经过 280 多个小时的昼夜奋战，于 7 月 20 日凌晨终于抢通 G318 国道，顺利恢复交通，成功避免了发生次生灾害及事故。

如今，雅康项目已经顺利完工并交付使用，“2016 年感动交通年度人物”的荣誉也只是对我一段时间内工作的肯定，而我，将心怀感恩，在监理行业中继续前行！

作者简介

李发英，1976 年生，高级工程师，毕业于甘肃农业大学，目前任工程咨询公司项目总监。从事监理工作 10 余年，担任过多个高速项目的监理负责人，拥有丰富的项目管理经验和优秀的专业技术水平，多次获得业主嘉奖，担任总监的工程荣获甘肃省建设工程飞天奖，曾当选为“2016 年感动交通年度人物”。

六年援藏路　难舍西藏情

——我的扶贫故事

◉王　东

西藏地处我国西南边陲，平均海拔4000米以上，素有“世界屋脊”之称，是边疆民族地区，是反分裂斗争的前沿，更是全国唯一的省级集中连片贫困地区，是贫困面最大、贫困程度最深的地区。根据组织安排，2013年7月，我作为交通运输部第七批、第八批援藏干部，曾任西藏自治区交通运输厅综合规划处副处长，厅交通运输处（企业指导处）处长、西藏自治区交通战备办公室副主任，在西藏一待就是六年。

一、用脚丈量，当好交通扶贫的先行官

我深知，“读万卷书，行万里路”。我经常主动深入基层，开展现场勘查和调研工作，在澜沧江边的高山峡谷间，在巍巍高山的冰天雪地里，在藏北羌塘的广袤草原中，在珠峰脚下的边境公路上，在边防一线的祖国前哨边，都留下了足迹。在充分调研、了解实情的基础上，我利用交通规划与运输政策领域的专业知识和经验，积极参与编制西藏国道网线位规划、西藏省道网规划、西藏农村公路网规划和西藏“十三五”交通建设规划等一系列规划，为西藏交通实现跨越式发展提供了引领和指导。

在做好规划基础上，我积极协助厅领导与交通运输部等相关部委沟通协调，参与拉林公路、贡嘎至泽当、日喀则机场路、拉萨至那曲、拉萨至日喀则、国道219线萨嘎至朗县金东、国道216线区界至改则等一

批重点公路建设项目前期工作，使这些项目尽快落地实施，真正成为一条条西藏民族团结之路、文明进步之路、共同富裕之路。2018年，在同事们的共同努力下，拉林高等级公路全线建成通车，西藏有了第一条由首府通往地市的高等级公路，使拉萨至林芝车程缩短到4小时；贡嘎至泽当高等级公路于2017年建成通车，使山南泽当融入拉萨一个半小时经济圈；日喀则机场专用公路建成通车，使日喀则市到机场只需半小时。这些公路项目的相继建设，使沿线农牧民增加了收入，发展了经济，带动沿线农牧民更快实现脱贫致富奔小康。

▲ 在沿边横向大通道G219线萨嘎至金东项目调研路上翻越雪山

西藏的农村公路难修，农村客运更难通。在任交通运输处处长期间，为加快推进西藏“四好农村路”建设，不但要确保农村公路建设好，更要确保农村客运运营好，切实解决农牧民群众出行难的问题，积极深入乡村开展调研，充分考虑西藏农村客运市场薄弱、地广人稀、线路长、客流少、市场化运营困难等特点，与同事们研究发布西藏加快农村客运发展指导意见及相关配套政策，积极争取农村客运场站建设补贴政策，加强规范农村客运市场，积极督促和指导各市（地）加快实施农村客运建制村通客车任

▲ 拉林公路建成段通车典礼现场

▲ 拉林公路米拉山隧道施工现场

务，为西藏建设“四好农村路”积极出谋划策，做好政策铺垫，让农牧民群众的出行更方便、更舒畅。

二、用情奉献，当好幸福家园的建设者

西藏当时贫困人口 70 多万人，占总人口的 24%。贫困程度深、人居环境差，因病、因灾致贫现象较为普遍，扶贫任务十分艰巨。而交通基础设施历史欠账太多，是西藏经济社会发展的短板，是制约西藏人民群众脱贫的瓶颈。习近平总书记指出，“在一些贫困地区，改一条溜索、修一段公路就能给群众打开一扇脱贫致富的大门”“‘要想富，先修路’不过时”。在西藏，我对这两句话的体会更加深刻。初到西藏时，西藏很多乡村不通公路，老百姓的出行很困难，有的地方依靠人背马驮，有的地方靠溜索或渡船，有的乡村因雪山阻隔，半年多的时间都与世隔绝。在高原本来就缺氧，更不要说让百姓徒步走好几十里的山路。

援藏以来，恰逢西藏处于农村公路“强基础、惠民生、补短板”的关键时期。为切实解决农牧民出行难的问题，实现到 2020 年西藏与全国人民一道建成小康社会目标，西藏自治区交通运输厅采取“通乡油路”“交通强基惠民”“边境小康村道路”“易地扶贫搬迁路”“边防公路建设”等一系列交通扶贫攻坚举措。我积极参与其中，为筹措建设资金，利用专业优势积极出谋划策搭建投融资平台，参与制订西藏交通建设投资有限公司筹建方案，参与协调政策性银行贷款等资金渠道，为西藏人民加快建设致富路、小康路。截止到 2018 年底，西藏农村公路里程达到 6.9 万公里，乡镇、行政村通达率分别达到 99.9%、99.8%，乡镇、行政村通畅率分别达到 83.1%、48%（比 2012 年分别提高了 1 倍和 2.3 倍）。西藏农村公路建设得越来越好，很多农村发生了翻天覆地的变化，为西藏脱贫攻坚提供了有力保障。

三、用心坚守，当好神圣国土的守护者

西藏有边境县 21 个，边境乡 104 个，与邻国及地区接壤的陆地边境线长达 4000 公里。因边境地区大部分处于喜马拉雅山脉附近，高山密布、

地形和气候复杂，交通出行不便，很多边境村留人难。因此，西藏边境公路既是守护神圣国土的生命线，也是边境地区农牧民脱贫奔小康的致富路。为了切实解决边境地区农牧民出行难的问题，西藏自治区交通运输厅结合边防公路建设制定实施边境地区小康村公路建设计划，加快推进和完善边境地区农村公路网络。我在援藏期间有六户“结对子、认亲戚”扶贫对象，其中有两户就在边境村——墨脱县背崩乡地东村。

2013 年 11 月，墨脱公路刚刚建成通车，结束了我国最后一个县不通公路的历史。我怀着无比激动的心情，第一次走进墨脱，去背崩乡地东村看望我的门巴族“亲戚”。我看到那里的乡亲们守着青山绿水、富饶的土地、丰富的物产，却因道路不通、交通不便，很多生产生活物资都要靠人背马驮，价格比外面要贵好几倍，而那里的特产又没办法运出去。乡亲们日子过得很穷，流下了辛酸的眼泪。让我终生难忘的是，因为那时去地东村的山上没有路，崎岖难行，只能靠徒步走完 20 多里崎岖和泥泞的山路，才到地东村见到了我的“亲戚”。和我一起同行的同事因为路太难走崴了脚，最后出来的时候是乡亲们找了一头骡子帮忙将她驮出来的，看着身边那汹涌澎湃的雅江，还着实为她的安危捏了把冷汗。在村子里我们和亲戚们唠家常、出点子，帮着他们想脱贫致富的办法。“亲戚”们一杯杯甘甜的青稞酒、一碗碗浓香的酥油茶，把我和他们的心紧紧地连在了一起。

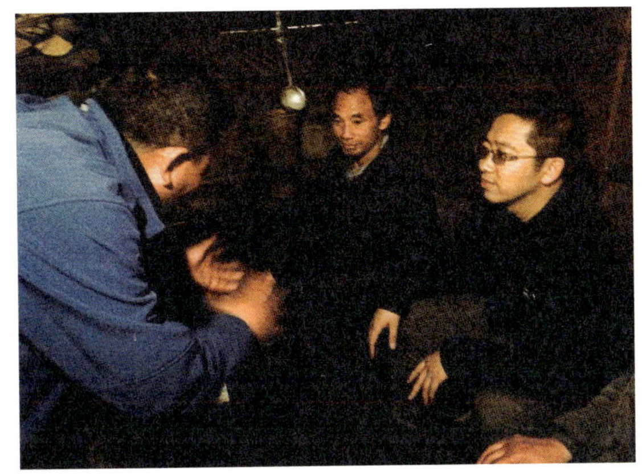

▲▶ 在墨脱县背崩乡地东村与门巴族“亲戚”在一起

2016 年，第二次去墨脱查看农村公路建设情况。看着筑路机械在不停地忙碌着，宣示着要在雅江峡谷高山深处开出一条天路，“亲戚”们盼望已久的公路就要在不远的将来通车了。2018 年，我第三次走进墨脱的时候，地东村和周边乡村的农村公路都已经建好了，雅江上那座悠久的吊桥也换成了新桥，“亲戚”们可以乘汽车进出了，“亲戚”们的生活也一天比一天好了，我心里是非常高兴，也感到无比欣慰。

地处喜马拉雅山脉南麓的隆子县玉麦乡是西藏比较典型的边境乡，离朗县县城不过 33 公里，但却隔着 5000 多米的日拉山，每年有大半年时间因大雪封山使这里几乎成了“孤岛”。之前的老路，路况很差，汽车几乎难以通行，每遇大雪封山，乡里的干部群众出行只能依靠徒步，等翻过日拉山走到曲松村，早已筋疲力尽。去年在短短的一年时间里，建成了从曲松村到玉麦乡的双向两车道三级公路，车程缩短近 2 小时。随着公路的建成，玉麦乡小康村建设也正在如火如荼展开，游客纷至沓来，

▼川藏线上的“九十九道拐”

▲ 和西藏福利院孤儿、道班工人们在一起欢度春节

餐馆生意红火，竹编、鸡血藤手镯等当地手工艺品供不应求，56户藏族百姓将搬进新家，走上脱贫致富的康庄大道。

经过西藏交通人的不懈努力，交通扶贫的不断深入，越来越多像玉麦乡、地东村这样的边境乡村通了路，有的还通了客车，看着当地群众随着交通条件的改善，逐步摆脱了贫困，有幸成为“神圣国土的守护者，幸福家园的建设者”中的一分子感到自豪，觉得再苦再累也是值得的。

我们援藏干部经常去看望西藏自治区福利院孤儿，邀请他们与养护工人欢聚在一起，共同度过温馨、祥和、美好的节日，让孩子们和基层养路工人共同感受到社会主义大家庭的温暖，还和他们成了好朋友。我每年都要利用基层调研机会或专门去看望和慰问我的农牧民“亲戚”，向他们捐款捐物共计3万多元。我虽远离故乡、远离亲人，但并不感到孤独，因为这里有我的藏族“亲戚”，有我朝夕相处、血浓于水的在藏干部群众，让我觉得西藏就是我的第二故乡。

在平均海拔4000米的西藏高原，稀缺的是氧气，宝贵的是精神。援藏六年来，我深受“两路”精神和“老西藏精神”的熏陶和感染，秉承“宁愿生命透支，不让使命欠账”的工作信念，勤勉工作，尽职履责，发挥好桥梁纽带作用，为西藏交通事业发展贡献力量，也使我经受了锻炼，得到了成长。我把情感和汗水留在西藏，把青春和才干献给西藏，把与西藏人民的鱼水之情刻在心里，成为我这一生，都断不了、放不下、化不淡的西藏情。

作者简介

王东，1979年生，副研究员，硕士研究生。2006—2013年，历任交科院交通技术咨询中心研究室副主任、主任，交科院科研管理处副处长；2013—2019年援藏，历任西藏交通运输厅综合规划处副处长、西藏交通运输厅交通运输处（企业指导处）处长、西藏交通战备办公室副主任；2019年11月至今，任院交通科技发展促进中心主任。2019年获全国民族团结先进模范个人，2016年、2019年两次获得优秀援藏干部等称号。